泰山文化研究

——寻找封禅之路

魏泽华　张　宾
王建波　张　昀　◇ 著

王守功　刘延常 ◇ 主编

山东省水下考古研究中心
山东大学文化遗产研究院　◇ 编

文物出版社

图书在版编目（ＣＩＰ）数据

泰山文化研究：寻找封禅之路 / 魏泽华等著. --
北京：文物出版社, 2022.9
ISBN 978-7-5010-7781-6

Ⅰ.①泰… Ⅱ.①魏… Ⅲ.①泰山—祭礼—文化研究
Ⅳ.①K928.3②K892.98

中国版本图书馆CIP数据核字（2022）第161726号

审图号：GS（2022）4973号

泰山文化研究——寻找封禅之路

著　　者　魏泽华　张　宾　王建波　张　昀
主　　编　王守功　刘延常
编　　者　山东省水下考古研究中心
　　　　　山东大学文化遗产研究院

责任编辑　崔叶舟
责任印制　张道奇

出版发行　文物出版社
社　　址　北京市东城区东直门内北小街2号楼
邮政编码　100007
网　　址　http://www.wenwu.com
经　　销　新华书店
制版印刷　天津图文方嘉印刷有限公司
开　　本　889mm×1194mm　1/16
印　　张　14.5
版　　次　2022年9月第1版
印　　次　2022年9月第1次印刷
书　　号　ISBN 978-5010-7781-6
定　　价　340.00元

编写组

魏泽华　张　宾　王建波　张　昀

编委会

泰山文化研究

——寻找封禅之路

封禅是古代中国最罕有且隆重的神圣仪式。

传世文献记载自炎黄尧舜之时就已经有诸多古圣封禅。到了秦汉时期，封禅从传说中走出来存于正史之中。秦始皇以开创之功依儒生之言封禅，汉武帝以天下安定封禅。封禅成为皇帝易姓受命、应天改制的盛大祭祀仪式。之后，封禅不断地被赋予了更多的政治宗教内涵，在封建时代拥有无比崇高和神圣的地位。此后也仅有汉光武帝、唐高宗、唐玄宗以及宋真宗至泰山封禅，在史书中留下浓墨重彩的一笔。

封禅之仪规模宏大。历次封禅均是自当时的都城出发，巡行沿途郡县，至于泰山。自国都至山巅，形成一条条封禅之路。封禅一事举国而动，留下了诸多记载和遗迹。这为后人尝试还原封禅线路、探究封禅仪式提供了宝贵的资料。

本书自与封禅相关的先秦时代传说，到秦汉唐宋时期的六次封禅历史，再至金元明清时期的帝王祭祀活动，选取有代表性的遗迹及文物，旨在为读者提供真实资料的同时，尝试阐明还原封禅线路，探究封禅历史中各种遗迹的特殊文化价值，并希望本书能对读者研究封禅历史、游览泰山相关的文物古迹提供帮助。

目录

插图目录

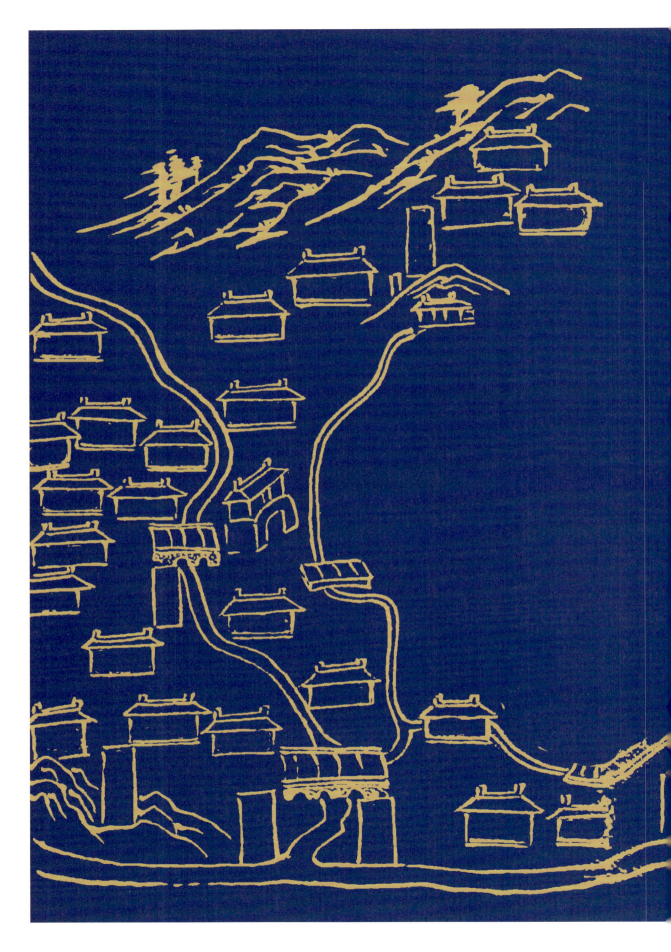

第一章

———

上古至
先秦封禅

巡狩与上古封禅

一

　　《史记·封禅书》是最早介绍封禅的正史，开篇记述了尧、舜、禹巡狩，祭祀大川、名山的事迹，以及秦皇汉武的封禅史迹，可见在古人眼中，巡狩、封禅和祭祀天地的行为有关。在没有"封禅"这一复杂称谓的远古时代，巡狩是大家认可的帝王祭祀天地自然神祇的政治行为。

　　那么巡狩又是如何成为帝王重要的政治活动的。

　　古代先民见识到自然的威力与能量，将日月星辰、山川海洋等当成迁徙、定居发展的重要指征加以膜拜。在与自然万物共处的岁月里，祈求神秘自然的庇佑，祭祀天地渐渐成为人类重要的精神活动和政治行为。

　　随着疆域的扩大，上古帝王将对疆域内所有大山大河的祭祀、镇抚视为必要、必需的政治活动。此类活动进一步发展为巡狩。巡狩作为山川祭礼活动的发展，是封禅活动的先声。

　　正史记载最早巡狩的是黄帝，《史记·五帝本纪》载黄帝"东至于海，登丸山，及岱宗。西至于空桐，登鸡头。南至于江，登熊、湘。北逐荤粥，合符釜山，而邑于涿鹿之阿。"[1]其足迹遍布黄河流域，向东到达大海，往南到达长江流域，并且明确提到"岱宗"——泰山，又有，"置左右大监，监于万国"。[2]显见巡狩是政治统治手段的一部分。

　　《竹书纪年》提到"（帝尧）五年，初巡狩四岳"。[3]

[1] 司马迁：《史记·五帝本纪》，中华书局，2013年，第 7 页。

[2] 司马迁：《史记·五帝本纪》，中华书局，2013年，第 7 页。

[3] 王国维：《今本竹书纪年疏证》，《王国维遗书》，上海古籍书店，1989年，第十二册，第 4687 页。

《竹书纪年》记载，帝禹"五年，巡狩，会诸侯于涂山"；[1]帝启"十年，帝巡狩，舞《九韶》于大穆之野"；[2]帝芒"十三年，东狩于海，获大鱼"；[3]《史记·夏本纪》载"帝禹东巡狩，至于会稽而崩"[4]等等不一而足。

传说中三皇五帝的时代距离《竹书纪年》的成书时间已经不知远近，相对于司马迁来说也比较久远。记载中的巡狩和对山川自然神的崇拜活动也是不甚详细。这一阶段的巡狩活动，我们暂时没有其他的物证予以佐证。

西周时期巡狩的材料和之前相比稍微详细了一些。《礼记·王制》记载周代巡狩制度说："天子五年一巡守。岁二月，东巡守，至于岱宗，柴而望祀山川，觐诸侯，……五月，南巡守，至于南岳，如东巡守之礼。八月，西巡守，至于西岳，如南巡守之礼。十有一月，北巡守，至于北岳，如西巡守之礼。归假于祖、祢，用特。"[5]

《周颂·时迈》则记载："时迈其邦，昊天其子之。实右序有周。薄言震之，莫不震叠。怀柔百神，及河乔岳。允王维后。明昭有周，式序在位……"[6]孔颖达介绍其背景："《时迈》诗者，巡守、告祭、柴望之乐歌也。谓武王既定天下，而巡行其守土诸侯，至于方岳之下，乃作告至之祭，为柴望之礼。柴祭昊天，望祭山川，巡守而安祀百神，乃是王者盛事。"[7]认为这是一首周武王巡狩诸侯的颂歌。"周公既致太平，追念武王之业，故述其事而为此歌焉。"[8]关于此诗作者及描写主角都有争议，但其描写的是周王巡狩是没有问题的。

同样《周颂·般》曰："于皇时周，陟其高山，嶞山乔岳，允犹翕河……"《毛序》曰："《般》，巡守而祀四岳河海也。"孔疏述其背景曰："《般》诗者，巡守而祀四岳河海之乐歌也。谓武王既定天下，巡行诸侯所守之土，祭祀四岳河海之神，神皆飨其祭祀，降之福助。"[9]认为也是周武王巡狩、祭祀山川的赞歌。

《尚书》中记载了成王巡狩情况："惟周王抚万邦，巡侯、甸，四征弗庭，绥厥兆民。六服群辟，罔不承德。归于宗周，董正治官。"[10]周公还告诫成王"其克诘尔戎兵，以陟禹之迹，方行天下，至于海表，罔有不服。以觐文王之耿光，以扬武王之大烈"[11]。敦促成王发

❶ 王国维：《今本竹记年疏证》，《王国维遗书》，上海古籍书店，1989年，第十二册，第4695页。
❷ 王国维：《今本竹记年疏证》，《王国维遗书》，上海古籍书店，1989年，第十二册，第4697页。
❸ 王国维：《今本竹记年疏证》，《王国维遗书》，上海古籍书店，1989年，第十二册，第4703页。
❹ 司马迁：《史记·夏本纪》，中华书局，2013年，第103页。
❺ 阮元校刻：《十三经注疏·礼记正义》，中华书局，1980年，第1328页。
❻ 阮元校刻：《十三经注疏·毛诗正义》，中华书局，1980年，第589页。
❼ 王先谦，吴格点校：《诗三家义集疏》，中华书局，1987年，第1012页。
❽ 阮元校刻：《十三经注疏·毛诗正义》，中华书局，1980年，第588页。
❾ 阮元校刻：《十三经注疏·毛诗正义》，中华书局，1980年，第605页。
❿ 阮元校刻：《十三经注疏·尚书正义》，中华书局，1980年，第234页。
⓫ 阮元校刻：《十三经注疏·尚书正义》，中华书局，1980年，第232页。

扬父祖辈精神，循着大禹的足迹，遍行天下，通达四海，使普天之下没有不臣之百姓。

从上述史料来看，西周时期的巡狩活动记述，不同于再早时期的帝王巡狩，已不仅仅是事迹的罗列，而是被赋予了更宏大的精神内涵与叙事体系。周王在疆域内巡狩四方，宣扬君威，震慑贰臣。而此时的巡狩不同于太平盛世的巡游，军事活动的性质更明显，充满了危险与不确定因素。《周本纪》也有所记载"昭王南巡狩不返，卒于江上"[1]。昭王巡狩没能回到王都，后世学者推测认为是南下伐楚不顺，兵败被杀，这一事件甚至成了后来兵戎的借口。这显示了早期巡狩的镇抚方面的特质，这一特质在秦汉时期仍旧保留。

而周穆王的巡狩又是另一种情境，"造父以善御幸于周缪王，……西巡狩，乐而忘归。"[2]也有说："缪王使造父御，西巡狩，见西王母，乐之忘归"[3]。说周穆王"周行天下"。[4]学者对于穆王的"巡狩"行迹多有讨论，对西巡狩的具体地点有不同意见。有学者甚至认为周穆王可能曾经到过西域。无论是哪一类情况，穆王已经跨出了西周王朝的控制范围。可见在司马迁笔下巡狩可以是巡狩疆土，也可以是游历，探险，还未曾严格"巡狩"这一语汇中后世赋予的疆域镇抚的特殊含义。

后学总结周王的巡狩活动包括观民俗、察民风、矫正礼乐制度、督查山川祭祀、祭祖、赏罚叛逆等等政治生活的各个方面，作为强有力的统治手段，"王者巡狩，以诸侯自专一国，威福任己，恐其壅遏上命，泽不下流，故巡行问人疾苦也。"[5]《白虎通》总结："王者所以巡狩者何？巡者，循也；狩者，牧也，为天下巡行守牧民也。道德太平，恐远近不同化，幽隐不得所者，故必亲自行之，谨敬重民之至也。考礼义、正法度、同律历、叶时月，皆为民也。"[6]

"天子非展义不巡狩。"[7]巡狩又是王者炫耀威武、震慑天下，维护一统的政治手段。《夏本纪》记载了尧用鲧治水"九年而水不息，功用不成。于是帝尧乃求人，更得舜。舜登用，摄行天子之政，巡狩。行视鲧之治水无状，乃殛鲧于羽山以死。"[8]舜"摄行天子之政"巡狩视察民情，雷霆手段促成了影响"天下""下民"生存安危的重大决策，直接显示了帝舜"巡狩"的成效。

也有学者论述"巡狩"与"来朝"，认为这是"天子"与"诸侯"的一组相互的政治活动。"巡狩之年，诸

❶ 司马迁：《史记·周本纪》，中华书局，2013年，第172页。
❷ 司马迁：《史记·秦本纪》，中华书局，2013年，第225页。
❸ 司马迁：《史记·赵世家》，中华书局，2013年，第2147页。
❹ 杨伯峻：《春秋左传注》，中华书局，1990年，第1341页。
❺ 司马迁：《史记·五帝本纪》，中华书局，2013年，第31页，张守节《正义》。
❻ 陈立著，吴则虞点校：《新编诸子集成白虎通疏证》，中华书局，1994年，第289页。
❼ 阮元校刻：《十三经注疏·春秋左传正义》，中华书局，1980年，第1780页。
❽ 司马迁：《史记·夏本纪》，中华书局，2013年，第64页。

侯见于方岳之下。其间四年，四方诸侯分来朝于京师也"。❶可以将这一活动拆分为耀威、视察、朝见、臣服等部分。

而在制度的设计上，天子巡狩与诸侯朝聘相呼应，下朝报于上，上亦检视于下。巡狩的内容，据《王制》所记包括："觐诸侯，问百年者就见之。命大师陈诗，以观民风；命市纳贾，以观民之所好恶，志淫好辟。命典礼考时月，定日，同律、礼乐制度衣服正之。山川神祇有不举者为不敬，不敬者君削以地；宗庙有不顺者为不孝，不孝者君绌以爵；变礼易乐者为不从，不从者君流；革制度衣服者为畔，畔者君讨；有功德于民者，加地进律。"❷

对于巡狩应该有多长时间的间隔，古人给出的答案不尽相同。《尧典》《礼记》记载五年一巡守。❸《大行人》记载："十有二岁，王巡守殷国。"❹郑玄就认为："天子以海内为家，时一巡省之。五年者，虞、夏之制。周则十二岁一巡守。"❺周王朝的疆域逐渐扩大，导致频繁巡行的难度不断增加，也是巡狩间隔加长的重要原因。

那么巡狩与封禅这两个活动的相互关联不言而喻。

早期的君王巡狩中会有祭祀自然神的活动，或者说祭祀山川神明是他们巡狩疆土的目的之一，《尔雅》云"祭天曰燔柴。"❻说"天子适四方，先柴。"❼而所谓柴，或曰燔，或曰燎，就是燃柴放火以祭天。天子巡狩四方，所到必先燔柴，而燔柴的原因是有事于上帝也。古代先民认为祀神神知，在高山顶上放火，更接近上天，可以让天神更轻易地接到人间传来的信息。

❶ 司马迁：《史记·五帝本纪》，中华书局，2013年，第33页，裴骃《集解》引郑玄所说。
❷ 阮元校刻：《十三经注疏·礼记正义》，中华书局，1980年，第1328页。
❸ 阮元校刻：《十三经注疏·礼记正义》，中华书局，1980年，第127页，第1328页。
❹ 阮元校刻：《十三经注疏·周礼注疏》，中华书局，1980年，第892页。
❺ 阮元校刻：《十三经注疏·礼记正义》，中华书局，1980年，第1328页。
❻ 阮元校刻：《十三经注疏·尔雅注疏》，中华书局，1980年，第2609页。
❼ 阮元校刻：《十三经注疏·礼记正义》，中华书局，1980年，第1450页。
❽ 阮元校刻：《十三经注疏·礼记正义》，中华书局，1980年，第1440页。
❾ 司马迁：《史记·秦始皇本纪》中华书局，2013年，第308页。

柴是封禅的具体实施步骤之一，与封禅活动密不可分。很显然，封禅是古巡狩过程的结尾中燎、望、燔等祭祀山川江河行为的归纳总结，是将上述行为仪式化的行为。

王每巡狩至一地方，就登上当地的名山柴祭告天，望祀天下名山大川。因为山岳是地之主，是最接近天的地方，在山顶烧柴生火祭天可以达到与天沟通的目的。《礼记·礼器》曰："因天事天，因地事地，因名山升中于天。"❽《史记集解》引张晏曰："天高不可及，于泰山上立封禅而祭之。冀近神灵也。"❾

《时迈》赞颂周武王曰："怀柔百神，及河乔岳。允王维后！明诏有周，式序在位。"郑玄注"巡守告祭者，天子巡行邦国，至于方岳之下而封禅也。"❶第一次直接将巡狩与封禅联系起来。

大致了解了巡狩和封禅的前后关系，封禅礼仪又是如何确立的。

凌纯声认为，封禅的本质是对天神地祇的礼祭，这是中国古人自然崇拜的主流，也是传统祭祀的主流。古人祭天要筑土为坛，祭地则除地为墠，因此封禅之礼与坛墠之俗密不可分。目前发现的中国东部新石器时代先民的坛墠祭祀遗迹，如果视为后世封禅制度之源，或许并不过分，因为不仅坛墠遗迹，所反映的祭祀形式与封禅制度相同，甚至这种祭祀形式所流行的地区也与封禅起于齐鲁的传统认识吻合，这一点已为学者所注意。毫无疑问，新石器时代坛墠祭祀遗迹的发现使先民有关封禅礼仪渊源甚古的认识得到了有力的佐证。❷

这段记述分析，封禅仪式是古代先民坛墠祭祀的延续。大体来说，后世诸学认为采风、定律、考绩、黜陟、祀神，都是天子作为一国之君在治国过程中应当承担的职责范围，只有当天子将以上内容全部圆满完成，所巡之地功成太平，才可以登封域内之名山。

巡狩中祭祀自然神的活动，逐渐发展为祭祀代表自然神的天地，最终演进为封禅，而后特指帝王在登上帝位之后，向上天及臣民宣誓自己登临帝位的合法性，证明自己"王权神授"的威严形式。

可见巡狩和封禅是不同形态且目的不甚相同的政治活动。最初封禅也只是祭祀高山，崇拜大地的行为，只要是高山就可以施行，并未特指某一山川，后期才特指泰山。那么詹鄞鑫总结"从本质上说，封禅起源于部落联盟时代的盟主（王）巡视邦国的制度"❸，也是很恰当的。通过观察秦始皇、汉武帝的封禅行为，同样也能看到一些上古遗风。例如秦皇汉武都在自定礼仪的同时遵循了"先振兵释旅，然后封禅"的古训，败逐北方匈奴后才考虑封禅，很显然巡狩还保留着军事行为的一些特征。

《史记》中记载最早封禅的是黄帝，《五帝本纪》记载黄帝"及岱宗……万国和，而鬼神山川封禅与为多焉"，❹明确提到了"岱宗"，后面又说，"万国和，而鬼神山川封禅与为多焉"，可见这时的封禅活动不是仅仅针对泰山的。

❶ 毛亨：《十三经注疏·毛诗正义》，北京大学出版社，1999年，第1302~1305页。
❷ 凌纯声：《北平的封禅文化》，《中国边疆民族与环太平洋文化》（下），联经出版事业公司，1979年，第1377页。
❸ 詹鄞鑫：《神灵与祭祀——中国传统宗教总论》，江苏古籍出版社，1992年，第427页。
❹ 司马迁：《史记·五帝本纪》，中华书局，2013年，第7页。

"武王克殷二年，天下未宁而崩"，❶司马迁在《史记·封禅书》里认为，西周封禅是由成王来完成的。后代史家接受了太史公的观点，班固在《白虎通·巡狩》就延续了这一观点。

更早的天亡簋给我们提供了一些线索。此簋道光年间出土于陕西眉县，也叫"大丰簋""朕簋"，后辗转归于中国国家博物馆。一般认为这一器物时代在周初。李学勤释读如下，"乙亥，王又大豊，王凡三方。王祀于天室，降，天亡又。王卒祀，于王不显考文王事喜，帝，文王……"认为是武王祭祀天神。❷武王在克商之后，立即会同其他三方祭祀天神，这也可以看作是封禅活动。

这是我们根据考古材料与文献结合能勾勒出的早期封禅样貌，根据文献和前辈学者的推测，早期封禅情形可归纳为："诸帝"封禅，是初民对自然神崇拜的反映，是一种自发的原始宗教崇拜，它与后世封建帝王在泰山上"人为宗教"崇拜有别。早期的封禅是"易姓告成"，只认可一个朝代的初代帝王进行这一活动，"一姓惟一行"，❸它与汉武帝一姓数行，登祭泰山是为"得与天通，延年益寿"的目的有着根本的不同。这个时期封禅的规格和仪式尚未固定，尚未形成封建帝王"五年一修封"的定制。

由于封禅一开始便是以"王者易姓告成"的面目出现的，因而不论滥觞时期封禅内容如何有别于后世，它一产生本质上就规定了它必然为后世封建帝王所利用，为封建皇权服务。

有学者从相关记载推断，周代应行过东祭泰山之礼，此礼很可能始于成王之时，因此亦被说为成王封禅泰山。

周公受成王命东征，平叛之后分封，以殷余民封康叔于卫，《左传》定公四年："取于有阎之土以共王职，取于相土之东都以会王之东蒐。"杜注："有阎，卫所受朝宿邑，盖近京畿。"相土之东都，杜注："为汤沐邑，王东巡狩，以助祭于泰山。"❹即有阎之土乃卫君朝王于京师时的住地，相土之东都乃卫君于王东巡祭泰山时助祭的住地。

与此相关的是《左传》隐公八年的记载："郑伯请释泰山之祀而祀周公，以泰山之祊易许田。三月，郑伯使宛来归祊，不祀泰山也。"❺即许乃鲁君朝王于京师的住地，祊乃郑君于王东祭泰山时助祭的住地，此时周室衰微，鲁君不按时朝王，周王也不东祭泰山，于是鲁、郑两国为就近各从其方便，乃互相交换祊与许。《公羊

❶ 司马迁：《史记·封禅书》，中华书局，2013年，第1641页。
❷ 李学勤：《"天亡"簋试释及有关推测》，《中国史研究》2009年第4期。
❸ 罗泌：《路史》卷六，《文渊阁钦定四库全书》，第三八三册，第3页。
❹ 杨伯峻：《春秋左传注》，中华书局，1990年，第1538页。
❺ 杨伯峻：《春秋左传注》，中华书局，1990年，第58页。

传》隐公八年曰："邴（祊）者何？郑汤沐邑也。天子有事于泰山，诸侯皆从泰山之下，诸侯皆有汤沐之邑焉。"❶《谷梁传》桓公元年："许田者，鲁朝宿之邑也。邴者，郑伯之所受命而祭泰山之邑也。用见鲁之不朝于周，而郑之不祭泰山也。"❷这里卫、郑皆有助祭泰山的义务，鲁因在泰山下故不必有汤沐邑，但必有助祭泰山的义务。其中卫于成王受封时便已被赋予此义务，那么可能在成王时已东祭泰山。

《管子·杂篇》部分原本还有《封禅》一篇，但这部分在后世流传过程中已佚失，只有部分内容由《史记·封禅书》转录。

"秦穆公即位九年，齐桓公既霸，会诸侯于葵丘，而欲封禅。管仲曰：'古者封泰山禅梁父者七十二家……昔无怀氏封泰山，禅云云。伏羲封泰山，禅云云。神农封泰山，禅云云。炎帝封泰山，禅云云。黄帝封泰山，禅亭亭。颛顼封泰山，禅云云。帝喾封泰山，禅云云。尧封泰山，禅云云。舜封泰山，禅云云。禹封泰山，禅会稽。汤封泰山，禅云云。周成王封泰山，禅社首。皆受命然后得封禅。'桓公曰：'寡人北伐山戎，过孤竹，西伐大夏，涉流沙，束马悬车，上卑耳之山。南伐至召陵，登熊耳山，以望江汉。兵车之会三……九合诸侯，一匡天下，诸侯莫违我。昔三代受命，亦何以异乎？'于是管仲睹桓公不可穷以辞，因设之以事，曰：'古之封禅，鄗上之黍，北里之禾，所以为盛。江淮之间，一茅三脊，所以为籍也。东海致比目之鱼，西海致比翼之鸟，然后物有不召而自至者十有五焉。今凤皇麒麟不来，嘉谷不生，而蓬蒿藜莠茂，鸱枭数至，而欲封禅，毋乃不可乎？'于是桓公乃止。"❸从这段文献来看，管子所历数的上古帝王封禅之事与前面介绍巡狩、封禅的记载一样，也是虚指多过实指。无怀氏、伏羲、神农、炎帝、黄帝、颛顼、帝喾、尧、舜、禹等人举行封禅的表述完全是后代史家以今人推古。此外管子所说上古帝王封禅地点，封礼皆行于泰山等也没有实质的证据或其他佐证文献。

"封"礼的重要内容就是向上天告成其疆域勘定，也是向臣民宣布领土已由神知晓，因此选择登封的地点应位于其疆界以内。然而在无怀氏、伏羲、神农、炎帝、黄帝、颛顼、帝喾、尧、舜、禹等传说时代，其疆域是否真的包括泰山，难以考证。

邬可晶分析管子指出的四处禅礼地点，"云云""亭亭""会稽""社首"，认为这些地点可能都不是具体的地点，而是泛指。❹

❶ 阮元校刻：《十三经注疏·春秋公羊传注疏》，中华书局，1980年，第2209页。
❷ 阮元校刻：《十三经注疏·春秋公羊传注疏》，中华书局，1980年，第2372页。
❸ 司马迁：《史记·封禅书》，中华书局，2013年，第1637~1638页。
❹ 邬可晶：《先秦两汉封禅研究》，浙江大学硕士学位论文，2007年，第24页。

泰山在后世成为封禅的唯一之地，尤其封礼的唯一选择，又有其自身的特殊原因。

《风俗通》说："太，山之尊者，一曰岱宗，始也，长也，万物之始，阴阳交代，故为五岳之长也。"[1] 又进一步解释，"泰山者，五岳之长，群神之主，故独封于泰山。"[2]《白虎通》的《封禅》篇云："王者异姓而起，必升封泰山何？报告之义也。……所以必于泰山何？万物所交代之处也。必于其上何？因高告高，顺其类也。"[3] 张晏曰："天高不可及，于泰山上立封禅而祭之，翼近神灵也。"[4]

顾颉刚在《秦汉的方士与儒生》一书中也将泰山视为封禅之地，他认为在封禅人群认知中，泰山是当时天地之中的最高山。这带有强烈的地域特点，和孔子小天下一样。[5]

在泰山封禅的理由可能有如下几点：

古人的认识能力和范围有限，起先是由居住在泰山脚下的那些原始部落基于原始的山川崇拜，以泰山为对象，举行简单的仪式。随着时间的推移，部族势力扩张，祭祀规模逐渐扩大，更多人参与到祭祀活动中，并最终发展到统一部族的帝王也来祭祀。

春秋战国时期，齐国在东方六国中国势最强，可与西方的秦国相抗衡。在不断的对抗与交流中，原本东方部族对泰山进行的地方性山川崇拜活动，在秦始皇的推动下，逐步成为全国性的祭祀活动，因此泰山也由地方性祭祀之所上升为全国性的封禅圣地。

当然，齐鲁大地蓬勃发展的方术知识，层出不穷的求仙奇遇也深深吸引着梦想长生的帝王们，秦皇汉武多次在封禅之时巡海求仙。求长生、寻仙问道需往东方，应当也是泰山能够成为封禅地的原因之一。

帝王巡游东方，到泰山封禅，与其求仙有密不可分的关系，但作为封建帝王在巩固政权，维护社会稳定方面的努力也是重要原因。为了实现宗教信仰方面的统一，他们主动吸收关东宗教信仰的资源，吸纳东方宗教文化传统，以封禅的祀典建立对统一的至上神"天"的信仰和祭祀，以此进行帝国在宗教信仰上深层次的整合与统一，这种做法可以说具有极敏锐的政治洞察力和宏

[1] 司马迁：《史记·五帝本纪》，中华书局，2013年，第31页。
[2] 陈立撰，吴则虞点校：《新编诸子集成白虎通疏证》，中华书局，1994年，第278页。
[3] 陈立撰，吴则虞点校：《新编诸子集成白虎通疏证》，中华书局，1994年，第278页。
[4] 司马迁：《史记·秦始皇本纪》，中华书局，2013年，第308页。
[5] 顾颉刚：《秦汉的方士与儒生》，上海古籍出版社，2005年，第5页。

远的政治视界。

战国后期，阴阳五行学说形成并逐步流传开来，出现了所谓东方为"阴阳气始动，万物始生"的理论，泰山居东方，自然成为"万物之始""交代之处"，"夫东方者，万物之所始；山岳者，灵气之所宅。故求之物本必于其始，取其所通必于其宅。"❶而对整个士人阶层而言，泰山确立尊崇地位这一事实也是他们乐见的。

泰山种种得天独厚的政治、文化、地理优势是其他名山无可比拟的。不管从何种方面去比较，泰山都是理想的封禅地，因而受到历代帝王的青睐。

❶ 王应麟：《玉海》卷九十八《郊祀·封禅》，1883 年（清光绪九年），浙江书局重刊本。见于瀚堂典藏古籍库，《子部集成·类书集成·玉海》。

山东地区 山川祭祀遗址 二

山东地区有着悠久的自然崇拜和神仙祭祀传统，先秦上古时期这一地区的山川祭祀遗址也数量众多、类型丰富。这些古老的山川祭祀，是隐约展露于古籍中的早期封禅的片断，也是后世不断发展完善的封禅祭祀的缘起。

（一）山地祭祀

山东地区存在着一批独特的遗址，他们位置特殊，离生活区较远，甚至大多位于山顶，出土的遗物也比较特殊。根据这些遗址不同于其他性质明确的遗址的特征，很多学者将他们定为祭祀遗址。

1.邹县长山遗址❶

长山遗址，也称后犁巴峪遗址，西南距今邹城22.5千米，位于凫山北端余脉一个约百米高的长山山头上。后犁巴峪村在山西麓，山头山势较陡，顶部仅有一层贫瘠的薄土，也无水源。遗址位于山顶，俯瞰四周，分布丰富的大汶口文化晚期的红陶鼎残片、鹿角及厚壳蚌等。遗址遗存丰富但不适宜生活，可以推测为祭祀遗址。

❶ 中国社会科学院考古所山东队、邹县文物保管所：《山东邹县古代遗址调查》，《考古学集刊》第3集，中国社会科学出版社，1983年。简报称之为"后犁把峪遗址"。

图1　山东地区祭祀遗址位置示意图

2.曲阜马鞍山遗址[1]

曲阜马鞍山遗址位于曲阜市区南部突起于周围平原的双峰小山之上，山下为著名的"孟母林"。山顶裸露宽大岩面，从山脚到山顶都分布有丰富的大汶口文化、龙山文化陶片。发现者认为此处应为一处祭祀遗址，或者说是祭天遗址。此处遗址遗存丰富又不适宜生存，可以推测为依据山势进行祭祀的遗址。

3.长岛大口遗址[2]

大口遗址位于长岛县砣矶岛穷人顶山南麓中部。曾发掘出土10处用火遗迹，其形状有椭圆形、圆形、圆角方形等。在一处用火遗迹附近，发现了龙山文化时期的灰坑7个，坑内有猪、狗骨架，有的坑口用石板压盖。此地还发现了岳石文化时期的灰坑2个，坑内埋有

[1] 高广仁：《海岱区史前祭祀遗迹的考察》，《海岱区先秦考古论集》，科学出版社，2000年。

[2] 中国社会科学院考古研究所山东队：《山东省长岛县砣矶岛大口遗址》，《考古》1985年第1期。

李振光、刘晓燕：《海岱地区古代山地祭祀》，《齐鲁文博》2002年，第357~371页。

猪、狗骨架，上部填有海蛎壳或石块。另有一个灰坑内上下叠压着三层石块，上层为一块大石，中层为三块较大的石块，下层铺有一层小石块。发掘者认为这些遗迹可能是祭山或地主的遗留。也有学者认为是祭天遗址。此处遗迹形制独特，尤其是各种用火遗迹和兽骨坑，可以推测为通过燃烧火焰或供奉动物牺牲进行祭祀的场所。

4. 东阿鱼山遗址[1]

东阿鱼山遗址位于东阿县单庄乡鱼山，山高百米，山腰有曹植墓。山顶岩面上有雕凿的建筑沟糟和柱础，山上发现了许多龙山文化时期的灰陶片和磨光黑陶片，还有春秋战国至两汉时期的遗物。1995年春，鱼山西麓发现一处大型龙山文化时期的夯土台址。鱼山遗址位于山顶，附近无高山，又有夯土遗存和丰富陶器遗存，可以推测为祭祀遗址。

5. 五莲上万家沟北岭遗址[2]

五莲县上万家沟北岭遗址位于五莲县石场乡上万家沟村，遗址群山环绕，山岭南侧的半山腰上有巨石突兀耸立。1986年，当地村民在开荒时发现了一件牙璋，牙璋出土于巨石附近的裂隙泥层中，上有碎石覆盖，无伴出物，周围也无其他遗迹现象。近年有学者对此地进行踏查，发现者回忆牙璋出土时周围的土色比较黑，可能指向当时还有有机物用以祭祀，或者有用火行为。此处地点周边，只在东南方向1.2千米的岳疃村附近发现一处龙山文化遗址。这处遗址埋藏方式独特，且发现牙璋，可能是当时附近的古人进行祭祀的场所。

6. 泗水戈山遗址[3]

泗水戈山遗址位于泗水县金庄乡戈山村，东北距尹家城遗址约2.8千米。遗址位于戈山村东侧约600米处的岭地上，其上岩石裸露，缺水少土，多杂草、荆棘。出土石器的岩隙位于岭地北坡近山顶处，村民开山凿石时在岩隙中发现成组石器，包括钺4件、锛2件、凿1件、镰6件、打磨器2件。这些石器都是通体磨制，制作精致。考古人员在北距岩隙约5米处发现1个灰坑，

[1] 李振光、刘晓燕：《海岱地区古代山地祭祀》，《齐鲁文博》2002年，第357~371页。
[2] 王永波：《关于刀形端刃器的几个问题》，《故宫文物月刊》（135）第二十卷第三期。栾丰实：《山东罗圈峪和上万家沟出土牙璋调查记牙璋探源》，《大众考古》2020年第4期。
[3] 兰玉富：《山东泗水县戈山发现一组龙山文化石器》，《考古》2008年第5期。

内填炭屑和红烧土，还有龙山时期夹砂篮纹黑陶1件、兽骨1块。泗水戈山这批出土石器的出土环境恶劣，不适宜居住，从山顶出土的这批磨制石器来看，这组石器所在的遗址，可以被推测为祭祀遗存。

7.沂南罗圈峪遗址❶

罗圈峪遗址位于沂南县岸堤镇罗圈峪村，村庄东、西、北三面环山，北侧山脉陡峭削直，当地村民依山平整土地建房时，在村西南，西高东低的陡坡地表1米下的石灰岩隙中，发现了一批牙璋，出土时这些牙璋集中堆放在一个不大的范围之内，上下叠压。当地村民在发现这些牙璋时，并未发现伴有陶片。罗圈峪的这批牙璋，位于三面环山的山坡东麓，这种险要地形与单一的器物组合，可能与古人的山地祭祀有关。

8.蒙阴小寨子山遗址❷

小寨子山遗址位于蒙阴县坦埠乡海龙万村东小寨子山山顶上，山顶为鲁中南山区特有的台状岩体的崮顶，四周陡峭，遍布石灰岩，多草少土。顶部长约150米，宽约60米，面积约1000平方米。1995年村民在山顶翻掘泥土时发现了大量的红烧土遗迹及石器、陶器等遗物。石器有斧、锛、铲、凿、双孔石刀、石镞等，多磨制而成。陶器有甗、陶拍等，皆为夹沙红褐陶，陶质较粗，多为素面。双孔石刀、甗为岳石文化典型器物。小寨子山山顶的遗存面积不大，且位于山顶，四周陡峭，山顶无法耕作种植，也并不适合生活。小寨子山山顶的烧土遗迹及遗物可能为岳石文化祭祀遗存。

9.乳山刁虎山遗迹❸

刁虎山遗址位于乳山市南黄镇南斜山村刁虎山接近山顶的南侧山腰处。此处发现五六处半地穴式石块垒砌的小坑，各坑大小、构筑方式大体一致，坑间距离不等，略呈东西向排列，正北与刁虎山主峰相对。山下南斜山村北还有遗址区和墓葬区，与已发现的南黄庄遗址相毗连。刁虎山山麓发现的石砌方坑，有1座进行了发掘。坑底长宽各45厘米，深约35厘米。坑底铺以未经加工的自然石板；坑四壁竖立砌筑石块，坑顶盖大块未经加工的石板。坑内出土夹砂红

❶ 栾丰实：《山东罗圈峪和上万家沟出土牙璋调查记牙璋探源》，《大众考古》2020年第4期。
❷ 李振光、刘晓燕：《海岱地区古代山地祭祀》，《齐鲁文博》2002年，第357~371页。《蒙阴发现高山古文化遗址》，《大众日报》1996年4月10日第1版。
❸ 王树明、刘丕兴：《山东乳山县刁虎山莱夷祭山遗迹的推定》，《北方文物》1988年第2期。

褐陶鼎式鬲4件，陶片质地松软，火候很低，均手制；其中1件颈下部刻划两个陶文。刁虎山山麓方坑内发现的陶片与南斜山村北遗址出土陶片风格相同，其时代应与南黄庄基本一致，为西周时期或东周早期。刁虎山的方坑遗迹背靠居址和墓葬区，面向附近高山，可能是当时生活在这里的古人祭祀山神的遗存。同种类型的遗存，在乳山的孤山乡俞介庄、徐家乡大浩口、白沙滩乡稗子刘家等地也有零星发现。上述诸地点与刁虎山遗迹风格相似，都是山腰或山脚的半地穴式石砌方坑，面向周围所在高山，坑内放置陶器。这可能是同一族群所遵循的同一种祭山风俗。

10.章丘小峨嵋山遗址❶

小峨嵋山遗址位于章丘市明水镇东南部的小峨嵋山，遗址点现为桃花山公园，北约0.5千米处为明水湖，东北0.5千米处为绣水村，这一地点先后出土百余件青铜器，但铜器出土处未发现墓葬或居住遗迹。小峨嵋山遗址第一次发现的铜器有80余件，具体地点位于小峨嵋山北侧。这些铜器包括甬钟4件、勾镶22件、铜圭形器30余件、铜璧形器25件等。1992年4月，小峨嵋山遗址又发现了第二批青铜器，发掘者将此次遗迹性质定名为窖藏。发现的青铜器包括10件勾镶、17件铜璧形器、9件铜圭形器，另有玉片、石削各一件。此次发现地点位于小峨嵋山西北侧山坡的台地上。遗迹为圆柱状灰坑，开口距地表0.7米，直径0.7米，深0.4米。灰坑上部以黄色砂质片岩斜压在器物上。小峨嵋山发现的器物，种类、组合均比较特殊，附近也没有发现墓葬和居址，从埋藏环境来看，很可能是祭山遗存。

❶ 常兴照、宁荫堂：《山东章丘出土青铜器述要兼谈相关问题》，《文物》1989年第6期。
宁荫堂、王方：《山东章丘小峨嵋山发现东周窖藏铜器》，《考古与文物》1996年第1期。
❷ 李振光、刘晓燕：《海岱地区古代山地祭祀》，《齐鲁文博》2002年，第357~371页。
俞伟超：《连云港将军崖东夷社祀遗迹的推定》，《先秦两汉考古学论集》，文物出版社，1985年。
连云港市博物馆：《连云港将军崖岩画遗迹调查》，《文物》1981年第7期。

11.连云港将军崖遗址❷

将军崖遗址位于连云港市锦屏山马耳峰南麓，遗址中心有三块立石，周围平地岩面上刻划出许多阴线的岩画。可分三组，最突出的是一些人头像。西边的一组头像最多，形象也最复杂，每个头像都头戴头饰，头像下又刻出茅草状线条，类似繁茂生长的作物；南面一组类似人兽面和鸟头，还有一些类似星辰和太阳的圆点、圆圈和圆圈放射线图像；东侧一组图像最少，有四个人面，其中两个头顶羽毛状装饰。俞伟超推定为东夷人社祀场所，把地母、农神结合在一起，并认为日、月、星辰、鸟兽图案代表一些别的神祇。根据岩画，我们至少可以推测这是一处祭祀自然的遗址。

（二）海洋祭祀

1.长岛珍珠门遗址❶

珍珠门遗址位于北长山岛西北角山坡顶部，西侧、北侧为悬崖绝壁，海拔高度约20～25米。下面礁石林立，西崖下即为珍珠门水道。珍珠门遗址面积不大，东西、南北仅八九十米，地表土层稀薄。遗址分布有较多平面为圆形的遗迹，大型的底部平整，铺有沙砾，基本无遗物。小型的为灰坑，其中有灰烬、海砺子壳和陶片等。1982年，北京大学考古实习队在此处发掘，发现灰坑窖穴20余个，出土石器、骨器、陶器及残青铜器。此处遗址位于崖顶，俯瞰海上航道，面积小且无遮挡，并不适宜居住，可能是一处祭海遗址。

2.日照项家沟遗址❷

项家沟遗址位于日照今东港区两城工业园附近，朱子岭（原名驻足岭）的北坡，文化堆积较薄，在半山腰的项家沟第二地点发现了龙山文化和周代的陶片，在项家沟遗址采集到了一件陶塑人足。这一地点从龙山文化时期一直延续到汉代，陶片却很少，也不见城墙和大型建筑遗存。遗址所处的驻足岭从很早开始便成为当地老百姓祭祀供奉海神的地方，附近还曾有海神庙。可以推测项家沟遗址为祭海遗址。

3.潍坊大家洼遗址❸

大家洼遗址位于潍坊市滨海经济技术开发区大家洼街道，2005年下半年，在建设施工过程中，发现一批青铜器，器形以勾鑃为主，还包括璧形器、圭形器等。这些器物出土后陆续为寿光市博物馆和中国寿光蔬菜博物馆收藏。大家洼街道地处渤海南岸，出土的勾鑃表面附着细砂和少量螺壳，说明这些青铜器可能最初被人为沉于近海。同出的圭形器、璧形器等，也形成了与文献记载相符的祭祀组合。大家洼遗址不是墓葬或

❶ 张江凯：《长岛县珍珠门遗址》，《中国考古学年鉴（1984）》，文物出版社，1984年，第119页。
❷ 中美两地区联合考古队：《山东日照市两城地区的考古调查》，《考古》1997年第4期。
❸ 郎剑锋、赵守祥：《山东新见青铜勾鑃初识》，《东南文化》2016年第5期。

居址等遗存，且埋藏环境也比较特殊，应为祭祀遗存。从发现位置来看，应与海洋祭祀有关。

（三）综合祭祀

至战国时期，山东地区形成了包含天地自然等各种祭祀对象的祭祀体系，即八神祭祀，也称八主祭祀。[1] 八主即天主、地主、日主、月主、阳主、阴主、兵主和四时主。这一祭祀体系在《史记》中屡被提及。秦始皇封禅期间还前往各祠祭祀。山东地区形成的八神祭祀，对后世神仙崇拜和祭祀体系产生的影响广泛且深远。

天主祠记载位于齐国临淄城南的牛山脚下，此地原有天齐渊，泉水涌出如天之腹脐，喻为天下的中心，因以为祭，称"天齐"，借用为天主。考古工作在临淄故城内发现了"齐祠祀印"封泥和"天齐"瓦当，在牛山

❶ 王永波：《成山玉器与日主祭——兼论太阳神崇拜的有关问题》，《文物》1993 年第 1 期。
烟台市博物馆：《烟台市芝罘岛发现一批文物》，《文物》1976年第 8 期。
故宫博物院考古部、山东省文物考古研究院、山东大学历史文化学院：《八主祭祀研究》，文物出版社，2020 年 5 月。
❷ 本图转引自故宫博物院考古部、山东省文物考古研究院、山东大学历史文化学院：《八主祭祀研究》，文物出版社，2020 年 5 月，第 23 页。

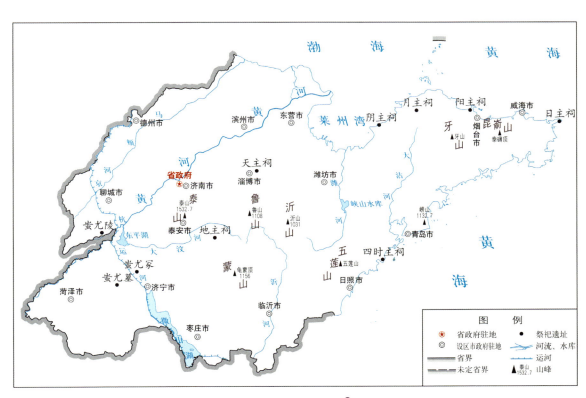

图 2　八主地点示意图❷

图3　成山头酒棚遗址出土汉代玉璧、玉圭

附近发现了建筑遗迹，并且发现了汉代的陶片，可以推测为天主祠所在。

地主在梁父，梁父为封禅中禅地的地点之一，沿用为地主。但梁父山的位置仍有争议。比较可靠的为今徂徕山南麓的梁父山及新泰市天宝镇古城村的羊祜城遗址。

日主祠在威海成山头，《史记·封禅书》记载"七曰日主，祠成山，成山斗入海，最居齐东北隅，以迎日出云。"[1]最新考古工作成果显示，成山头依山势建有功能不同的秦汉时期组合式建筑，秦代在最高点成山中峰上修建了亭阁，在南峰上立石，在南马台修建了祠庙或行宫。汉代在通往中峰亭阁的山路上加铺了踏步砖，在灯塔地和庙西等处增修了建筑。成山头酒棚遗址还出土了两组汉代玉器，圭、璧、珩的组合为典型的祭祀器物组合。

月主祠位于莱国都城归城的外城内，《史记·封禅书》记载"六曰月主，祠之莱山"[2]。历年考古工作显

❶ 司马迁：《史记·封禅书》，中华书局，2013年，第1637页。
❷ 司马迁：《史记·封禅书》，中华书局，2013年，第1637页。

图4 芝罘岛阳主祠出土玉璧、玉圭、玉觿

示，在莱山半山腰从战国到唐代一直有建筑存在。此地在秦汉时期作为八主中月主的祭祀地。在莱山附近的归城，也有秦汉时期的宫殿建筑。

阳主祠在烟台芝罘岛，《史记·封禅书》记载："五曰阳主，祠之罘。"[1]芝罘岛中部是一处山中台地，四周山岗环绕，曾有清代阳主庙，1967年大殿被拆除时，房基下的土坑内出土两组八件玉器。现在的芝罘岛上有阳主庙，内有元代《八神阳主庙记》石碑。

阴主祠在莱州三山岛，明代《莱州府志》记："三山岛，在府城北六十里为海之南岸，《史记·封禅书》云八祀三山为阴主即此，祀址尚存。"莱州市三山岛街道的三山岛，为矗立在渤海南岸东西并列的三座山峰。考古调查发现三山岛有周代、汉代及唐宋时期的陶片，但尚未发现直接指向阴主祠的实证，在秦汉之前可能为祭祀阴主的地点。

[1] 司马迁：《史记·封禅书》，中华书局，2013年，第1637页。

兵主祠以蚩尤为祭祀对象，《史记·封禅书》载"三曰兵主，祠蚩尤。蚩尤在东平陆监乡，齐之西境也"，根据文献推测，应在寿张，但因历代行政区划调整，今巨野、阳谷、汶上都有蚩尤相关的纪念建筑，具体位置尚不清楚。

四时主祠《史记·封禅书》载"八曰四时主，祠琅邪"，其位于现今青岛市黄岛区琅琊镇琅琊山上，称琅琊台。目前考古工作者于台顶揭露秦汉时期夯土建筑台基，在沿海发现较大规模的战国时期建筑基址。这些战国秦汉时期的建筑基址，可能就是祭祀四时主之地。

八主的祭祀地点附近多有战国秦汉时期修建的大型建筑基址，可见当时的祭祀规模和仪制都远超早前。从祭祀遗存来看，对于自然山川及统治者认为需要祭祀的对象进行的祭祀活动，已经形成了完整的体系和空前的规模。不仅如此，各个祭祀地点还临近城址或居邑，如天主与临淄城、地主与梁父城、阴主与曲城、阳主与三十里堡城、月主与归城、日主与不夜城，更体现了祭祀在战国秦汉时期已经形成相当的规模与体系，为泰山祭祀的大规模全国性活动奠定了前期的思想和物质准备。

三

泰
山
周
边
的
先
秦
祭
祀
遗
存

　　泰山祭祀在古代祭祀活动中占有重要地位。文献记载中早于周汉就有历代帝王封禅及各种祭祀泰山的活动，如《史记·封禅书》记载，管仲对齐桓公谈及的"古者封泰山禅梁父者七十二家"。但是，秦汉以前封禅的究竟是哪位古圣先王，封禅有几

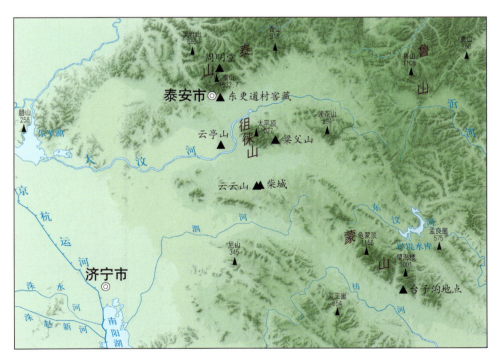

图5　泰山周边的先秦祭祀遗存位置示意图

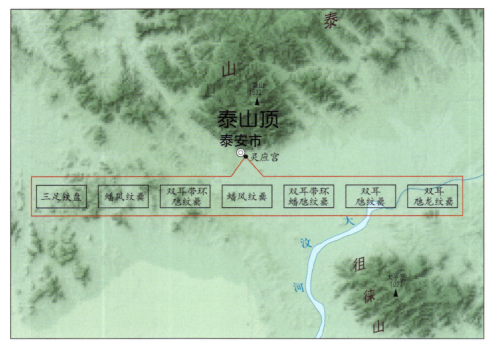

图6　泰安东更道村窖藏埋藏示意图

次、在哪里，并没有多少实证。我们仅能对先秦时期泰山周边的祭祀遗存进行叙述，介绍泰山周边与祭祀相关的遗存，了解早期的泰山祭祀。

（一）东更道村窖藏

1954年，在泰安城西南东更道村（今泰安灵应宫前250米）发现楚高缶6件，三足大铁盘1件。这些器物每一件都单独放在一个长方形土坑内，坑与坑东西成列，间距基本一致，深度也基本一致，坑口都用一块大石盖住。成排的土坑，向北正对泰山最高峰（如图6所示）。王献唐根据铭文定为楚器，发现者初步认为是楚国祭祀泰山之物。[1]这批铜器东西成列面对泰山，且仅有这七件，无其他器物。这样独特的埋藏方式，单一的器物组合，无不指向针对泰山的祭祀。但是由于出土器物的单一性，无法判断是否与封禅有关。

[1] 袁明：《山东泰安发现古代铜器》，《文物参考资料》1954年第7期。
杨子范：《山东太安发现的战国铜器》，《文物参考资料》1956年第6期。
王恩田：《楚高缶与楚公子高伐东夷——春秋晚期大铁盘的发现及其重要意义》，《江汉考古》2018年第1期。

（二）台子沟铜器地点❶

山东省费县南张庄乡台子沟村曾出土两件铸有国号的东周时期铜器，通高21.5、口内径22、腹深10厘米，平沿外折，两立耳饰四股绳索纹，浅腹圜底，马蹄形三足，腹部饰变形蝉纹一周。铜器上阴刻铭文"余子余之鼎百岁用之"。发掘者认为："余"作为国名应为"徐"，伯益之后。铜器铭"余"，当是徐国之物。徐国于周初建立，以今江苏泗洪一带为中心，春秋时为楚所败，周敬王八年（公元前512）为吴国所并。《公羊传》云："天子有事于泰山，诸侯皆从泰山之下，诸侯皆有汤沐之邑焉。"❷台子沟村地处蒙山东段，群山环抱，台子沟村北有水库，库里原有黄土高台，即是徐子鼎的出土地点。徐子鼎无其他共出的发现，可以推测是当年徐国祭祀泰山的遗物。台子沟所在可能是徐国的汤沐之地。

（三）周明堂遗址

《史记·封禅书》："泰山东北址古时有明堂处。"❸《水经注》："汉武帝元封元年，封泰山降，坐明堂于山之东北阯，武帝以古处险狭而不显也，欲治明堂于奉高傍而未晓其制。"❹

泰安大津口乡明家滩村由三个自然村组成，呈三角形分布，周明堂遗址位于三个自然村中部，为一高台地，东西长80余米，南北宽60余米。遗址高台地东部断崖剖面文化层堆积明显。文化层距地表约1米，厚0.5~0.8米。文化层中有大量砖瓦建筑残片，时代从周代至汉代。1921年当地村民修整土地时，曾挖出玉器盘碗鼎等器物。❺

STDZ：6，板瓦。残，夹砂灰陶，正面有四道宽带状凹弦纹。残长5.3~7.6、宽9~10.7、厚1.2~1.4厘米（图8，1）。

STDZ：2，筒瓦。残，夹砂灰陶，素面。残长9.1、宽10.1、厚1~1.2厘米（图8，2）。

STDZ：1，板瓦。残，夹砂灰陶，正面上部饰有两道凹弦纹。残长13.5、宽8.7、厚1.2~1.4厘米（图8，3）。

❶ 心健、家骥：《山东费县发现东周铜器》，《考古》1983年第2期。
朱正昌总主编，杨波、李大营等编著：《山东文物丛书·青铜器》，山东友谊出版社，2002年。
❷ 李学勤主编：《春秋公羊传注疏》北京大学出版社，1999年，第58页。
❸ 司马迁：《史记·封禅书》，中华书局，2013年，第1682页。
❹ 郦道元著，陈桥驿校证：《水经注校证》，中华书局，2013年，第556页。
❺ 周郓：《泰山周明堂古玉流失案》，《齐鲁晚报》2015年11月26日。

图7 自周明堂西北望岱顶

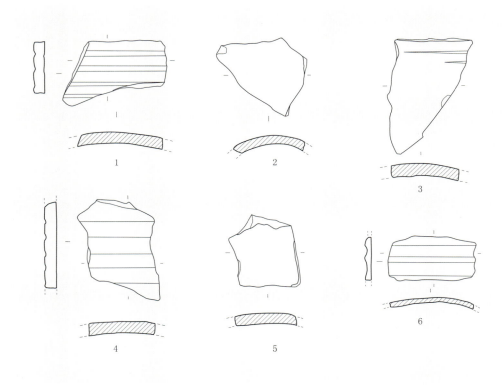

图8 大津口周明堂采集瓦片

1、3、4、5、6.板瓦(STDZ：6、STDZ：1、STDZ：5、STDZ：7、STDZ：3) 2.筒瓦(STDZ：2)

STDZ：5，板瓦。残，夹砂灰陶，正面饰多道凹弦纹。残长11.7、宽7.1~8.8、厚1.1~1.3厘米（图8，4）。

STDZ：7，板瓦。残片，夹细砂灰陶，正面饰细绳纹，磨蚀严重，纹饰几不可见。残长8.3、宽6.8~7.4、厚1.1~1.2厘米（图8，5）。

STDZ：3，板瓦。残片，夹细砂橙黄陶，正面饰两道宽带状凹弦纹。残长9.7、宽5、厚0.5~0.8厘米（图8，6）。

现今的周明堂地点符合汉武帝所说"处险不畅"的情况，其出土了大量的东周、汉代砖瓦，但是没有见到更早的遗存，应该是一处和泰山祭祀相关的高等级遗迹。

图9　映佛山❶

（四）梁父山

《泰山道里记》记载，大汶口东南三十里为梁父山，平衍突出。❷《史记·封禅书》记载秦以前封泰山禅梁父的古圣先王有七十二家，秦始皇、汉武帝及光武帝也降禅于此，而坛址无存。

《汉书·地理志》记载泰山郡梁父，颜师古注曰："以山名县也"。❸《后汉书·郡国志》："梁甫侯国，有菟裘聚"。❹《括地志》云："梁父山，在兖州泗水县北

❶ 梁父山可能地点之一，又名映佛山，在今徂徕山景区徂徕山南麓。
❷ 聂鈫：《泰山道里记》，成文出版社，1968年，第142页。
❸ 班固：《汉书·地理志》，中华书局，1962年，第1582~1583页。
❹ 范晔：《后汉书·郡国志》，中华书局，1965年，第3453页。

八十里"。❶《元和郡县图志》云："在泗水县北八十里，西接徂徕山"。❷《大清一统志》云："梁父山，在府南一百十里，新泰县西四十里"。❸所有的这些信息互相矛盾，不能得出令人信服的结论。

（五）云亭山

云亭山位于山东省泰安市岱岳区大汶口镇马家大吴村北，距大汶口镇驻地3千米。

现场踏查遗址附近新开挖台地参差，露出红色土层，地表破坏严重。接近石台的范围里残留大量的秦汉砖瓦，还发现有唐莲花纹地砖，表明这是一处延续时间长，建筑等级高的遗址，据遗迹、遗物推测，该遗址和泰山祭祀应有关系。

现存祭台遗址破坏严重，呈馒头状，高六七米，直径十米左右，下面部分为花岗岩，高两三米。据赵兴彬的《踏访云亭山》一文，20世纪70年代附近修水库、塘渠时，就地取材，把整个山头削去了三四米。❹石层之上据说是石条，封土，攀爬不易，没有进一步勘查。

STYT：1，板瓦。残，泥质灰陶，正面饰细绳纹，背面压有布纹，残长5.5、宽5.4、厚1.7厘米（图11，1）。

STYT：7，罐。残，仅存口沿部分。圆唇，平折沿，敛口，外壁饰有两道宽带状凹弦纹，内壁涂有一层白灰，残高4.9、宽7.7、厚0.8厘米（图11，2）。

STYT：10，板瓦。残，泥质灰陶，素面，背面压有布纹，残长13.1、宽7.8、厚1.8厘米（图12，1）。

STYT：11，板瓦。残，泥质灰陶，素面，背面压有布纹，残长8.2、宽7.5、厚

图10　云亭山

❶ 司马光编著，胡三省音注：《资治通鉴》，中华书局，1976年，第239页。
❷ 李吉甫：《元和郡县图志》，中华书局，1983年，第270页。
❸《大清一统志》卷一百十，清乾隆九年武英殿刻本。
❹ 赵兴彬：《踏访云亭山》，《泰山学院报》第10期，2019年5月20日。

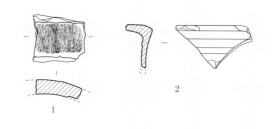

图11 云亭山采集陶片、瓦片
1.板瓦（STYT：1）　2.罐口沿（STYT：7）

1.3厘米（图12，2）。

STYT：4，筒瓦。残，泥质灰陶，素面，残长8.3、宽4.7、厚1.3厘米（图12，3）。

STYT：13，筒瓦。残，泥质灰陶，正面饰细绳纹，背面压有布纹，残长8.6、宽4.2、厚1.3厘米（图12，4）。

STYT：14，板瓦。残，泥质灰陶，素面，背面压有布纹，残长6.6、宽11.3、厚2.2厘米（图12，5）。

STYT：18，板瓦。残，泥质灰陶，素面，背面压有布纹，残长8.1、宽5、厚1.2厘米（图12，6）。

STYT：22，砖。长方形，残，正面饰粗绳纹，残长13.5、宽11.1、厚4.6厘米（图13，1）。

STYT：21，砖。长方形，残，正面饰有太阳纹，残长10.7、宽10.6、厚3.5厘米（图13，2）。

STYT：20，砖。长方形，残，素面，残长13.2、宽6.1、厚3厘米（图13，3）。

SXYT：1，太阳纹砖。残，灰色，正面饰有粗绳纹，一侧饰有太阳纹，残长14.5、宽9.8、厚6厘米（图13，4）。

据《管子·封禅篇》载："古帝王封泰山者七十二家，自无怀氏以下禅云云者有其九。""云云"据记载有九位帝王至此举行禅礼。但具体地点尚无定论。

据《新泰市地名志》记载，云云山位于前柴城东村。此云云山是一座海拔210米的小丘，植被茂盛，几乎无路。在云云山顶，有一座乾隆三十一年（1766年）所立的刻有《云云山肇建观音殿碑记》的四方形石碑，四面均有文字。原碑帽被砸毁，现在的碑帽是当地村委按原貌制作的。石碑上的文字有引用的《管子》中"禅云云者有其九"的内容。石碑周围散落着石质赑屃的残件和一些古代石碾等，都是这座观音殿碑所证观音殿的遗物，现在观音殿已毁于战乱。现场没有捡到任何陶片。

作为史籍里出现的具体场所，云亭山与云云山的具体位置仍旧存疑，从田野调查情况看，云亭山和泰山祭祀关系更明晰些，现场有相关时代砖瓦遗物，和泰山距

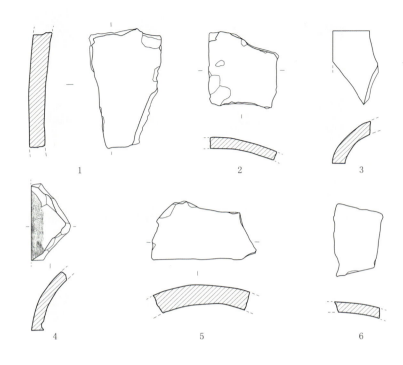

图 12　云亭山采集瓦片

1、2、5、6.板瓦（STYT：10、STYT：11、STYT：14、STYT：18）　3、4筒瓦（STYT：4、STYT：13）

图 13　云亭山采集砖

1～4.砖（STYT：22、STYT：21、STYT：20、SXYT：1）

图14　云云山肇建观音殿碑

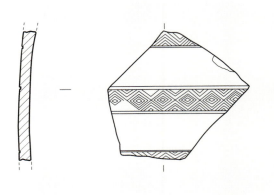

图15　柴城采集陶片

（STCC：1）

离合适，视野开阔，可远观遥祭，而云云山海拔较低，群山环绕，未发现相关遗迹、遗物，仅凭借清代碑文记述确认性质还是比较困难的。

（六）柴城遗址

柴城遗址位于新泰市楼德镇柴城村东云云山下，当地人翻地经常能翻出陶片。20世纪60时代还出土过战国时期的"柴内古"铜戈。附近的翟镇崖头河岸边也发现一铜戈，铭文"柴内右"，❶两地直线距离30多千米。调查时在柴城也采集了一些器物腹片。

STCC：1，腹片。泥质灰白陶，正面饰有三排等距的多重菱形拍印纹，菱形纹上下各有一道凹弦纹，残长9.5、宽8.9、厚0.7厘米（图15）。

柴城虽未经考古发掘，但位于云云山附近，遗存也比较丰富，联系前文同时期祭祀活动附近多有城址或居址，柴城遗址或与泰山附近祭祀有关。

❶ 魏国：《山东新泰出土一件战国"柴内右"铜戈》，《文物》1994年第3期。

第二章

秦汉时期
的封禅

泰山封禅

秦始皇东巡与

在上一章节中，我们梳理了文献，明晰了巡狩与封禅的关系。巡狩作为上古时期国家首领统治疆域、体察民情、震慑四方的手段，实际上最初是为了祭祀自己疆域内的山川，从而加强域内的臣服。随着汉代学者对前世帝王事迹的修饰和完善，进而赋予了祭祀天地自然神更神圣的精神意义与理论建构，将其提高到了唯一的境地，出现了封禅这一专有表述。

封禅作为一个完整的制度肯定不是一蹴而就的，秦始皇的封禅不是首创。司马迁记载黄帝到过泰山，有学者将这一史料作为三皇五帝时期有过封禅的证据。比较可靠的是在西周早期，周成王祭祀过泰山。

但是由于国家经过了漫长的分崩离析阶段，史籍散佚，封禅典籍、制度到汉代已不完整。从秦皇汉武先巡守四方，再封禅的行为看，仍旧保持着巡狩封禅的早期活动特征。

在实现统一以后，秦始皇曾有五次出巡。司马迁记载的有关秦始皇巡狩的相关史料如下：

"二十七年（公元前220年），始皇巡陇西、北地，出鸡头山，过回中。❶"

"二十八年，始皇东行郡县，上邹峄山。立石，与鲁诸儒生议，刻石颂秦德，议封禅望祭山川之事。乃遂上泰山，立石，封，祠祀。下，风雨暴至，休于树下，因封其树为五大夫。禅梁父。刻所立石……于是乃并勃海以东，过黄、腄，穷成山，登之罘，立石颂秦德焉而去。南登

❶ 司马迁：《史记·秦始皇本纪》，中华书局，2013年，第306页。

琅邪，大乐之，留三月。乃徙黔首三万户琅邪台下，复十二岁。作琅邪台，立石刻，颂秦德，明得意……始皇还，过彭城，斋戒祷祠，欲出周鼎泗水。使千人没水求之，弗得。乃西南渡淮水，之衡山、南郡。浮江，至湘山祠。……上自南郡由武关归。"

"二十九年，始皇东游。至阳武博狼沙中……登之罘，刻石……旋，遂之琅邪，道上党入。"

"三十二年，始皇之碣石，使燕人卢生求羡门、高誓。刻碣石门……因使韩终、侯公、石生求仙人不死之药。始皇巡北边，从上郡入。"

"三十七年十月癸丑，始皇出游。左丞相斯从，右丞相去疾守。少子胡亥爱慕请从，上许之。十一月，行至云梦，望祀虞舜于九疑山。浮江下，观籍柯，渡海渚。过丹阳，至钱唐。临浙江，水波恶，乃西百二十里从狭中渡。上会稽，祭大禹，望于南海，而立石刻，颂秦德……还过吴，从江乘渡。并海上，北至琅邪……至之罘，见巨鱼，射杀一鱼。遂并海西。"❶

有学者认为秦始皇的巡狩行为和先圣相比，"有虞之时，五年一巡守，周十有二年，王乃时巡，所以省方观民，非为游乐也。然又必以四岳为底止之地，出必有期，行必有方，未有频年出行，游荡如始皇者也。今年巡陇西、北地，至回中。明年上邹峄。继是渡淮浮江至南郡，登之罘，刻碣石门，至云梦，上会稽，直至沙丘崩而后已。"❷认为帝舜和周天子的"巡"有边界限定，以"四岳为底止之地"，有时间节点，"出必有期"，有计划，是"省方观民"。而秦始皇的"巡"则并没有严格的时间以及地点安排，代表了"游乐""游荡"之意，认为秦始皇的"频年出行"，背离了先古圣王有规划的巡狩传统，对出巡频率和出巡规模也不加以节制等等，但秦始皇频繁出游还有其他的目的。

秦始皇出巡虽然具有传统巡狩"抚""览"等视察慰问的因素，但彰显皇权同样也是重要的动机。《左传》庄公二十七年有载"天子非展义不巡狩。"❸"展义"即"宣布德义"，宣扬功业，向世间宣扬自己是四海的真命天子，以君权神授、君权神知为由，使统治者的权力变得神圣不可侵犯，其根本目的在于政治上、精神上的领土控制。秦左丞相李斯被赵高拘执时，在狱中上书自陈重要功绩七项，其中包括"治驰道，兴游观，以见主

❶ 司马迁：《史记·秦始皇本纪》，中华书局，2013年，第307~314页。
司马迁：《史记·秦始皇本纪》，中华书局，2013年，第315~316页。
司马迁：《史记·秦始皇本纪》，中华书局，2013年，第318~319页。
司马迁：《史记·秦始皇本纪》，中华书局，2013年，第327~331页。
❷ 丘濬著，林冠群、周继夫点校：《治国平天下之要·明礼乐》，《大学衍义补》，京华出版社，1999年，第408页。
❸ 杨伯峻：《春秋左传注》，中华书局，1990年，第235页。

之得意"。项羽和刘邦的所谓"彼可取而代也","大丈夫当如此也",也同样说明这种"见"帝王之"得意"的显著效果。

巡游是秦始皇极为热衷的活动,据记载:"二世与赵高谋曰:'朕年少,初即位,黔首未集附。先帝巡行郡县,以示强,威服海内。今晏然不巡行,即见弱,毋以臣畜天下。'春,二世东行郡县,李斯从。到碣石,并海,南至会稽,而尽刻始皇所立刻石,石旁著大臣从者名,以章先帝成功盛德焉。皇帝曰:'金石刻尽始皇帝所为也。今袭号而金石刻辞不称始皇帝,其于久远也如后嗣为之者,不称成功盛德。'丞相臣斯、臣去疾、御史大夫臣德昧死言:'臣请具刻诏书刻石,因明白矣,臣昧死请。'制曰:'可。'遂至辽东而还。"❶

秦二世一语道出秦始皇巡游的真实目的,不在于"游乐",而在于"示强",意图通过巡游封禅"威服海内"。秦二世以为这种出巡的目的是向被征服地方展示"得意"君威,以实现"威服海内"的效应。上文《史记·秦始皇本纪》中记载的二世和赵高商量初登基就要去巡游的理由已经说得很清楚了,先帝巡行郡县,示威,示强,突然不这么做了,显得君主无能软弱,不好统治臣下。于是,"春,二世东行郡县。"很显然秦二世的出巡时仿效"先帝",试图以"巡行"显示"威",以使海内臣服,保障最高政治权力的接递。那么秦代国君巡游与先古圣王"巡狩"在形式上的继承关系是毋庸置疑的。❷

战国时期,以齐人邹衍为代表,专门言灾异的阴阳家出现。邹衍把阴阳五行观念引申到阐释历史变迁中,创造了"五德终始说"。邹衍认为五行运行的原则:木胜土、金胜木、火胜金、水胜火、土胜水,五行便是五德。人类历史是按五行相胜的原则循环前进的,每个帝王要得到五德中的一德,上天降下相应的符应表示对政权的承认,帝王的德行败坏了,便由五德中胜过它的那一德来代替。邹衍的五德终始说,历史循环论,对秦汉时期的历史观产生了极大影响。

"自齐威、宣之时,驺子之徒论著终始五德之运,及秦帝而齐人奏之,故始皇采用之。"❸秦始皇统一六国之后,同样沿用了稷下学派邹衍所创立的五德学说,遵从五行阴阳相克的自然规律,那么必须要做的就是确认自己的正统性。

《汉书·郊祀志》载"秦始皇既并天下而帝,或曰:黄帝得土德,黄龙地螾见。夏得木德,青龙止于郊,草

❶ 司马迁:《史记·秦始皇本纪》,中华书局,2013年,第335页。
❷ 王子今:《论帝舜"巡狩"》,《陕西历史博物馆论丛》第25集。
❸ 班固:《汉书·郊祀志》,中华书局,1962年,第1203页。

木畅茂。殷得金德，银自山溢。周得火德，有赤乌之符。今秦变周，水德之时。昔秦文公出猎，获黑龙，此其水德之瑞，于是秦更命河曰'德水'，以冬十月为年首，色上黑，度以六为名，音上大吕，事统上法。"❶秦国确立自己是水德，取代了周的土德。西周时期的天子就是在天命信仰下，成为具有神圣性与合法性的最高统治者。东周以降天子权威崩塌，天子的神圣权威性亦在质疑中逐渐衰落。战国以来各国纷纷称王，甚至有试图称帝者，但是只有最终完成统一者，才是真正的帝王，才能得到最高神赋予的德行。

这样一来秦始皇建立统一帝国后的当务之急是恢复确立最高神"天地"的权威，对世俗权力做最高保障的"天地"神权得到确立后，秦帝国才能被赋予相应的"德"行，证明政权的正统性。

《白虎通》记述"王者易姓而起，必升封泰山何？报告之义也。始受命之时，改制应天，天下太平，功成封禅以告太平也。"❷封禅的目的是"告代"，即昭告天下易姓换代，同时又指明只有那些获致太平功成的受命者才享有告天的资格。

秦汉时代以治致太平为政治功成的最高理想，故必获致太平才被视为成功，才可被赋予告天封禅的资格与权力。设置这一资格，其核心目的就是寻求皇权正当存在的终极依据，向天下昭示皇权的合法性、神圣性和权威性，以达到巩固统治的目的。

顾颉刚总结从思想领域秦国需要封禅祭天的原因，"同出于一个目的，就是希望受命的天子得到他的符应；不过得到了符应之后，五德说希望他走出制度，封禅说希望他到泰山上祭天"。❸

统一六国后，秦国不再是偏于西隅的诸侯国，而是一统天下的秦帝国，融合东方新征服区是统一之后的首要任务。秦始皇多次巡行东方，既要达到政治上、军事上的镇抚效果，也要实现宗教信仰上的融合。巡游的同时遍祭关东名山大川，将齐地影响深远的"八神"纳入官方祭祀，希望通过利用宗教信仰的媒介加强东方民众对新帝国政权的认同。这些做法能够取得一定效果，但还远远不够，还必须建立一个最高的统一宗教信仰来保障并证明天下的统一，统合关中和东方。

秦国以前的祭祀系统是"畤"，从秦襄公开始"攻戎救周，列为诸侯，而居西，自以为主少昊之神，作西

❶ 班固：《汉书·郊祀志》，中华书局，1962年，第1200、1201页。
❷ 陈立撰，吴则虞点校：《新编诸子集成白虎通疏证》，中华书局，1994年，第278页。
❸ 顾颉刚：《秦汉的方士与儒生》，上海古籍出版社，2005年，第7页。

畤，祠白帝。"至文公时"作鄜畤，用三牲郊祭白帝"，"雍旁故有吴阳武畤，雍东有好畤"，"作鄜畤后九年，文公获若石云，于陈仓北阪城祠之……以一牢祠之，名曰陈宝。"秦德公即位后"卜居雍……用三百牢于鄜畤。作伏祠。"到了秦宣公时，"作密畤于渭南，祭青帝"，秦灵公"于吴阳作上畤，祭黄帝；作下畤，祭炎帝。"秦献公因"栎阳雨金……自以为得金瑞，故作畦畤栎阳，而祀白帝。"[1]这是《汉书·郊祀志》记载的秦国宗教祭祀方面的活动，可见秦国一直延续的是地方性的"畤"祭制度。

秦国传统祭祀"雍四畤"的地域性和单一民族属性，使它无法承担统合整个帝国宗教信仰的任务，所以在宗教信仰方面确立"天地"的至高神性与权威地位，是秦帝国建立伊始的重要任务。秦统一之后，需要一套融合四帝功能的至上神祇系统，如果将"雍四畤"等祭祀上升为秦帝国的国家最高祭祀，用地方性、部族性的神灵去统合关中、关东，让关东新征服区的百姓尊奉，在理论上和实践中均是不可行的。

秦始皇举行封禅，祭祀的对象就是"天地"，是最具普泛性的、权威性的、地位最崇高的至上神。

秦朝的国家祭祀表现为一种双轨制，一方面是对旧有国家宗教系统中的畤祭不作改变，全盘保存延续，在关中故地祭祀。秦始皇对秦国时期的"雍四畤"传统没有进行任何改动，甚至当整个帝国宣布据水德色尚黑时，"雍四畤"仍然可以保持传统的色尚白的祭祀特权。另一方面采纳齐鲁文化传统中的"封禅说"，在泰山举行了封禅大典。

作为秦国的君王，嬴政的个人情感可能更多地归依于雍四畤，但是作为新的一统帝国的皇帝，他必须在更高的层面上设教，把秦国故地与关东新征服地区在理论上、信仰上统一起来。泰山封禅就是秦始皇试图统一意识形态领域的一次理性的、平稳的尝试。正因为如此，李零认为：秦代的封禅郊祀主要是齐、秦宗教传统的拼合。东方齐鲁文化的封禅之礼，与西方秦文化采用的五畤郊祀系统，是东西平行的两个祭祀圈。为了获得东方神祇的宗教认同，秦始皇必须要去泰山进行封禅仪式。[2]

五德终始论为秦始皇认识和了解齐鲁文化打开了一扇窗户，同时也将泰山封禅的传统传递到了秦帝国，而后便有了秦始皇封禅泰山之举。秦始皇在二十八年（公元前219年）到泰山封禅，成为春秋战国以来建构的封禅典礼的第一位践行者。

秦始皇多次巡游东方，到泰山封禅，固然有他作

[1] 班固：《汉书·郊祀志》，中华书局，1962年，第1194~1199页。
[2] 李零：《秦汉礼仪中的宗教》，《中国方术续考》，东方出版社，2000年。

为一位统御天下的皇帝在"公"的层面巩固帝国的作为。意识形态，宗教信仰方面的统一要求他钳制思想，吸收关东宗教信仰的资源。始皇帝不拘泥于秦地，秦人，追求全体帝国的归顺划一。选中齐鲁之地的泰山封禅，也与其寻求不死之药，满足长生不老的私欲有密切联系。

封禅祭祀除了表示天子之命受于天，报天地之功外，更有祈求不死得以成仙的动机。在齐燕方士的手中，封禅成为求神仙的"方仙道"。

《史记·秦始皇本纪》记载始皇二十八年："齐人徐市等上书，言海中有三神山，名曰蓬莱、方丈、瀛洲，仙人居之。请得斋戒，与童男女求之。于是遣徐市发童男女数千人，入海求仙人。"❶三十二年，先"使燕人卢生求羡门、高誓。"再接着"因使韩终、侯公、石生求仙人不死之药。"❷三十五年，求药不得。

《史记·封禅书》记载："即帝位三年，东巡郡县，祠驺峄山，颂秦功业。于是征从齐鲁之儒生博士七十人，至乎泰山下。诸儒生或议曰：'古者封禅为蒲车，恶伤山之土石草木；扫地而祭，席用菹秸，言其易遵也。'始皇闻此议各乖异，难施用，由此绌儒生。而遂除车道，上自泰山阳至巅，立石颂秦始皇帝德，明其得封也。从阴道下，禅于梁父。其礼颇采太祝之祀雍上帝所用，而封藏皆秘之，世不得而记也。始皇之上泰山，中阪遇暴风雨，休于大树下。诸儒生既绌，不得与用于封事之礼，闻始皇遇风雨，则讥之。"❸

秦始皇性格刚愎自用，唯我独尊，无论从精神层面，还是世俗层面都不会认同东方儒生按照所谓的上古祭祀典礼设计的礼制。齐鲁儒生认为，上泰山时"恶伤山之土石草木"，应当用"蒲车"，封禅时应当"扫地而祭，席用菹秸"，但是秦始皇认为儒生们的建议"乖异"而没有采用，"绌儒生"，竟然"除车道"而至山顶。始皇封禅时从泰山南上，在山顶立石歌颂自己的德行，又从山北阴道下，禅于梁父山，而这次封禅礼仪"颇采太祝之祀雍上帝所用"，即把秦地的郊祀之礼移植到泰山上。

史载秦始皇封禅过程极不顺利，中途"遇暴风雨，休于大树下"。由于没有采纳儒生意见，又采用了西方部族性祭祀仪典祭祀东方天地神祇，齐鲁儒生从心底抵牾，抗拒，蔑视，表现为讥讽秦始皇封禅，甚至传说他"为暴风雨所击"，根本就没有封禅成功。

前文讲到封禅被认为是易姓换代的典礼象征，帝王即位后需要向上天报备自己的合法性、唯一性，而封禅

❶ 司马迁：《史记·秦始皇本纪》，中华书局，2013年，第317页。
❷ 司马迁：《史记·秦始皇本纪》，中华书局，2013年，第322~323页。
❸ 司马迁：《史记·秦始皇本纪》，中华书局，2013年，第318页。

的前提条件是获致太平功成。儒生就是抓住封禅不顺利，也就是所谓的不成功这一点，认为是秦始皇没有达到海内升平，所以封禅才会不成功，从礼仪上否定秦帝国建国的合法性、正统性以发泄心中不满。

对于秦始皇，齐鲁宗教文化的态度是非常明显的不合作、不认同。司马迁将秦始皇封禅的失败，归因于"无其德而用事"，说他德行不足，这是以汉代儒家视角看待秦始皇封禅活动得出的结论。其实根本的原因还是秦始皇没有诚心接纳东方宗教，没有接纳以儒生为代表的东方文化，而是按照自己的个人意愿创造封天方式封祀泰山，按照西方雍畤的礼仪禅祭梁父，这当然不会得到东方的认同。至此秦始皇这次理性的、平和的拉拢东方民众的示好行为失败了。

秦朝实现了全国的政治和军事统一，但各地在文化上的分散和离心力量最难消弭。战国晚期，齐、秦、楚三个地域文化的影响最大，所以秦统一之后力图消弭齐、楚两地区域文化影响，云梦睡虎地秦简《语书》说旧楚之地南郡"淫僻""恶俗"很多"乡俗淫泆之民不止"，"私好、乡俗之心不变"。始皇二十八年巡游琅琊，刻石称"匡饬异俗"；三十七年出游会稽，刻石称"宣省习俗""防隔内外，禁止淫泆"。反映出在封禅之后齐、楚之地在文化上并没有认同秦朝。

东方的神祇也没有认同秦朝。始皇二十八年，秦始皇曾与童男童女一起斋戒而祷求齐地的"三神山"，并派徐福带童男女数千人入海求仙，未得神应；回来的路上经过彭城，"斋戒祷祠，欲出周鼎泗水，使千人没水求之，弗得"；然后南至衡山，返回时在洞庭湖遇险，"逢大风，几不得渡"，于是他恼羞成怒，"赭其山"。❶三神山、泗水、洞庭、湘山等齐、楚文化中标志性的山川神祇，对秦始皇采取了无视、不合作态度，当然齐楚文化中的水神、山神在秦朝的宗教神祠系统中也未获得完全对等的地位，始皇的失败显而易见。❷

种种迹象表明，秦始皇试图通过巡狩、封禅来得到的东方文化的认同、统一宗教的承认、获致太平功成的礼赞、最高神的权力认可无一成功。其孜孜以求的仙人和神药所代表的长生私欲也辗转不得。

秦始皇的封禅过程也很有意思。"即帝位三年，东巡郡县，祠驺峄山，颂秦功业……而遂除车道，上自泰山阳至巅，立石颂秦始皇帝德，明其得封也。从阴道下，禅于梁父。其礼颇采太祝之祀雍上帝所用，而封

❶ 司马迁：《史记·秦始皇本纪》，中华书局，2013年，第313~314页。
❷ 杨华：《秦汉帝国的神权统一——出土简帛与〈封禅书〉〈郊祀志〉的对比考察》，《历史研究》2011年第5期。

藏皆秘之，世不得而记也。"❶虽然这段记述极简略，我们不知道其封禅的具体细节，但仍可看出该次行礼包含巡狩，泰山封，立石颂德，禅梁父的仪式。

《史记》中记载了东巡刻石七块：泰山刻石、峄山刻石、东观刻石、琅邪刻石、会稽刻石、碣石刻石和之罘刻石。东封泰山后，为了让自己的英名永垂万世，秦始皇刻石为自己歌功颂德，之后的其他刻石内容、目的也殊途同归，无非是歌颂秦始皇扫平六国、一统天下的伟业。

另外关于秦始皇登山，只记载了"除车道"一点。在宋初的《太平寰宇记》则记载："始皇乘羊车登之，其路犹在。"❷对此有多种意见，一种认为是以现状推古人，不认可。但是安阳郭家庄商代晚期M148发现两只羊骨架，随葬有络头，羊嘴部各有一对铜镳，羊后颈各有一铜轭首，羊侧近坑壁处还有一殉人。很显然这两只羊应该是驾车的役力。❸还有在汉昭帝平陵陵园外的3号陪葬坑里也清理出了木车明器，其中一乘为四羊驾车。❹那么羊驾车在秦始皇时期很可能是类同于《释名》里对车的解释，是以驾物名之，确实存在的。当然这条史料晚出，"其路犹在"之说也不知所据。

我们按照书中记载，推测秦始皇的大致巡游路线如下：

咸阳→邹峄山→东上泰山，封于山阳至巅→于北侧下山，禅于梁父→东巡海上，过黄腄穷成山，登之罘，南登琅邪→彭城→西南渡淮水，之衡山、南郡→浮江，至湘山祠→武关→咸阳

关于秦始皇相关的考古遗迹甚少，可能相关的只有李斯碑与五大夫松两处，分别描述如下。

❶ 司马迁：《史记·封禅书》，中华书局，2013年，第1644页。
❷ 乐史著，王文楚等点校：《太平寰宇记》，中华书局，2007年，第441页。
❸ 中国社会科学院考古研究所安阳工作队：《安阳殷墟郭家庄商代墓地》，文物出版社，1998年，第147~150页。
❹ 咸阳市文物考古研究所：《西汉昭帝平陵陵钻探调查简报》，《考古与文物》2007年第5期。

图16　秦始皇封禅线路示意图

（一）李斯碑

李斯碑现存岱庙东南跨院，相传为李斯所书，内容为秦始皇刻辞与秦二世刻辞。秦始皇统一六国后，为宣扬他统一天下的功绩，为己歌功颂德，登封泰山，丞相李斯为始皇帝撰写了碑文，全文共144字，三面环刻，立于泰山玉皇顶。后来秦二世巡游泰山，丞相李斯随从，于先前秦始皇刻石剩余一面加刻了二世诏书，全文共79字，这一块刻石上就有了先后两代帝王的诏书。

李斯碑原在岱顶，明正德五年（1510年）仍在原址。至嘉靖三十七年（1558年）王世贞《游泰山记》始言该碑在玉女池上。至于该碑移于玉女池的具体时间则有争议。《泰山道里记》记载先是"在玉女池上，后移置祠之东庑。其石高四尺，四面广狭不等，载《始皇铭辞》及《二世诏书》，世传为李斯篆。字径二寸五分，宋人刘跂亲为摩拓，得字二百二十有二。近数年前摩本仅存'臣斯'以下二十九字，未有明北平许□隶书跋。"❶

❶ 聂鈫：《泰山道里记》，成文出版社，1968年，第77页。

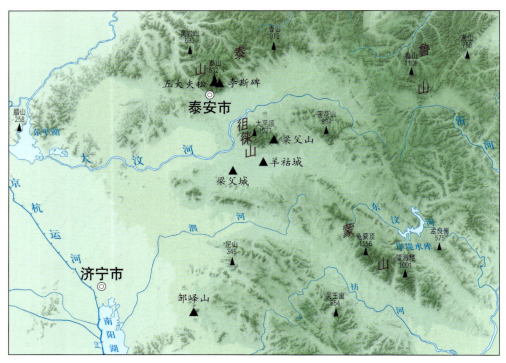

图17　秦代泰山封禅遗迹位置示意图

这是李斯碑的第一次迁移，在这之后，吴同春分别于明万历十一年（1583年），万历十七年两次登上泰山，并且均对秦泰山刻石进行了考察，甚至为方便安置，而"各加凿削"，刻石遭到严重破坏。十年后，谢肇制于万历二十七年登泰山并作《登岱记》，"通四行，首二字已刊毁，仅得'臣斯'以下二十九字耳。"

后李斯碑又有了第二次迁移，被移至碧霞祠东庑。关于泰山刻石移至碧霞祠东庑的时间及迁移人，各志书记载有所不同。刊行于清乾隆三十九年（1774年）的《泰山图志》载：石旧在岱顶玉女池上，雍正八年（1730年）郎中丁皂保移至碧霞祠东庑。

清乾隆五年六月，碧霞祠毁于火。刻石遗失。嘉庆二十年（1815年）左右，汪汝弼、蒋因培等于山顶玉女池中搜得残石两块，尚存十个字，残碑嵌于岱顶东岳庙西的宝斯亭内。乱石覆盖，泰安知县徐宗幹"呕索残石于瓦砾中"，嘱道人刘传叶将残石移到山下，嵌置岱庙西道院东壁间，这是李斯碑的第三次迁移。

光绪十六年（1890年），残石被盗，泰安县令毛蜀云大索十日，盗石不得出境，最后在泰安县城北的一座石桥下找到。宣统二年（1910年）五月，泰安县令俞庆澜，在岱庙环咏亭附近建石屋一所，将残石嵌于屋内，四周铁栏保护。1928年春，改岱庙为中山市场，环咏亭被毁，移残石于岱庙院，就地保护至今。❶

始皇刻辞

"皇帝临位，作制明法，臣下修饬。廿有六年，初并天下，罔不宾服。亲巡远黎，登兹泰山，周览东极。从臣思迹，本原事业，祇诵功德。治道运行，诸产得宜，皆有法式。大义休明，垂于后世，顺承勿革。皇帝躬圣，既平天下，不懈于治。夙兴夜寐，建设长利，专隆教诲。训经宣达，远近毕理，咸承圣志。贵贱分明，男女礼顺，慎遵职事。昭隔内外，靡不清净，施于后嗣。化及无穷，遵奉遗诏，永承重戒。"

二世诏书

皇帝曰："金石刻尽始皇帝所为也。今袭号而金石刻辞不称始皇帝，其于久远也如后嗣为之者，不称成功盛德。"丞相臣斯、臣去疾、御史大夫臣德昧死言："臣请具刻诏书刻石，因明白矣。臣昧死请。"制曰："可。"

秦泰山刻石现在只剩下十字，"斯、臣、去、疾、昧、死、臣、请、矣、臣"十字，并且其中的"斯、昧、死"3字为残字，全部为秦二世诏书内容。

❶ 陶莉：《岱庙碑刻研究》，齐鲁书社，2015年，第3~11页。

图18　秦泰山刻石李斯碑

图19　李斯碑拓片

（二）五大夫松

　　小天门（御帐坪）有五大夫松。《史记·秦始皇本纪》记载：秦始皇"登泰山，中阪遇暴风雨，休大树下，因封其树为五大夫。"《泰山道里记》记述说，《汉书》里只说大树不云松也。唐代徐坚的《初学记》引用《汉官仪》及《泰山记》说："小天门有秦时五大夫松，见在。"❶大概汉代人确实见到了秦始皇避雨的是松树。《泰山纪事》："松旧有二株，苍秀参天，四围碧石，栏根无土，蟠于石上。万历三十年，泰山起蛟；遂失松所在，以为化龙去。"唐陆贽称为五株，❷而"五大夫"是秦汉时期的九级爵位，应该是一棵松树。

❶ 徐坚等撰：《初学记》，哈佛大学藏，锡山安国本，卷五，第10页。
❷ 聂釴：《泰山道里记》，成文出版社，1968年，第65页。

汉武帝
封禅

《史记·封禅书》《汉书·武帝纪》《汉书·郊祀志》都记载了武帝封禅,《汉书·郊祀志》因循《史记·封禅书》而成,细节上有所变动,并续写了太始四年(公元前93年)和征和四年(公元前89年)的两次封禅。这三篇文章在主要内容上并没有差别,仅在于个别词句中存在少许差异。

从元封元年(公元前110年)到后元二年(公元前87年)武帝崩,共二十三年时间,史书记载的武帝封禅共有七次,罗列如下。

元封元年封泰山,禅梁父,是汉武帝第一次封禅,并因此改当年年号元鼎为元封。元封二年武帝巡东莱,过祀泰山,建明堂。第二次元封五年封泰山,祠明堂,第三次太初元年(公元前104年)封泰山,禅高里;第四次太初三年(公元前102年)东巡海上还,封泰山,禅石闾山。第五次天汉三年(公元前98年)封泰山,祠明堂。《史记》所记到此为止,《汉书》记载太始四年东巡泰山,祀高祖、景帝于明堂,封泰山,禅石闾山。征和四年封泰山,禅石闾山,祭祀高祖于明堂。

汉武帝是继秦始皇封禅后的又一位泰山封禅的皇帝。武帝以前的西汉帝王由于国家初立,经过秦朝的苛政和连年的战争,民生凋敝,百废待兴。国家的主要任务集中于休养生息,大规模的国家宗教祭典没有实施条件。直到汉武帝时期,经济恢复,这种全国规模的大型祭典才有了实现的经济条件。武帝时期的封禅活动是有强大的经济基础的。

《史记》记载汉武帝时期"至今上即位数岁，汉兴七十余年之间，国家无事，非遇水旱之灾，民则人给家足，都鄙廪庾皆满，而府库余货财。京师之钱累巨万，贯朽而不可校。太仓之粟陈陈相因，充溢露积于外，至腐败不可食。众庶街巷有马，阡陌之间成群，而乘字牝者傧而不得聚会。守闾阎者食粱肉，为吏者长子孙，居官者以为姓号。故人人自爱而重犯法，先行义而后绌耻辱焉……"❶足见当时繁盛景象。

另外汉武帝热衷于飞升成仙之道，《史记·封禅书》围绕求仙访药之事描画了仙雾袅绕的仙人世界，武帝时期先后有李少君、少翁、栾大等多名方士荣宠不绝。燕齐方士本来就擅长于求仙长生之术，为了逢迎汉武帝，一批方术士将长生成仙与封禅嫁接，封禅乃成仙之路。

文献记载李少君事迹，作为术士，他将自己包装成年龄高古且身怀异能的高人。"李少君亦以祠灶、谷道、却老方见上，上尊之。少君者，故深泽侯舍人，主方。匿其年及其生长，常自谓七十，能使物，却老。其游以方遍诸侯。无妻子。人闻其能使物及不死，更馈遗之，常余金钱衣食。人皆以为不治生业而饶给，又不知其何所人，愈信，争事之。少君资好方，善为巧发奇中。尝从武安侯饮，坐中有九十余老人，少君乃言与其大父游射处，老人为儿时从其大父，识其处，一坐尽惊。少君见上，上有故铜器，问少君。少君曰：'此器齐桓公十年陈于柏寝。'已而案其刻，果齐桓公器。一宫尽骇，以为少君神，数百岁人也。"❷李少君把长生不死与封禅直接联系起来，"祠灶则致物，致物而丹沙可化为黄金，黄金成以为饮食器则益寿，益寿而海中蓬莱仙者乃可见，见之以封禅则不死，黄帝是也……"❸李少君的描述以"祠灶"开始，以"不死"终结，达成"不死"的关键一步是"封禅"。

齐人公孙卿借申功之口对武帝说："封禅七十二王，唯黄帝得上泰山封"，"汉主亦当上封，上封则能仙登天矣"。❹也是齐人丁公说："封者，合不死之名也。秦皇帝不得上封。陛下必欲上，稍上即无风雨，遂上封矣。"❺《史记·封禅书》方士公玉带曰："黄帝时虽封泰山，然风后、封巨、岐伯令黄帝封东泰山，禅凡山，合符，然后不死焉。"❻

可见这些方士的游说套路如出一辙，将封禅与不死直接相联系，甚至还有反面举例，秦始皇未能成功封禅，路遇风雨，所以身死，秦国灭亡。

❶ 司马迁：《史记·平准书》，中华书局，2013 年，第 1714 页。
❷ 司马迁：《史记·封禅书》，中华书局，2013 年，第 1664、1665 页。
❸ 司马迁：《史记·封禅书》，中华书局，2013 年，第 1665 页。
❹ 司马迁：《史记·孝武本纪》，中华书局，2013 年，第 594 页。
❺ 司马迁：《史记·孝武本纪》，中华书局，2013 年，第 600 页。
❻ 司马迁：《史记·封禅书》，中华书局，2013 年，第 1684 页。

但作为内强统治，外拓疆域的一代帝王，汉武帝气魄宏大、思略深远，并未被方士之说冲昏了头脑，神仙长生并非他封禅的唯一目标。亦有学者认为武帝封禅是一场儒学正统化的大典，是在社会转型期对民众精神思想和价值观念更新的大典仪式。❶实际上并不是这么简单，汉武帝封禅有多层次的原因。

关于封禅，早在文帝时期就有动议。"夏四月，文帝亲拜霸渭之会，以郊见渭阳五帝。五帝庙南临渭，北穿蒲池沟水，权火举而祠，若光辉然属天焉。于是贵平上大夫，赐累千金。而使博士诸生刺六经中作王制，谋议巡狩封禅事。"❷

而到了汉武帝时期，史载"元年，汉兴已六十余岁矣，天下艾安，搢绅之属皆望天子封禅改正度也，而上乡儒术，招贤良，赵绾、王臧等以文学为公卿，欲议古立明堂城南，以朝诸侯。草巡狩封禅改历服色事未就。会窦太后治黄老言，不好儒术，使人微伺得赵绾等奸利事，召案绾、臧，绾、臧自杀，诸所兴为皆废。"❸

封禅筹备活动由于诸儒生自身不修，被信奉黄老，不好儒术的窦太后借故搁置。作为久已失传的上古国家典礼，窦太后并未明确反对，她不喜的只是儒术而已。"后六年，窦太后崩。其明年，征文学之士公孙弘等"，然后才又开始准备封禅。

另外从《史记·封禅书》的笔法看，太史公对汉武的封禅似乎持讥讽的态度，但是司马迁讥讽的只是汉武帝德不配位的封禅。而其父司马谈在元封元年，"是岁天子始建汉家之封，而太史公留滞周南，不得与从事，故发愤且卒"，临终，"今天子接千岁之统，封泰山，而余不得从行，是命也夫！命也夫！"❹司马谈心目中的封禅乃是"接千岁之统"，接续旷绝已久的上古圣王封禅谱系，是对上古盛世的重建，是开创太平盛世的标志。这就很能反映士人的态度了。

西汉时代处在封建社会的初期，无论是政治制度，生产方式还是精神面貌都处于上升阶段，有朝气，蓬勃向上。武帝时期又是西汉王朝的鼎盛时期，成就空前。各阶层人士建功立业的激情、欲望都充沛勃发，积聚于内。

封禅活动作为"宣汉"思想的直接行动是历史发展的需要，前文的"搢绅之属皆望天子封禅改正度也"，就是描述了这一反应，可见企望天子封禅是当时普遍的社会思潮。

在文帝开始考虑封禅的时候，贾谊就提到了巡狩、封禅。"天子巡狩，则先循于其方，故或有功德而弗举，

❶ 何平立：《天命、仪礼与秩序演绎——中国文化史要论》，山东人民出版社，2011年。
❷ 司马迁：《史记·封禅书》，中华书局，2013年，第1662页。
❸ 司马迁：《史记·封禅书》，中华书局，2013年，第1664页。
❹ 司马迁：《史记·太史公自序》，中华书局，2013年，第3989页。

或有淫僻犯禁而不知，典方之任也。"❶ 又说，"成王有知，而选太公为师，周公为傅，前有与计而后有与虑也。是以封泰山而禅梁父，朝诸侯，一天下。"❷ 可见他是非常赞成巡狩、封禅的，认为封禅是治理四方，臣服诸侯，统一天下的盛世行为。

在汉武帝封禅的过程中，也始终有儒生的积极参与。参与其中的儒生有人期望在汉武帝的制礼作乐中恢复上古礼制，希望汉武帝按照儒家传统经典记载的礼制衍生出汉代礼制。但封禅典礼是存在于上古典籍传说中的国家祭祀盛典，西周成王时期就记载不详，秦始皇时已没人弄清。

当汉武帝向儒生征询封禅礼仪时，《汉书·倪宽传》记述"诸儒对者五十余人，未能有所定"，❸ 而且，"封禅用希旷绝，莫知其礼仪，而群儒采封禅《尚书》《周官》《王制》之望祀射牛事。"那么"群儒既已不能辨明封禅事，又牵拘于《诗》《书》占文而不能骋。上为封禅祠器示群儒，群儒或曰'不与古同'。"儒生中的代表人物徐偃甚至指责"太常诸生行礼不如鲁善"，结果是汉武帝"尽罢诸儒不用"，❹ 这一局面与秦始皇不用儒生所建议的封禅礼仪，最终和儒生不欢而散十分相似。

也有一些比较清醒的儒生敏锐地意识到汉武帝只不过是要借用儒家学说的舆论导向，在礼乐制度层面上恢复封禅。究其实质，汉武帝的主要目的是建立"汉家封禅"，正如《史记·礼书》里汉武帝所言："议者咸称太古，百姓何望？汉亦一家之事，典法不传，谓子孙何？"❺

这些人里就有倪宽。倪宽治《尚书》，曾受业于孔安国，拙于言辞，擅写文章，有真才实学。《汉书》说他"以称意任职"。《汉书》记载："司马相如病死，有遗书，颂功德，言符瑞，足以封泰山。上奇其书，以问宽，宽对曰：'陛下躬发圣德，统楫群元，宗祀天地，荐礼百神，精神所乡，征兆必报，天地并应，符瑞昭明。其封泰山，禅梁父，昭姓考瑞，帝王之盛节也。然享荐之义，不著于经，以为封禅告成，合祛于天地神祇，祇戒精专以接神明。总百官之职，各称事宜而为之节文。唯圣主所由，制定其当，非群臣之所能列。今将举大事，优游数年，使群臣得人自尽，终莫能成。唯天子建中和之极，兼总条贯，金声而玉振之，以顺成天庆，垂万世之基。'"❻

在当汉武帝询问倪宽封禅相关事宜时，倪宽投其所好，支持汉武帝封禅。他首先指出祥瑞出现的原因，从

❶ 贾谊：《新书校注》，中华书局，2000 年，第 206 页。
❷ 贾谊：《新书校注》，中华书局，2000 年，第 391、392 页。
❸ 班固：《汉书·倪宽传》，中华书局，1962 年，第 2630 页。
❹ 司马迁：《史记·孝武本纪》，中华书局，2013 年，第 600 页。
❺ 司马迁：《史记·礼书》，中华书局，2013 年，第 1375 页。
❻ 班固：《汉书·倪宽传》，中华书局，1962 年，第 2630、2631 页。

天命说到封禅说，将抽象的天命说具体化为可操作的人事礼仪，以此证明天子已完全具有了封禅资格。作为帝王理应顺天地之意，封禅泰山。其次，封禅是盛大的祭典活动，对于帝王来说是千载难逢的机遇。最后，封禅作为国家大典从未任由臣下自由讨论，从策划到最后裁定完全在君主意志，从秦始皇"绌儒生"到汉武帝"尽罢诸儒"都可证明这点。对于这样一件大事，只有皇帝亲自"兼总条贯，金声而玉振之"，这项礼仪制度才能完成。

倪宽的言论消解了汉武帝极欲封禅，而儒生不知具体礼仪，互相攻讦，意见多多的不快，调和了儒家士人与汉武帝的冲突，同时也满足了他急于封禅的强烈愿望，使双方避免了重蹈秦始皇封禅的覆辙。"上然之，乃自制仪，采儒术以文焉"。

以上种种可见汉武帝封禅也并非信仰儒术的缘故。汉武帝即位伊始发布"贤良诏"，盛赞唐虞成康之治"猗与伟与"，向贤良发问"何施而臻此与？""何行而可以章先帝之洪业休德，上参尧舜，下配三王！"汉武帝肯定和赞美古代的圣王之治，希望汉之治能够与之"参""配"，通过在深厚的历史圣王谱系中接续自身来建构汉帝国的合法性。《管子》将封禅塑造成具有深厚历史渊源的古典祀典，有七十二圣王封禅，在汉武帝看来，将自己的名字接续在这七十二个名字之后是合法性最好的证明方式。

司马迁虽然对武帝封禅持批判态度，但他批判的是武帝迷信神仙和封禅带来的劳民伤财，他对武帝的功德和向天地报告功德的行为还是肯定的。

在武帝初年，董仲舒就谏言武帝封禅，可以明示天下皇权至高无上，"民情至朴而不文，郊天祀地，秩山川，以时至，封于泰山，禅于梁父。立明堂，宗祀先帝，以祖配天，天下诸侯各以其职来祭。"❶

而太平祥瑞之说于封禅也极为重要，在汉武帝郊雍获麟（公元前122年）后，"上异此二物，博谋群臣"，随行者济南人终军上书，言武帝时天下太平，四夷称服，非前代封禅之君所能比，说获麟"此天之所以示飨，而上通之符合也"。❷"宜因昭时令日，改定告元，甴以白茅于江淮，发嘉号于营丘，以应缉熙，使著事者有纪焉"，❸极力主张汉武帝封禅泰山。汉武帝虽未立即东封，但对终军的上书还是颇感兴趣，"由是改元为元狩"。在当时人的认知里，封禅与符瑞有直接的关系，至此汉武帝封禅的舆论准备已然完备。

在这样的情况下，十月，济北王刘胡（济北贞王刘勃之子）也十分识时务地献上了泰山及周边地区，

❶ 苏舆撰，钟哲点校：《春秋繁露义证》，中华书局，1992年，第103页。
❷ 班固：《汉书·终军传》，中华书局，1962年，第2814、2815页。
❸ 班固：《汉书·终军传》，中华书局，1962年，第2816页。

"以为天子且封禅乃上书献太山及其旁邑，天子以他县偿之。" **❶**

在元狩四年（公元前119年），卫青、霍去病击败匈奴，回师时经狼居胥山，"骠骑将军去病率师躬将所获荤允之士，……封狼居胥山，禅于姑衍，登临翰海。" **❷**《汉书·卫青霍去病传》和《史记·卫将军骠骑列传》等都记载了这段史实。张晏曰，"登海边山以望海也，有大功故增山而广地也。"师古也说"积土增山曰封，为墠祭地曰禅也。" **❸**武帝以五千八百户益封骠骑将军，可见他是认可这种告天夸功的方式的。这一行为确立了疆土所有权，震慑匈奴，向上天报告，这一封山之例恰恰展现了"封"的本义，也表示封禅仪式的举办地点并非只能是泰山，而封禅者也不一定只能是天子。

霍去病封禅狼居胥山也从另一侧面反映了封禅与军事的关系，霍去病的封禅向上天通报了汉王朝打败匈奴，对这一区域拥有行政所有权，夸耀武功，震慑匈奴。这不单纯是霍去病的武功，这也是汉武帝的重大功绩。除了对匈奴战争的胜利外，他在元封元年（公元前110年）封禅之前勒兵十余万北巡朔方震慑匈奴，然后君臣一行浩浩荡荡地东巡封禅，威慑四夷。所以，帝王是通过封禅来达到震慑敌方、稳定军事成果、加强政治统治、巩固皇权的目的，而不仅仅是神圣祭祀。这次事件在中国封禅史上是有其特殊意义的。

武帝封禅具备了经济基础，也出现了祥瑞，有平定叛乱并驱逐匈奴等功业成就，完成了巡狩，其本人求仙心切，封禅事业无论是从帝王君臣内心，还是外部条件都已做好了准备。

汉王朝延续了秦帝国的大一统制度，也面临着和秦朝同样问题，那就是东方民族的认同。不光是身份认同也包括宗教认同。汉王朝建立以来，东方诸侯国的叛乱，匈奴的入侵，国家战事纷扰，没有停歇，人民渴望和平、稳定。出身楚地的汉帝王也试图与秦始皇一样，通过封禅完成大一统宗教的确立，安抚齐鲁儒生术士，融合地方神祇，树立国家宗教的神圣性、唯一性，震慑蛮夷，夸耀武功，增强凝聚力，促进民众融合，这也是中华民族的基础成员内部基本稳定所要求的。

至此汉武帝和儒生达成了妥协，以儒学文饰封禅大典，他在封禅之前，重用齐鲁儒生进行礼仪准备，"令诸儒习射牛，草封禅仪……颇采儒术以文之"，由于古礼无处考证，儒生们各言不同，虽然后来实际行礼的过程与儒生们的设计有所出入，但东方儒生们参与并接受了这一大典。

❶ 司马迁：《史记·孝武本纪》，中华书局，2013年，第583页。
❷ 班固：《汉书·霍去病传》，中华书局，1962年，第2486页。
❸ 班固：《汉书·霍去病传》，中华书局，1962年，第2487页。

在封禅之前，他还遍礼东方的山川诸神，做了较充分的宗教铺垫。他先拜祭了中岳太室山，多次出现遇仙的灵异场面。去祭泰山，但看到泰山上草木尚未返青，于是仅立石而去。接着他又东巡海上，礼祠齐鲁"八神"，即秦始皇时期的"八主"，然后再回头来封禅泰山，于是泰山的宗教系统便顺畅地接受了他。这与秦始皇对泰山神和东方儒生的"粗暴"态度大有不同。至此，汉武帝诸事具备。

《史记·封禅书》记载武帝第一次封禅的过程：

"三月，遂东幸缑氏，礼登中岳太室。……于是以三百户封太室奉祠，命曰崇高邑。东上泰山，泰山之草木叶未生，乃令人上石立之泰山巅。

上遂东巡海上，行礼祠八神。齐人之上疏言神怪奇方者以万数，然无验者。乃益发船，令言海中神山者数千人求蓬莱神人……

四月，还至奉高。上念诸儒及方士言封禅人人殊，不经，难施行。天子至梁父，礼祠地主。乙卯，令侍中儒者皮弁荐绅，射牛行事。封泰山下东方，如郊祠太一之礼。封广丈二尺，高九尺，其下则有玉牒书，书秘。礼毕，天子独与侍中奉车子侯上泰山，亦有封。其事皆禁。明日，下阴道。丙辰，禅泰山下阯东北肃然山，如祭后土礼。天子皆亲拜见，衣上黄而尽用乐焉。江淮间一茅三脊为神藉，五色土益杂封。纵远方奇兽蜚禽及白雉诸物，颇以加礼。兕牛犀象之属不用。皆至泰山祭后土。封禅祠；其夜若有光，昼有白云起封中。

天子从封禅还，坐明堂，群臣更上寿。于是制诏御史：'朕以眇眇之身承至尊，兢兢焉惧不任。维德菲薄，不明于礼乐。修祠太一，若有象景光，屑如有望，震于怪物，欲止不敢，遂登封太山，至于梁父，而后禅肃然。自新，嘉与士大夫更始，赐民百户牛一酒十石，加年八十孤寡布帛二匹。复博、奉高、蛇丘、历城，无出今年租税。其大赦天下，如乙卯赦令。行所过毋有复作。事在二年前，皆勿听治。'又下诏曰：'古者天子五载一巡狩，用事泰山，诸侯有朝宿地。其令诸侯各治邸泰山下。'" ❶

汉武帝的封禅显然大获成功，不仅齐鲁儒生没有加以抵制，而且"无风雨灾"，甚至还出现了"夜若有光，昼有白云"，"填星出如瓜，天报德星"的吉象。

汉武帝封禅过程中，采用了东西方"混一"的宗教礼仪。他先到梁父，礼祠地主，接着在泰山脚下的东方封土，"如郊祠泰一之礼"；然后秘上山巅，封土告天；次日从山北的阴道下，在

❶ 司马迁：《史记·封禅书》，中华书局，2013年，第1677~1679页。

东北肃然山禅地，"如祭后土礼"。这个过程中，把地主、泰一、后土诸神都杂糅在一起。

武帝封禅礼仪中："令侍中儒者皮弁缙绅，射牛行事。……天子皆亲拜见，衣上黄而尽用乐焉。江淮间一茅三脊为神藉。五色土益杂封。纵远方奇兽蜚禽及白雉诸物，颇以加礼，兕牛象犀之属不用，皆至泰山祭后土。"❶其中两处细节也被特别强调：一是"杂封"（将五色之土混合而堆封），象征全国四方的"混一"；二是用江淮间的三脊之茅作为神藉，既采用了早见于《禹贡》《管子》《左传》等文献而为儒家所宣扬的古礼，又表明他在齐地的封禅并未忽略楚文化这一重要内容。

武帝封禅后，坐明堂受朝贺，又颁令赐牛酒，加孤寡布帛，减免部分地区租税，大赦天下，减轻刑狱，这一系列"仁政"得到朝野肯定。汉武帝在位五十多年，巡狩三十多次，遍祭五岳四渎，封祀泰山五次，完全取得了东方神祇的认同，完成了东西方宗教的"混一"过程。他祷万里沙以御旱，沉祠以应对黄河决口，兴通天台以塞河，令天下尊灵星以克御旱灾，以方祠诅匈奴和大宛，天下神祇尽为所用。❷

很多学者从公心、私心两面分析汉武帝的封禅行为。当然，从第一次封禅来说，他有私心的一面，但更多的是一次国家层面的宗教祭祀大典，而以后的屡次封禅则个人色彩更浓一些，东奔西走巡狩四方，一次次封禅泰山，与其说是国家祭典，不如看作天子奢求长生的一次次侈心而已。

后世有人批判："至秦始封禅，而汉武因之，皆用方士之说，虚引黄帝而推于神仙变诈，是以淫祀黩天也。"❸"始皇封禅之后十二岁，秦亡。诸儒生疾秦焚《诗》《书》，诛僇文学，百姓怨其法，天下畔之，皆讹曰：'始皇上泰山，为暴风雨所击，不得封禅。'此岂所谓无其德而用事者邪？"❹

汉武帝后来迷信方士之言亲自礼祠上帝，又令祠官礼东泰山，返回时顺道过泰山修五年之封并禅石闾。明明无验，还要一再勉力强求。此时他也不再遵守自己定下的修封之年，只要发现神仙的蛛丝马迹就摆驾东巡，顺便封泰山。制定的五年一封制度本就与封禅作为帝王神圣的受命典礼之制不合，再加上他为了满足遇神仙求长生的私人目的，随意到泰山修封，则更淡化了封禅大典的庄严神圣性，使这种盛典有了与一般郊祀合流的趋势。显然，封禅这个远古初民报答天地神祇的典礼，此时

❶ 司马迁：《史记·封禅书》，中华书局，2013年，第1678、1679页。
❷ 杨华：《秦汉帝国的神权统一出土简帛与〈封禅书〉〈郊祀志〉的对比考察》，《历史研究》2011年第5期。
❸ 叶适：《习学记言序目》卷一九，中华书局，1977年，第272页。
❹ 司马迁：《史记·封禅书》，中华书局，2013年，第1649页。

已蜕变成崇拜人间帝王的贺仪。

关于汉武帝封禅的路线，我们并没有更多的线索，但从他历次封禅多住跸奉高城来看，推测走东路，今东御道坊—柴草河—大直沟—中天门—南天门一路的可能性很大。

图20　汉武帝首次封禅线路示意图

根据《史记·封禅书》记载：

"……三月，遂东幸缑氏，礼登中岳太室。……东上泰山，泰山之草木叶未生，乃令人上石立之泰山巅。

上遂东巡海上，行礼祠八神。

……四月，还至奉高。上念诸儒及方士言封禅人人殊，不经，难施行。天子至梁父，礼祠地主。乙卯，令侍中儒者皮弁荐绅，射牛行事。封泰山下东方，如郊祠太一之礼。封广丈二尺，高九尺，其下则有玉牒书，书秘。礼毕，天子独与侍中奉车子侯上泰山，亦有封。其事皆禁。明日，下阴道。丙辰，禅泰山下阯东北肃然山，如祭后土礼。……天子从禅还，坐明堂，群臣更上寿。

……天子既已封泰山……乃复东至海上望，冀遇蓬莱焉。奉车子侯暴病，一日死。上乃遂去，并海上，北至碣石，巡自辽西，历北边至九原。五月，反至甘泉。有司言宝鼎出为元鼎，以今年为元封元年。"

我们基本可以描绘出其首次封禅线路如下：

长安→太室山→东上泰山→东巡海上，祠八神→还至奉高→祠地主→封泰山→周明堂→禅肃然→望祀蓬莱→海上→碣石→辽西→九原→甘泉

汉
武
帝
封
禅
遗
存 三

汉武帝在历次封禅过程中，多次经过相同地点，如上章所述，在中岳太室及其周边的缑氏城，到达鲁境后，多次驻跸奉高城，到东莱观巨人迹，东巡海上，行礼祠八神，然后到过石闾山、梁父、肃然山、明堂等地。

这些地点有一些还有遗迹存留，例如奉高城以及大量的泰山遗迹、登封台、无字碑、岱庙、五大夫松等。而八神祭祀等，也基本已厘清史料，追溯到祭祀地点。另有一些如蒿里、社首等，虽然遗址已不存，但有遗物出土，根据前人记载等还可以追寻到踪迹，约在现今泰山南麓社首山一带。但是也有一些遗址已不知所指，诸如梁父，肃然明堂等则众说纷纭，莫衷一是。我们在田野调查的基础上，亦试图分析那些传说中的地点，以期距真相更近一步。下面逐一说明。

（一）登封台

《泰山道里记》记载："德星岩北为泰山绝巅，旧称太平顶，俗名玉皇顶。有玉帝观，即古太清宫也。明成化十九年（1483年），中使以内帑重建。隆庆六年（1572年），万恭撤观于巅北，出巅石而表之。观中有今上额曰'妙运无为'。东侧为迎旭亭，今上额曰'浴日养云'。自南天门至绝巅六里余，登岱者必以此为极焉。绝巅前，台基方广，碣曰'古登封台'。按《汉官仪》：'秦篆刻石东北百余步，得始皇封所。汉武在其北二十余步，得北垂园台。台上有坛，谒人多置钱物坛上，亦不扫除。则诏书所谓酢

图21　玉皇庙山门外无字碑

梨酸枣狼籍，散钱处数百，币帛具道。是武帝封禅至泰山下，未及上，百官为先上跪拜，置梨枣钱于道以求福。坛以南有玉盘玉龟。'"❶

　　今学者姜丰荣根据东汉泰山太守应劭《汉官仪》进行实地勘测，确定秦始皇登封坛即玉皇庙山门外无字碑前之平台，汉武帝登封坛在玉皇庙最北沿，东汉光武帝登封坛在玉皇庙山门前后。❷这一推论应没有问题。

（二）无字碑

　　岱顶玉皇庙山门外矗立有一座无字方碑，以前学者多将此碑当成秦始皇"无字碑"或汉武帝立，认为非泰山所有，是从别的地方转运而来。温兆金有文考证，从此碑附近的石刻上可以找到相关证据此碑乃唐碑。❸也有学者讨论关于无字碑石料的来源，经山东科技大

❶ 聂鈫：《泰山道里记》，成文出版社，1968年，第86~87页。
❷ 唐仲冕：《岱览点校》卷八"岱顶上"，泰山学院编印，2004年，第228页。
姜丰荣：《泰山无字碑考辨》，载有奎、张杰：《泰山研究论丛》第五集，青岛海洋大学出版社，1992年。
❸ 温兆金：《泰山无字碑揭秘》，《大众日报》，2015年3月25日，第11版。

学地质学者测定，无字碑属泰山花岗岩，且与岱顶"丈人峰"的石质、花纹、颜色一致。在"丈人峰"一侧面被竖劈一块，其高低大小与无字碑相符，但在当时的运输条件下，从山下运至山顶是不可能的，据此可推知，泰山无字碑之石料应当取自岱顶"丈人峰"。❶

（三）岱庙

泰山之下有祭祀泰山之庙，相沿至今为岱庙。今岱庙内曾出土汉代瓦当，也有汉柏数株。《水经注》转引《从征记》曰："泰山有下、中、上三庙，墙阙严整，庙中柏树夹两阶，大二十余围，盖汉武所植也。赤眉尝斫一树，见血而止，今斧创犹存。门阁三重，楼榭四所，三层坛一所。"❷《太平御览》引《泰山记》云："泰山庙在山南，悉种柏树千株，大者十五十六围，长老传云，汉武所种。庙及东西房三十余间并高楼三处，春秋飨祀泰山君常在此坛。"❸

❶ 温兆金：《泰山无字碑揭秘》，《大众日报》，2015年3月25日，第11版。
❷ 郦道元：《水经注校证》，中华书局，2007年，第580页。
❸ 李昉等：《太平御览》，中华书局，1960年，第188页。

图22　1995年泰安岱庙仁安门出土"千秋万岁"陶瓦当

图23　岱庙汉柏

（四）社首山、蒿里山

《泰山道里记》载泰山南"西为社首山，高仅五丈……《宋史》'太平兴国中，有得唐玄宗禅社首玉册、苍璧，至大中祥符元年令瘗于旧所。'"❶1931年由马鸿逵部于今蒿里山掘出唐玄宗、宋真宗玉册，玉册辗转归于台北故宫博物院。由此可证，此处蒿里山为社首山。

（五）汉明堂遗址

汉明堂遗址位于今泰安市区东北约7.6千米的西城村附近，世传为"汉武明堂"。《岱史》《泰山道里记》

❶ 唐仲冕：《岱览点校》卷二十"岱麓"，泰山学院编印，2004年，第455页。

做了详细的描写，但是作为晚近的书籍对秦汉时期遗址点的判断，其准确性需要考古材料的支持，也需要景观考古等方面的考量，就现在的材料而言，无法进一步推进。

马铭初《汉武明堂故址考》认为此处不是汉武明堂，而是汉武之行宫。❶周郢也有类似观点认为此处"实为汉武行宫所在，即西汉鼎铭中的'泰山宫'。"❷

也有学者指出奉高旧址（泰安市岱岳区范镇旧县村）西南石碑村可能是汉明堂地点。❸

STHM：1，板瓦。残，泥质灰陶，正面饰弦断细绳纹，残长18.5、宽11、厚1.2厘米（图26，1）。

图24　蒿里山远眺

图25　自西向东远眺汉明堂

STHM：4，板瓦。残，泥质红陶，正面饰有弦断细绳纹，上部为斜向绳纹，下部为竖向绳纹，残长6.3、宽6.2、厚1.1厘米（图26，2）。

STHM：9，板瓦。残，泥质灰陶，素面，残长7.5、宽9、厚1.3厘米（图26，3）。

STHM：3，板瓦。残，泥质灰陶，素面，背面压有布纹，残长6.8、宽5.4、厚1.1厘米（图26，4）。

❶ 马铭初：《汉武明堂故址考》，《泰山研究论丛》第五集，青岛海洋大学出版社，1992年。
❷ 周郢：《汉武帝泰山封禅史迹新考》，《考古学视野下古代泰山文明学术研讨会论文集》上海古籍出版社，2021年，第394页。
❸ 叶圭绥著，王汝涛、唐敏、丁善余点注：《续山东考古录》，山东文艺出版社，1997年，第207页。

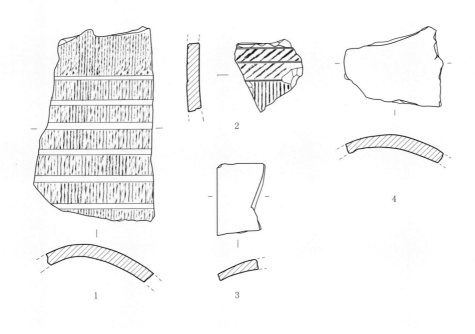

图 26 汉明堂采集瓦片

1~4.板瓦（STHM：1、STHM：4、STHM：9、STHM：3）

STHM：10，口沿。残，仅存口沿部分，素面，圆唇，敛口，残长4.9、宽2.5、壁厚0.8厘米（图27）。

（六）泰山宫鼎[1]

1963年发表《西安三桥镇高窑村出土的西汉铜器群》一文中的12号鼎，口径32、高35.2、腹径29、腹深22厘米，铭文5行30字："泰山宫鼎容一石具盖并重六十二斤二两甘露三年工王意造第百一十六"。[2]陈直考证12号泰山宫鼎铭中的"泰山宫"，认为《汉书·地理志》在泰山郡下漏注，当为武帝封泰山时所建筑。以地名宫，与东阿宫同，皆不见于《地理志》注文。[3]

黄展岳则认为：泰山宫鼎可能是泰山郡博县泰山

图 27 汉明堂采集陶片

陶器口沿（STHM：10）

[1] 西安市文物管理委员会：《西安三桥镇高窑村出土的西汉铜器群》，《考古》1963年第2期。
黄展岳：《西安三桥高窑村西汉铜器群铭文补释》，《考古》1963年第4期。
[2] 西安市文物管理委员会：《西安三桥镇高窑村出土的西汉铜器群》，《考古》1963年第2期。
[3] 陈直：《古器物文字丛考》，《考古》1963年第2期。

庙原物，后被调入上林苑。检索《汉书》中《地理志》《郊祀志》，可知泰山郡有两处著名的西汉礼制建筑。一处是奉高县西南的明堂，武帝元封二年（公元前109年）造；另一处是博县的泰山庙，宣帝神爵元年（公元前61年）造。明堂是武帝封泰山必视之处，泰山庙则是宣帝祀名山大川礼仪最盛的地方。案庙为祀神之所，而宫可能为祀神之所，亦可能为人君驻跸之行宫。若依后义，则泰山宫与泰山庙为二；若不指人君驻跸之行宫，此泰山宫则可能即泰山庙之别名。陈直断此泰山宫乃武帝封泰山时所建，而责《地理志》漏注，似尚有可议。案武帝元封元年始封泰山，翌年建明堂，其后又六次修封，史汉皆有翔实记载，苟另建有泰山宫，史汉恐不至漏失。据《汉书·郊祀志》，泰山庙建于神爵元年，若泰山宫即泰山庙，则此鼎造于甘露三年（公元前51年），距建庙之时恰为十年。❶

（七）新莽玉册❷

中国社会科学院考古研究所、日本奈良文化财研究所组成的中日联合考古队在《汉长安城桂宫四号建筑遗址发掘简报》里记录了在长安宫城的桂宫遗址发现的一片玉牒，残长13.8、宽9.4、厚2.7厘米，青石质，通体磨光，表面黑色。阴刻，朱书，现存29字，文为："……万岁壹纪……作民父母，清……退佞人奸轨，诛……延寿长壮不老，累……封坛泰山，新室昌……"据"封坛泰山"和"新室昌"刻文，此为王莽拟"封坛泰山"的"玉牒"。❸冯时有专文《新莽封禅玉牒研究》讨论。❹

（八）肃然山

关于汉武帝所禅肃然山，《岱览》汇总诸记载，《史记正义》云："《括地志》肃然山，在博城县东六十里。"《通鉴辑览》注："肃然，泰山东麓，在山东泰安府莱芜县东北。"服虔注《史记》云："肃然山在梁父。"❺

梁父县在泰山之南，而引起混乱的原因应该在《史记·封禅书》中。《史记·封禅书》载汉武帝坐明堂，百官上寿，汉武帝的诏书说："遂登封泰山，至于梁父，

---

❶ 黄展岳：《西安三桥高窑村西汉铜器群铭文补释》，《考古》1963年第4期。此段论述均为黄展岳观点。
❷ 中国社会科学院考古研究所、日本奈良国立文化财研究所中日联合考古队：《汉长安城桂宫四号建筑遗址发掘简报》，《考古》2002年第1期。
❸ 中国社会科学院考古研究所中日联合考古队、日本奈良国立文化财研究所中日联合考古队：《汉长安城桂宫四号建筑遗址发掘简报》，《考古》2002年第1期。
❹ 冯时：《新莽封禅玉牒研究》，《考古学报》2006年第1期。
❺ 唐仲冕：《岱览点校》卷二十"岱麓"，泰山学院编印，2004年，第476页。

然后升禅肃然"。语义连贯，给人感觉肃然山就在梁父境内。但《史记·封禅书》则记述："帝以乙卯封泰山，明日下阴道。丙辰禅泰山下址东北肃然山。"如果肃然在梁父，而梁父在山南的话，显然和肃然在泰山东北下址的描述相矛盾。

《史记·孝武本纪》里同样叙述了这段汉武封禅，"四月，还至奉高……天子至梁父，礼祠地主。乙卯……封泰山下东方……礼毕，天子独与侍中奉车子侯上泰山，亦有封。其事皆禁。明日，下阴道。丙辰，禅泰山下阯东北肃然山，如祭后土礼。"这里提到汉武帝在登封前去过梁父祭祀地主，也许他在谈及自己的功业时，讲述自己完成了告功成的封祀泰山，将祭祀地主，禅地并列提及。

同样是司马迁在文章里记载，汉武帝乙卯封泰山下方后，和侍中奉车（霍）子侯上山，亦有封。丙辰下山，直接禅肃然。本日行礼，行程之紧凑令人咂舌，那么路程必然不会很远，在禅地仪式前还应该有些准备仪式等，推测路程不会超过半日行程，甚至更少。

在《史记·秦始皇本纪》记述："休于树下，因封其树为五大夫。禅梁父。"《史记·封禅书》"从阴道下，禅于梁父。"山北为阴，那么梁父的地点是否可能在山北或者泰山以东，值得进一步考察。

现在有三个情况：肃然在泰山东北，肃然山距泰山半日路程（汉武帝的车驾速度应该在半日 15~20 千米或更慢，肃然在梁父境内。三个条件无法同时满足，而就前两点，学者多有推测。

《魏书》记载说崔光的弟弟敬友曾经："置逆旅于肃然山南，大路之北，设食以供行者。"[1]《泰山道里记》《岱览》都提到"今泰安州东关往北七十里，地名王许保，其北有山，碑云'古宿岩山'，恐即肃然山也。"《泰山道里记》按：杨邱山东有小陵，舒畅崛起，是其地矣。[2]这一地点距离泰山 30 千米左右，以汉武帝车驾的行进速度来说，半日之内无法到达，可能还需斟酌。

（九）燕语城遗址

燕语城遗址又称"古城""怨女城"，位于徂徕山东北麓岱岳区化马湾乡城前村北。据推测可能是汉武帝封禅路上的一个重要遗址。

[1] 魏收 等：《魏书·崔光传》，中华书局，1974 年，第 1501 页。
[2] 聂鈫：《泰山道里记》，成文出版社，1968 年，第 120 页。

图28　燕语城现存高台及夯土墙

　　遗址时代为商代至汉代，大致为长方形，据20世纪80年代的考古调查，遗址南北长约350米，东西宽约310米，遗址面积10万多平方米，高出地面约10米。遗址因持续水土流失，并遭到取土破坏，现在变成独立高台。地表可采集到汉代的布纹瓦、陶豆、盆、罐的残口沿，饰粗绳纹的直口大瓮，小筒瓦，砖等。土台断面可以看到灰坑、红烧土遗迹。

　　1982年，在遗址东南角发现的一座长方形竖穴土坑墓中出土过铜器。有两鼎、两簋、一壶、镞等，墓内一棺一椁，铜鼎铭文为"鲁侯作姬翏媵鼎，其万年眉寿永宝用"，为西周晚期到春秋早期鲁侯陪嫁的媵器。❶种种迹象表明这是一个重要的周代遗址，它可能是汉武帝封禅途径的一个城市，但要证明它和汉武帝封禅的关系，还需要进一步工作。

　　STYY：13，板瓦。残，泥质灰陶，正面饰细绳纹，背面压有布纹，残长16.5、宽8.5、厚1.6厘米（图29，1）。

---

❶ 程继林、吕继祥：《泰安城前村出土鲁侯铭文铜器》，《文物》1986年第4期。

　　STYY：18，板瓦。残，泥质灰陶，正面饰细绳纹，背面压有布纹，残长10.8、宽15、厚1.6厘米（图29，2）。

STYY：5，板瓦。残，泥质灰陶，素面，背面压有布纹，残长15.8、宽10.1、厚1.6厘米（图30，1）。

STYY：17，板瓦。残，泥质灰陶，素面，残长6.8、宽10.1、厚0.9厘米（图30，2）。

STYY：20，板瓦。残，泥质灰陶，正面饰宽带弦断粗绳纹，残长6.5、宽6.6、厚1.1厘米（图30，3）。

SXYY：6，筒瓦，残，夹砂灰陶，素面。残长22.3厘米，残宽8.5厘米（图30：4）。

STYY：8，盆。残，仅存口沿，轮制，泥质灰陶，素面，方唇，宽沿，沿面近边缘处有两道凹弦纹，子母口，口微敛，腹部残。口径20.8、沿宽4.2、残高5厘米（图31，1）。

STYY：3，盒。残，仅存口沿，轮制，泥质灰陶，素面，方唇，窄沿，子母口，敛口，腹部残。口径15、沿宽1.5、残高3厘米（图31，2）。

STYY：11，钵。残，仅存口沿，轮制，泥质灰陶，素面，圆唇，口微侈，折腹，腹下部残。残高4.7、宽8.4厘米（图31，3）。

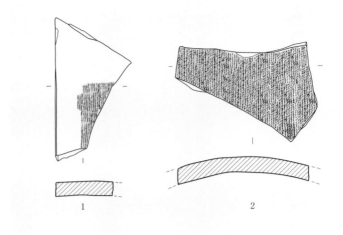

图29　燕语城采集瓦片

1、2.板瓦（STYY：13、STYY：18）

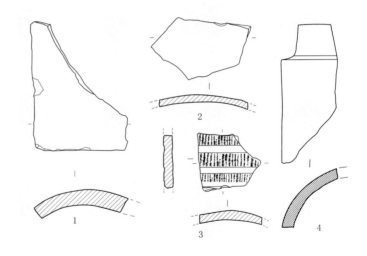

图30　燕语城采集瓦片

1、2、3.板瓦（STYY：5、STYY：17、STYY：20）　4.筒瓦（SXYY：6）

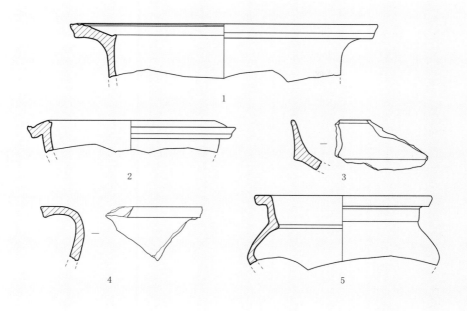

图31　燕语城采集陶片

1.盆（STYY：8）2.盒（STYY：3）3.钵（STYY：11）4、5.罐（STYY：14、STYY：2）

　　STYY：14，罐。残，轮制，泥质灰陶，素面，方唇，卷沿，侈口，束颈，颈部以下残。残高5、宽8.6厘米（图31，4）。

　　STYY：2，罐。残，轮制，泥质灰陶，方唇，平沿，侈口，束颈，圆肩，肩部以下残。口径13.4、沿宽1.5、残高6.5厘米（图31，5）。

　　STYY：12，豆。盘与足部残，轮制，泥质灰陶，素面，豆柄中空。残高10厘米（图32，1）。

　　STYY：17，豆。残，轮制，泥质灰陶，素面，豆柄中空。残高7厘米（图32，2）。

　　STYY：15，罐。残，轮制，泥质灰陶，方唇，卷沿，侈口，束颈，颈部饰七道宽带状凹弦纹，颈部以下残。残宽11.4、残高10.7厘米（图32，3）。

　　SXYY：1，豆。残，泥质灰陶，素面。上径8.2厘米，壁厚0.8厘米。（图32，4）

　　SXYY：2，豆。残，泥质灰陶，素面。口径14.6厘米，壁厚0.3~1.6厘米，底径5厘米。（图32，5）

　　SXYY：3，豆。残，泥质灰陶，素面，中部中空。上径5.2厘米，下径7厘米。（图32，6）

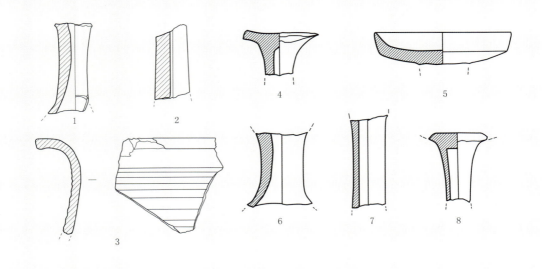

图32　燕语城采集陶片

1、2、4~8.豆（STYY：12、STYY：17、SXYY：1、SXYY：2、SXYY：3、SXYY：4、SXYY：7）3.罐（STYY：15）

图33　燕语城采集砖

1.砖（STYY：6）2.砖（STYY：1）3.砖（STYY：7）

　　SXYY：4，豆。残，泥质灰陶，素面，中空。上径4厘米，下径3.4厘米，残高10.2厘米，壁厚0.7~1厘米。（图32，7）

　　SXYY：7，豆。残，泥质灰陶，素面，中空。下径6厘米，残高7.5厘米，壁厚0.5~1.7厘米。（图32，8）

图34　燕语城采集砖

1~3.砖（SXYY：8、SXYY：9、SXYY：10）

STYY：6，砖。长方形，残，正面饰有细绳纹。残长10.5、宽8.5、厚5.3厘米（图33，1）。

STYY：1，砖。长方形，残，正面饰有粗绳纹。残长9.2、宽11.2、厚7.5厘米（图33，2）。

STYY：7，砖。长条形，残，正面模印有多重菱形纹。残长7.8、8.2、厚5.1厘米（图33，3）。

SXYY：8，太阳纹砖。残，灰色，正面饰有粗绳纹，一侧饰有太阳纹，残长7.5、宽6.1、厚6.4厘米。（图34，1）。

SXYY：9，太阳纹砖。残，灰色，子母砖，正面饰有粗绳纹，一侧饰有太阳纹，残长10、宽12、厚5厘米（图34，2）。

SXYY：10，太阳纹砖，残，灰色，子母砖，正面饰有粗绳纹，一侧饰有太阳纹，残长14.2、宽9.5、厚7厘米（图34，3）。

（十）文姜城遗址

文姜城遗址位于山东省泰安市岱岳区大汶口镇和平村东北100多米处，南边、东边近临汶河。遗址之南紧邻著名的"大汶口遗址"。现存文姜城遗址为高出地面的土台子，西边高约2米，东边高约1.5米，长宽各约150米，采集标本有陶盆、罐、壶、

图 35　文姜城遗址核心区西北角

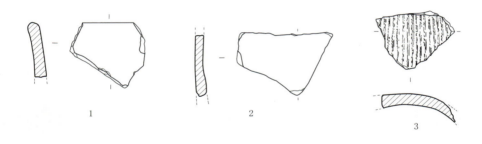

图 36　文姜城采集瓦片

1~3.板瓦（STWJ：3、STWJ：2、STWJ：1）

瓮、豆、板瓦等，是东周至汉代遗址。

《水经注》载："今汶上夹水有文姜台。"[1]文姜，姜姓，春秋时齐国君僖公之次女，鲁国君桓公（公元前711～前694年）夫人。文姜城位于大汶河西北岸，是春秋时期齐、鲁两国交界处，时代为东周至汉代。

STWJ：3，板瓦。残，泥质灰陶，素面，背面压有布纹。残长5.2、宽6.7、厚1.1厘米（图36，1）。

STWJ：2，板瓦。残，夹砂灰陶，陶质差，正面饰粗绳纹，磨蚀严重，几不可见。残长5.7、宽8、厚1厘

❶ 郦道元撰，陈桥驿校证：《水经注校证》，中华书局，2013年，第558页。

图37　文姜城采集砖

1、2.砖（STWJ：7、SXWJ：1）

米（图36，2）。

STWJ：1，板瓦。残，夹砂灰陶，正面饰粗绳纹，背面压有布纹。残长5.5、宽7.1、厚1.1厘米（图36，3）。

STWJ：7，砖。长方形，残，正面饰粗绳纹。残长10.6、宽8.6、厚6.5厘米（图37，1）。

SXWJ：1，砖。残，灰色，一侧饰有太阳纹，残长8、宽7.8、厚1.6厘米（图37，2）。

（十一）奉高城遗址

奉高城位于现在的岱岳区范镇岔河行政村故县村，《水经注》载："汶水出泰山莱芜县原山，西南过其县南，又西南过奉高县北。"陈桥驿证："奉高县，汉武帝元封元年（公元前110年）立，以奉泰山之祀，泰山郡治也。"[1]汶水有五："牟、嬴、石、泮、柴"，古代都称为"汶水"。这里记载的"汶水"，当是奉高城遗址所在地故县村东面自北而南流的嬴汶河。

该遗址东西长800米，南北宽600米，其东侧有自东北向西南流淌的嬴汶河，西侧有自东北向东南流淌的

❶ 郦道元撰，陈桥驿校证：《水经注校证》，中华书局，2013年，第554页。

石汶河，遗址南面又有自东向西南的牟汶河。遗址就处于两河汇于牟汶交汇处以北的三角高地。奉高县是在中国封禅历史上占有重要位置的县治，设立时间较早。元封元年（公元前110年）封禅结束后，汉武帝在明堂接受群臣的朝贺，并因封禅之事改年号元鼎为元封，割泰山前嬴、博二县奉祀泰山，名奉高县。《后汉书·光武帝纪》注云："嬴、博、梁父、奉高四县，属泰山郡，故城在今兖州博城县界。"[1]《泰山道里记》序云，古奉高，在今泰安石汶东。又说汉明堂东北二十七里，有奉高故城，今故县村是也。

作为古代奉高县治及其上属泰山郡治故城，有记载"泰安县……秦属齐郡。汉为博、嬴、奉高三县地，属泰山郡，治奉高。东汉及晋、南宋因之，北魏改博曰博平，与奉高仍属泰山郡，治博平，嬴县废。隋改博平曰博城，属鲁郡。开皇六年改奉高曰岱山，大业初省岱山入博城。"[2]汉代泰山郡治所由博移奉高，泰山郡从西汉建立一直延续至北魏，隋后改为鲁郡、泰安州、泰安府。奉高城作为泰山郡治及奉高、岱山县治，从西汉延续至隋朝大业初年，历时七百多年。

遗址西部现基本被故县村占压。发现有成对门枕石遗迹，南北相距2.4米，时代不明。还发现汉代云纹瓦当，树木双马纹瓦当。[3]村西也有传说是汉武明堂，田地间发现大量汉代砖瓦，表明这里是一处汉代建筑遗址。

STFM：3，盆，口沿。残，夹细砂灰陶，轮制，方唇，敞口，卷沿较大，腹部斜收。唇部饰两道凹弦纹。残宽11.8~14.1、高5.8~6.5、壁厚0.7厘米（图39，1）。

STFM：9，腹片。夹砂灰陶，正面饰粗绳纹。残长6.5~7.5、宽4.3~4.8、厚1厘米（图39，2）。

STFM：2，腹片。夹砂灰陶，正面见有五道凹槽。残长6~7、宽6.9~7.8、厚0.7~0.9厘米（图39，3）。

STFM：5，罐底。黑皮灰陶，夹细砂，轮制，

图38　故县村及村西南遗址核心区

❶ 范晔：《后汉书》，中华书局，1965年，第82页。
❷ 颜希深修，成城纂：《泰安府志》，清乾隆二十五年刻本，凤凰出版社，2004年，231页。
❸ 崔霞：《汉武帝封禅泰山与泰安的创始》，《春秋》2009年第3期。

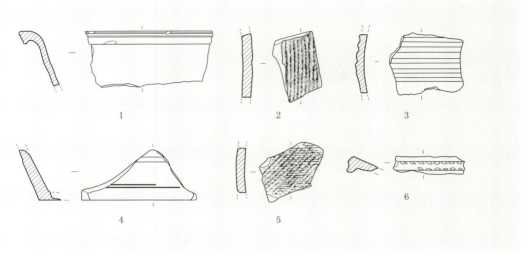

图39 奉高明堂采集陶片

1.盆（STFM：3） 2、3、5.腹片（STFM：9、STFM：2、STFM：10） 4.罐底（STFM：5） 6.口沿（STFM：19）

图40 奉高明堂采集砖

1、2.砖（STFM：4、STFM：29）

斜直腹，平底，底部较粗糙。靠近顶部断茬处有一浅宽带状凹弦纹，近底部饰两道凹弦纹。底径28、残高5.8、壁厚1~1.4、底厚0.7~1厘米（图39，4）。

STFM：10，腹片。夹砂灰陶，正面饰交叉绳纹。残长5.3~5.6、宽6、厚0.9厘米（图39，5）。

STFM：19，口沿。残，夹砂灰黑陶，轮制，侈口，方唇，唇部较厚，唇面饰上下两道戳印文。残长2、宽6.8~8、壁厚1厘米（图39，6）。

STFM：4，砖。长方形，残，正面饰粗绳纹。残长6~10.7、宽8.9、厚4.2厘米（图40，1）。

STFM：29，砖。长方形，残，正面饰粗绳纹。残长21.4、宽13、厚4.2厘米（图40，2）。

（十二）石碑村

《汉书·地理志》记载："奉高有明堂，在西南四里，武帝元封二年（公元前109年）造。"后汉《郡国志》："奉高有明堂"。注云："前书曰在县西南四里。"晋《太康地纪》云："奉高者，以事东岳，帝王禅代之处也，故有明堂，在县西南四里。汉武帝立太坛于东山以祭天，示增高也。"[1]清代的叶圭绶认为泰安市岱岳区范镇旧县村西南石碑村可能是汉明堂地点，[2]但由于汶水冲刷，地面没有任何迹象。

（十三）石闾山

《岱览》记载岱阳有介石山、石闾山，即汉武帝太初三年（公元前102年）所禅之地。[3]《史记·封禅书》："石闾者，在泰山下阯南方，方士多言此仙人之闾也。"[4]今址不存。

（十四）清阳台、冬冻台、瓦子岭

《泰山道里记》记载仙台岭，即长城岭。其上石台有二：曰南拱，曰北拱，遥相对峙。《山东通志》谓"汉武

[1] 李昉、李穆、徐铉：《太平御览》卷五百三十六，《钦定四库全书》第19页。
[2] 叶圭绶著，王汝涛、唐敏、丁善余点注：《续山东考古录》，山东文艺出版社，1997年，第210页。
[3] 唐仲冕：《岱览点校》卷二十"岱麓"，泰山学院编印，2004年，第472页。
[4] 司马迁：《史记·封禅书》，中华书局，2013年，第1676页。

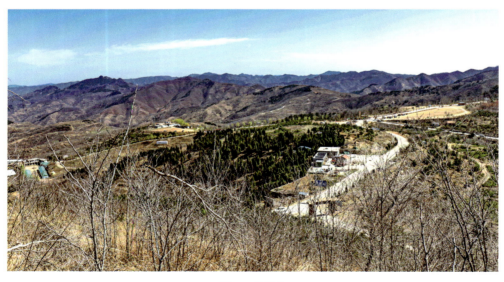

图41　冬冻台

图42　清阳台

图43　清阳台上南望岱顶

帝于此望祀蓬莱"。❶又说长城岭北为秋迁台，山高阴寒，多积冰，曰冰台，经夏始
解，又名冰泉。北经龙峡入印度泉。秋迁台西为玉皇岭，下有蔚沟台。迤北为瓦子岭，
遍山皆瓦砾，《县志》称为"秦皇行在"，或"故秦皇离宫"。❷

　　清阳台，亦称清凉台，乃史载之南拱（南台）之遗址，前述瓦子岭乃北拱（北
台）。据泰山学者李继生调查告知，清朝末年此处林茂草密，土壤肥厚，泉水密布。
清阳台上尚有千多年前的古大殿台基。清凉台东部不远的瓦岗寨，叫"校场"处，有
石板古道，称"御道"，到"文革"时期，平整开荒，砖瓦被丢弃到北边山下或倒入
西沟，再后来植树造林，遗址破坏严重。❸

　　2019年作者实地调查时，在清阳台上仍见到大量砖瓦，显示此处曾经是一个具
有相当规模的秦汉建筑遗址，结合地貌、山势，可能与秦汉封禅祭祀和求仙有直接关
系。在稍低处的冬冻台遗址，据同行的泰安市考古所温兆金所长介绍，在修公共停车
场时，发现大量的大块铺地砖，也印证了此地为重要遗迹的说法。

　　SJQY：4，筒瓦。残，泥质灰陶，正面饰细绳纹，背面压有布纹，残长10.7、宽
11.9、厚1.1厘米（图44，1）。

　　SJQY：5，板瓦。残，夹砂灰陶，正面饰弦断粗绳纹，磨蚀严重，纹饰漫漶不清，
残长19.3、宽9.5、厚2厘米（图44，2）。

　　SJQY：2，板瓦。残，泥质灰陶，正面饰有弦断粗
绳纹，磨蚀严重，纹饰漫漶不清，残长5.7、宽12.7、
厚1.1厘米（图44，3）。

　　SJQY：1，板瓦。残，泥质灰陶，正面饰有弦断粗

❶ 聂鈫《泰山道里记》，成文出版社，
1968年，第117、118、175、176页。
❷ 聂鈫《泰山道里记》，成文出版社，
1968年，第117、118、175、176页。
❸ 由李继生调查所得，并带领编写组
实地调查。

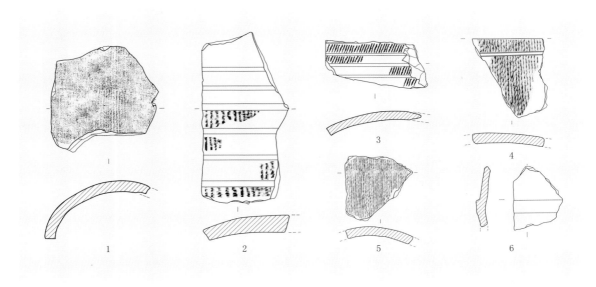

图44　清阳台采集瓦片

1、6.筒瓦（SJQY：4、SJQY：8、）2~5.板瓦（SJQY：5、SJQY：2、SJQY：1、SJQY：6）

绳纹，残长10.9、宽9.3、厚1.3厘米（图44，4）。

SJQY：6，板瓦。残，夹砂灰陶，正面饰有细绳纹，残长8.7、宽8.9、厚1.2厘米（图44，5）。

SJQY：8，筒瓦。残，泥质灰陶，仅存瓦舌部分，残长8.2、宽6.5、厚1.2厘米（图44，6）。

SJDD：2，板瓦。残，夹砂灰陶，仅存瓦舌部分，正面饰粗绳纹，残长9.5、宽5.6、厚1厘米（图45，1）。

SJDD：1，板瓦。残，泥质灰陶，正面饰宽带状凹弦纹，残长3.8、宽6.5、厚1.5厘米（图45，2）。

SJDD：3，板瓦。残，泥质灰陶，正面饰粗绳纹，残长5.9、宽8.2、厚1.2厘米（图45，3）。

SXQY：1，砖。残，灰色，火候较差，正面饰有粗绳纹，残长7、宽5.2、厚3.8厘米（图46，1）。

SXQY：2，砖。残，灰色，火候较差，素面，残长14.2、宽12、厚3.4厘米。（图46，2）

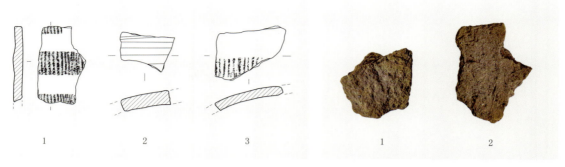

图45　冬冻台采集瓦片

1~3.板瓦（SJDD：2、SJDD：1、SJDD：3）

图46　清阳台采集砖

1、2.砖（SXQY:1、SXQY:2）

（十五）望仙台

《岱览》记载距大津口向东的青山南为望仙台，《岱史》云"汉武帝筑也"。❶《新泰县志》则记载："新甫山……前有云孤寺，秦始皇封禅泰山东巡驻跸。汉武帝封禅于此见仙人迹建离宫于上，遂改名宫山，筑望仙台……土人呼曰莲花山。"❷

综上，望仙台地点有大津口附近、新泰两种说法，如果说汉武帝果真在这建有望仙台的话，需要更多的考古证据支持，需要进一步调查、发掘。

（十六）羊祜城遗址

羊祜故城遗址位于新泰市天宝镇古城村，北依徂徕山，南临柴汶河，东至城东村，西至羊舍村。古城北城墙残高1~3米，残长约500米，可见夯土层，夯层厚约10厘米，内含东周陶片。城址地面之上可见到大量陶器残片。民国《泰安县志》载："县东南九十里即晋南城羊祜封邑。今踪犹存，谓之古城，内有寺，曰大觉禅院；城西有村，曰羊舍。"❸

STYH：1，腹片。夹砂黄褐陶，正面饰绳纹，残长6.4、宽5.5、厚0.7厘米（图48，1）。

STYH：2，腹片。泥质灰胎黑皮陶，素面。残长7.5、宽4.2~6.3、厚0.7~0.9厘米（图48，2）。

❶ 聂鈫：《泰山道里记》，成文出版社，1968年，第118页。
❷ 江邃达：《新泰县志》卷七，凤凰出版社，2004年，第355页。
❸ 孟昭章：《泰安县志》凤凰出版社，2004年，第327页。

图47　羊祜城夯土城墙

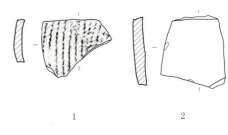

图48　羊祜城采集陶片

1、2.腹片（STYH：2、STYH：1）

（十七）望儿城遗址

茅茨东村望儿城遗址位于泰安市岱岳区良庄镇茅茨东村东北1.6千米处。遗址面积约9万平方米，遗址上有两层土台高约6米，东西长48米，南北宽39米，面积约1900平方米，采集有商周时期夹砂褐陶素面鬲足、绳纹鬲足、绳纹鬲口、罐口等。其时代从商一直延续到汉代，是一处古城址。

STMW：29，盆。残，泥质灰陶，轮制，方唇，直口，宽折沿。沿下饰两道宽带状凹弦纹，凹弦纹下饰竖向细绳纹。口径44.2、残高8.5、沿宽4.6、壁厚0.7~1厘米（图49，1）。

STMW：16，板瓦。残，夹细砂灰陶，正面饰绳纹，背面有布纹。残长7.3、宽4.4、厚1.1厘米（图49，2）。

STMW：20，筒瓦。残，夹细砂灰陶，背面有布纹。残长9.2、宽3.7~4.6、厚1.5厘米（图49，3）。

STMW：26，罐，口沿。残，泥质灰陶，轮制，方唇，口微敛，平折沿。口径15.2、残高2.6、沿宽1.9、壁厚0.5~0.7厘米（图49，4）。

STMW：5，罐，口沿。残，夹细砂黄褐陶，胎心呈灰色，轮制，方唇，侈口，卷沿，束颈，颈部以下残。口径14.2、残高4.6、沿宽2、壁厚0.7~1厘米（图49，5）。

STMW：12，板瓦。残，夹砂黄褐陶，胎心呈灰褐色。正面饰细绳纹。残长

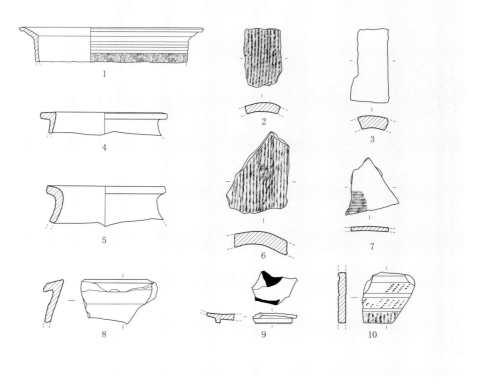

图49　望儿城采集陶片、瓦片

1.盆（STMW：29）　2、6、10.板瓦（STMW：16、STMW：12、STMW：6）　3.筒瓦（STMW：20）
4、5、8.罐（STMW：26、STMW：5、STMW：3）　7.腹片（STMW：21）　9.碗（STMW：37）

10.3、宽7.2、厚1.6~1.8厘米（图49，6）。

STMW：21，腹片。夹砂黄褐陶，正面饰细绳纹。残长6、宽5.8、厚0.6厘米（图49，7）。

STMW：3，罐，口沿。残，泥质灰陶，轮制，圆唇，敛口，翻折沿，腹部外弧。沿面外侧和上腹部各有一道凸起。残宽9.3、高5.5、沿宽2.3、壁厚0.7厘米（图49，8）。

STMW：37，碗。残，仅存部分碗底，白胎，碗底内侧施有酱釉，矮圈足。底径6、残高1.3、圈足高0.6、底厚0.6~0.7厘米（图49，9）。

STMW：6，板瓦。残，夹砂灰褐陶，正面有三道宽带状凹弦纹，上部饰戳印文，下部饰竖向细绳纹（图49，10）。

图 50　博城城墙西北角

（十八）博城遗址

博城位于泰山区邱家店镇旧县村。古城址已毁损，残留城墙遗迹，东西长2000米，南北宽1250米，顶部宽10米，呈多层台状，经层层夯筑而成。

城址中发现大量陶罐、盆、树木双兽纹瓦当，以及布纹瓦、板瓦、盆、罐、瓮、铁器，隋唐瓷片等器物残片。残留多段城墙、上栽种樱桃、核桃等果树，《左传》哀公十一年载："公会吴子伐齐，五月，克博。"[1]博城遗址即春秋战国及汉代博城旧址。

STJB：1，板瓦。残，泥质灰陶，背面压有布纹。残长9.6、宽8.2、厚2~2.3厘米（图51，1）。

STJB：10，腹片。泥质灰陶，正面饰两周宽带状凹弦纹。残长4.1、宽4.4、厚1厘米（图51，2）。

STJB：9，腹片。夹细砂灰陶，正面饰五道宽带状凹弦纹。残长6.7、宽4.8、厚0.9厘米（图51，3）。

STJB：6，口沿。残，夹砂灰黑陶，轮制，敛口，圆唇，沿面有一周凹槽。残宽5.8、高3.4、壁厚0.9~1.1厘米（图51，4）。

STJB：7，腹片。夹细砂灰黑陶，饰细绳纹。残长

❶ 杨伯峻：《春秋左传注》，中华书局，1990年，第1661页。

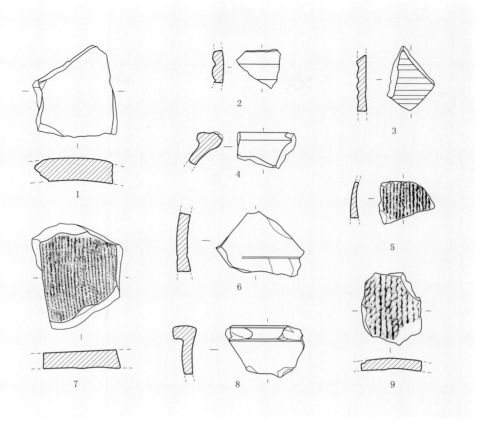

图51　旧县博城采集陶片、瓦片

1、7、9.板瓦（STJB∶1、STJB∶11、STJB∶2）　2、3、5.腹片（STJB∶10、STJB∶9、STJB∶7）

4、8.口沿（STJB∶6、STJB∶12）　6.筒瓦（STJB∶3）

4.5、宽5.5、厚0.4~0.8厘米（图51，5）。

STJB∶3，筒瓦。残，夹砂灰陶，素面。残长6.7、宽8.8、厚1.1~1.3厘米（图51，6）。

STJB∶11，板瓦。残，夹砂灰陶，正面饰细绳纹，背面有一层白色石灰。残长11、宽9.1、厚1.6~2厘米（图51，7）。

STJB∶12，口沿。残，夹细砂黄褐陶，轮制，方唇，平折沿，口微敛。残宽7.8、高5.4、壁厚0.8~1厘米（图51，8）。

STJB∶2，板瓦。残，夹砂灰褐陶，正面饰粗绳纹。残长7.6、宽6、厚1.1~1.2厘米（图51，9）。

汉光武帝封禅线路 —— 四

与其他君王相比，东汉光武帝刘秀的封禅经历显得比较特殊，其封禅带来的后续影响也较大。刘秀的封禅事迹保存在马第伯的《封禅仪记》中，《后汉书·祭祀志》记载了详细过程。

"建武三十年二月，群臣上言，即位三十年，宜封禅泰山。"这次封禅提议遭到了光武帝刘秀的断然拒绝，他甚至否定了自己三十年来的功劳，"'即位三十年，百姓怨气满腹，吾谁欺，欺天乎？曾谓泰山不如林放，何事污七十二代之编录！桓公欲封，管仲非之。若郡县远遣吏上寿，盛称虚美，必髡，兼令屯田。'从此群臣不敢复言。"[1]《东观汉记》记载的诏书是这样说的："灾异连仍，日月薄食，百姓怨叹，而欲有事于太山，污七十二代编录，以羊皮杂貂裘，何强颜耶？"[2]

刘秀二十八岁登基称帝，到建武三十年（54年）时已经五十八岁，在这三十年间，王朝域内发生了许多大事，这些让刘秀不能坦然东封泰山。

首先各地的起义，匈奴入侵，在连年的战争中光武帝经常需要亲征平叛。

然后是自然灾害，据统计，光武帝在位期间发生了9次旱灾，蝗灾也近10次。建武二十二年，京师、郡国十九蝗，二十三年，京师、郡国十八大蝗，二十八年三月的"郡国八十蝗"，东汉当时有郡、国105个左右，而这次蝗灾达80郡国，占全国郡国数的八成，足见蝗灾为害面积之大。《后汉书·五行志》注引《古今注》载：建武二十九年四月，西北的"武威、酒泉、清河、京

[1] 范晔：《后汉书·祭祀志》，中华书局，1965年，第3161页。
[2] 刘珍撰，吴树平校注：《东观汉记·世祖光武皇帝》，中华书局，2008年，第13页。

兆、魏郡、弘农蝗。"❶几乎涵盖西北诸郡。而在建武四年至十年短短的7年间就有5次水灾。建武八年左右几年是"比年大雨，水潦暴长，涌泉盈溢，灾坏城郭官寺，吏民庐舍，溃徙离处，溃成坑坎。"❷光武帝在位时的地震至少也有两次，损失惨重。《后汉书·五行志》载："世祖建武二十二年九月，郡国四十二地震，南阳尤甚，地裂压杀人。"❸本次地震以南阳为震中，波及东汉42个郡国，其震况由此可观。

也是在光武帝在位期间，日食出现9次，"星孛然"等异常天象也时有出现。

还有瘟疫，光武建武十三年至二十六年，14年间就有疾疫6次。东汉光武建武二十年远征交趾"军吏经瘴疫死者十四五"，建武二十五年征武陵五溪蛮夷"士卒多疫死"。就在光武帝封禅的中元元年（56年），"会稽大疫"，"秋，郡国三蝗"，"十一月甲子晦，日有食之"。种种灾祸让光武帝心怀忧惧，担心上天没有放过东汉王朝。

在这样的情况下，由于自身的才能不足、德行亏欠导致上天的惩罚，是相信天人感应的封建君王内心深处认同并恐惧的。在建武二十二年的大地震后，刘秀就下了罪己诏，"日者地震，南阳尤甚。夫地者，任物至重，静而不动者也。而今震裂，咎在君上。鬼神不顺无德，灾殃将及吏人，朕甚惧焉。其令南阳勿输今年田租刍稿。遣谒者案行，其死罪系囚在戊辰以前，减死罪一等。"❹认为是自己德行不够招致灾殃，为此免除徭役赋税，大赦天下。

如果听取大臣们的封禅建议等于是将短处自曝于人前，所以他会说"以羊皮杂貂裘，何强颜耶?"虽然言语粗俗，不类帝王言辞，可是传达出来的意思却是准确反映了光武帝的心声。刘秀不是被臣下蒙蔽的宫闱帝王，马背上得来的天下让他有足够清醒、自省的认识。

史料里记录了太尉赵熹给光武帝上书的奏章："自古帝王，每世之隆，未尝不封禅。陛下圣德洋溢，顺天行诛，拨乱中兴，作民父母，修复宗庙，救万姓命，黎庶赖福，海内清平。功成治定，群司礼官咸以为宜登封告成，为民报德。百王所同，当仁不让。宜登封岱宗，正三雍之礼，以明灵契，望秩群神，以承天心也。"❺第一，他指出自古帝王在每一朝代之初，都要去封禅，这是皇权天授。第二，光武皇帝顺应天意，诛灭王莽，拨乱中兴，修复宗庙，救万民于水火，海内清平。这是功成。第三，百姓官员都觉得天子应该去封禅了，舆论导向是偏向刘秀的。

❶ 范晔：《后汉书·五行志》，中华书局，1965年，第3318页。
❷ 范晔：《后汉书·五行志》，中华书局，1965年，第3307页。
❸ 范晔：《后汉书·五行志》，中华书局，1965年，第3327页。
❹ 范晔：《后汉书·光武帝纪》，中华书局，1965年，第74页。
❺ 刘珍撰，吴树平校注：《东观汉记·郊祀志》，中华书局，2008年，第162页。

但是封禅的要义除了立朝、功成、民心舆论，还有很重要的一点外在因素——祥瑞。就是"海内清平"的表现在那里要有体现。太平功成虽为儒家所提倡，但它具有浓厚的阴阳家天人感应色彩，即伴随太平而至的是天地各种祥瑞符应，《史记·礼书》里记载："或言古者太平，万民和喜，瑞应辨至，乃采风俗，定制作。"❶所谓瑞应，诸如醴泉、甘露、祥云、嘉禾、朱草、凤凰、麒麟、黄龙之类，而诸种瑞应乃天地阴阳和气感应所生，是典型的阴阳家学说。"治平则时气至"，后为儒家所吸纳，故在汉代尤其盛行"儒者论太平瑞应"之说。此太平瑞应之说又被谶纬继承下来，成为河、洛受命说的主要内容之一，即帝王受命，除被赋予河图、洛书这些主要象征符瑞之外，往往也伴随有醴泉、甘露等祥瑞。若不具备以上条件，则说明天意不允封禅，即使抵达泰山脚下，亦不得登。

如上所言，这一时期的社会情势是不大具备祥瑞的，甚至出现了大量灾殃的预示，这一因素致使光武帝刘秀一时之间不能违心地接受这一建议。

光武帝时还有一位大臣叫张纯，是张汤后人，张安世是其高祖。其人熟悉典籍，官至司空，一旦大家对典仪有疑问的时候就会向他请教，他对郊庙等礼仪多有"正定"，深受汉光武帝喜爱。❷张纯在建武十九年（43年）指出光武帝祭祀先祖"禘祫高庙，陈序昭穆，而春陵四世，君臣并列，以卑厕尊，不合礼意，"❸"复顾私亲，违礼制"的不合礼法处，督促光武加以改正。建武二十六年，配合光武帝确立了"以时定议禘、祫"制度。之后，张纯"以圣王之建辟雍，所以崇尊礼义，既富而教者也。乃案七经谶、明堂图、河间古辟雍记、孝武太山明堂制度，及平帝时议，欲具奏之。未及上，会博士桓荣上言宜立辟雍、明堂，章下三公、太常，而纯议同荣，帝乃许之。"❹主张修建明堂辟雍。

紧接着在建武三十年，张纯上奏建议汉光武帝东巡，至泰山封禅。"纯奏上宜封禅，曰：'自古受命而帝，治世之隆，必有封禅，以告成功焉。《乐·动声仪》曰：'以《雅》治人，《风》成于《颂》。'有周之盛，成康之间，郊配封禅，皆可见也。《书》曰：'岁二月，东巡狩，至于岱宗，柴'，封禅之义也。臣伏见陛下受中兴之命，平海内之乱，修复祖宗，抚存万姓，天下旷然，咸蒙更生，恩德云行，惠泽雨施，黎元安宁，夷狄慕义。《诗》云：'受天之祜，四方来贺。'今摄提之岁，仓龙甲寅，德在东宫。宜及嘉时，遵唐帝之

❶ 司马迁：《史记·礼书》，中华书局，2013年，第1375页。
❷ 范晔：《后汉书·张纯传》，中华书局，1965年，第1193、1194页。
❸ 范晔：《后汉书·张纯传》，中华书局，1965年，第1195页。
❹ 范晔：《后汉书·张纯传》，中华书局，1965年，第1196页。

典，继孝武之业，以二月东巡狩，封于岱宗，明中兴，勒功勋，复祖统，报天神，禅梁父，祀地祇，传祚子孙，万世之基也。"[1]全文引经据典，描绘了一幅"告功成"的太平盛世景象。张纯其人一直致力于东汉王朝的正统礼仪化构建，而且从其人经历来看，他熟悉典仪，遵从儒家正统礼制，对这一方面的认识具有权威性。

此篇奏章平实中肯，其指出了封禅确立政权来自上天神授的正统性，而致太平是告功成的前提条件。认为光武帝"受中兴之命，平海内之乱"，在诸多农民起义军纷纷打出汉室正统的旗号后，刘秀作为刘邦九世孙，和流传甚广的谶语"刘秀发兵捕不道，四夷云集龙斗野，四七之际火为主"，"刘秀发兵捕不道，卯金修德为天子"，"九世之帝，方明圣，持衡拒，九州平，天下予"等暗合，是名正言顺的真命之主。刘秀平四方乱军并最终除王莽，建立东汉王朝，"再受命"接续刘氏正统。文末又再次强调了封泰山以"复祖统，报天神"，禅梁父以"传祚子孙，万世之基"，他把告成功于天与人间政治联系在一起，认为帝王举行封禅则有利于"治人"。这份奏章论述了天人关系和人伦关系，尤其是东汉王朝最看重的祖统传承问题，可谓典实诚恳。两份奏章中并没有大的不同，只是张纯提到了"受中兴之命"，"继孝武之业"的政权传续，"复祖统"，"传祚子孙，万世之基也"等说辞和谶纬之说应合。

建武三十年（54年）光武帝刘秀已经五十八岁，在建武二十六年的时候他就已经开始建造寿陵，对自己的身后事是有准备的。秦汉帝王都想以封禅寻仙而长生，他又作何想法。《后汉书·祭祀志》记载，在建武三十二年光武帝夜读谶纬之书，并回顾了一些汉武帝封禅事迹，"初，孝武帝欲求神仙，以扶方者言黄帝由封禅而后仙，于是欲封禅。"[2]由求仙而后言封禅，似乎可以窥知光武帝的心意。

然而光武帝戎马生涯，终非昏愦，他很清楚前代帝王虽百计求仙却全是虚妄，他内心深处对求仙无限向往又终怀恐惧，怕求仙不成。

张纯上书建议二月东巡。到了三月，"上幸鲁，过泰山，告太守以上过故，承诏祭山及梁父。时虎贲中郎将梁松等议：《记》曰'齐将有事泰山，先有事配林'，盖诸侯之礼也。河岳视公侯，王者祭焉。宜无即事之渐，不祭配林。'"[3]三月光武帝就到泰山祭祀泰山、梁父。由此可见，光武帝刘秀并不是无意封禅，虽然知道自己立朝之后自然灾害不断发生，不甚符合封禅条件，口头拒绝举行与封禅相关的活动，但实际行动还是不断向泰山靠近。光武帝此次巡幸齐鲁

[1] 范晔：《后汉书·张纯传》，中华书局，1965年，第1197页。
[2] 范晔：《后汉书·祭祀志》，中华书局，1965年，第3163页。
[3] 范晔：《后汉书·祭祀志》，中华书局，1965年，第3162页。

之地的目的十分复杂，其中应该也有为正式封禅泰山作准备的考量。

两年以后，光武帝已年届花甲，在东汉时期已然高寿，疾病已经对他的生活造成了影响。在其他一切手段都无效的情况下，光武帝怀着侥幸心理，将封禅看作长生最后的希望。若是以封禅之举作为对自己一生的一个总结，为后世留下一段佳话也是美谈。这应是光武帝想去封禅的主观原因，而他的封禅活动也有客观社会环境的要求。

汉光武帝刘秀于中元元年（56年），"宣布图谶于天下"，把谶纬之学正式确立为官方的统治思想。而在泰山上所留下的昭告天地、歌功颂德的封禅刻石文由张纯执笔，其内容也充满了谶纬文辞，罗列了《河图赤伏符》《河图会昌符》等六部纬书中的谶文，原文如下："维建武三十有二年二月，皇帝东巡狩，至于岱宗……《河图赤伏符》曰：'刘秀发兵捕不道，四夷云集龙斗野，四七之际火为主。'《河图会昌符》曰：'赤帝九世，巡省得中，治平则封，诚合帝道孔矩，则天文灵出，地祇瑞兴。帝刘之九，会命岱宗，诚善用之，奸伪不萌。赤汉德兴，九世会昌，巡岱皆当。天地扶九，崇经之常。汉大兴之，道在九世之王。封于泰山，刻石著纪，禅于梁父，退省考五。'《河图合古篇》曰：'帝刘之秀，九名之世，帝行德，封刻政。'《河图提刘予》曰：'九世之帝，方明圣，持衡拒，九州平，天下予。'《洛书甄曜度》曰：'赤三德，昌九世，会修符，合帝际，勉刻封。'《孝经钩命决》曰：'予谁行，赤刘用帝，三建孝，九会修，专兹竭行封岱青。'《河》《洛》命后，经谶所传。昔在帝尧，聪明密微，让与舜庶，后裔握机……皇帝唯慎《河图》《洛书》正文，是月辛卯，柴，登封泰山……"❶

光武帝利用了"赤九"谶证明天命在己，证明了己方政权的正统性，那么他东上泰山，举行封禅就是迟早的事情，因为决定是否利用"赤九"谶，是否封禅的，其实是莽汉之际的社会心理，而不是某人的态度。

有学者讨论关于光武帝的"赤九"谶是甘忠可等人编造的，本来目的是劝说汉成帝能效法汉武帝，举行封禅改制，以挽救汉家颓局，进而致太平。但后来"赤九"谶有关"九世"的内容应验于刘秀身上，这种应验是由光武集团自己附会上去的，分析认为刘秀集团以世替代，将刘秀安在"九世"之中。

"赤九"谶的应验是有其社会背景的。王莽篡汉之前，西汉王朝的阶级矛盾没有到达不可调和的地步，社会秩序相对稳定，太大规模的民变没有出现，还有一定的民众基础。而王莽代汉又是

---

❶ 范晔：《后汉书·祭祀志》，中华书局，1965年，第3165页、3166页。

以禅让的方式实现的，主要是通过政治手段而不是军事手段，西汉宗室仍有颇为强大的政治影响。在这样的大环境里，新莽末年出现"人心思汉"局面。

莽汉之际，社会各阶层中弥漫着浓厚的神秘主义氛围，谶纬盛行。作谶者正是抓住了士民普遍相信天命神示的社会心理，借鉴西汉前期改制策略。在"人心思汉"的社会背景下，"赤九"谶才能够产生、传播并发挥巨大影响达到蛊惑效果。谶纬发挥功效帮助刘秀夺取了政权，谶纬思想体系也要求刘秀去泰山封禅，那么按照谶纬预言封禅岱宗也是题中应有之义了。❶

在建武三十年（54年）刘秀下诏称对"盛称虚美"者要严惩，两年后再提封禅，只能自己亲身上场："三十二年正月，上斋，夜读《河图会昌符》曰：'赤刘之九，会命岱宗。不慎克用，何益于承。诚善用之，奸伪不萌。'"刘秀常自诩为刘邦九世孙，这段话暗示刘秀若封禅泰山，则利于东汉百年大业传承。"感此文，乃诏松等复案索《河》《洛》谶文言九世封禅事者。松等列奏，乃许焉。"❷阅此谶纬之言，刘秀当即命大臣查找历代封禅典故，立即着手研究去泰山封禅事宜。

汉光武帝的封禅颇具戏剧性，关于这次封禅活动的文献也各具特色，通过这些封禅文献我们对汉代封禅的文化内蕴和深刻意义，对封禅作为国家典礼的思想、政治脉络有了更全面的理解，其谶纬色彩浓郁的时代特色自然不容忽视。

光武帝终于成了历史上第三位举行封禅大典的帝王。经过一番盛大准备，建武三十二年正月二十八日，汉光武帝君臣一行正式出发东巡泰山："二十二日辛卯晨，燎祭天于泰山下南方，群神皆从，用乐如南郊。诸王、王者后二公、孔子后褒成君，皆助祭位事也。事毕，将升封。或曰：'泰山虽已从食于柴祭，今亲升告功，宜有礼祭。'于是使谒者以一特牲于常祠泰山处，告祠泰山，如亲耕、躯刘、先祠、先农、先虞故事。至食时，御辇升山，日中后到山上更衣，早晡时即位于坛，北面。群臣以次陈后，西上，毕位升坛。尚书令奉玉牒检，皇帝以寸二分玺亲封之，讫，太常命人发坛上石，尚书令藏玉牒已，复石覆讫，尚书令以五寸印封石检。事毕，皇帝再拜，群臣称万岁。命人立所刻石碑，乃复道下。"❸与对秦皇汉武粗略的封禅记载不同，光武帝在泰山上的活动史料十分丰富，一定程度上弥补了之前对封禅记录的不足，使我们对封禅仪式的具体过程有了更详细的了解。

另外此次封禅的一些细节，在马第伯的《封禅仪

❶ 代国玺：《"赤九"谶与两汉政治》，《文史哲》2018年第5期。
❷ 范晔：《后汉书·祭祀志》，中华书局，1965年，第3163页。
❸ 范晔：《后汉书·祭祀志》，中华书局，1965年，第3169页。

记》中有所保存。这是封禅亲历者的实录而非他人转录，是研究此次封禅的重要参考文献。文章对泰山山水地貌、攀登艰险及光武帝行踪等俱有记述，还有"始皇立石及阙在南方，汉武在其北"等等细节，为考证武帝所立石碑的位置、封禅过程提供了佐证。

关于光武帝刘秀的具体日程，根据《后汉书·光武帝纪》《后汉书·祭祀志》，马第伯的《封禅仪记》等文献材料梳理如下。

刘秀君臣在建武三十二年（56年）正月二十八从洛阳宫出发，二月九日到鲁，十一日从鲁出发，十二日住宿奉高。十五日开始斋戒，车驾十九日到山虞，皇帝居亭，百官列野。二十一日夕牲，二十二日（辛卯）燎祭、封礼，二十三日，百官上寿，出发至奉高，路程三十里，二十四日（癸巳）出发至梁甫，夕牲，路程九十里。二十五日（甲午）禅礼，以高祖后配享。

从洛阳到鲁，也就是曲阜，直线距离是426千米，现在的线路是470千米左右。那么实际走来是可能要多于这个数字，他们走了十二天。然后十一日从鲁出发，十二日到达奉高县城，也就是现在的泰安市岱岳区范镇故县村一带，直线距离75千米左右，两天行程。

而在泰山上封之后，二十三日从泰山出发，君臣复道下，还进行了"百官上寿"活动，结束后出发，到奉高住宿，记载三十里，现在泰山到奉高的直线距离约19千米左右，用时半天。二十四日从奉高到梁父，记载的九十里应该包括了从泰山到奉高的距离，减去前面的三十里，应该是六十里。

《汉书·食货志》载："理民之道，地著为本。故必建步立亩，正其经界。六尺为步，步百为亩，亩百为夫，夫三为屋，屋三为井，井方一里，是为九夫。"❶从这一记载可知，井方一里，为九夫耕种的九百亩耕地，每一边的边长为三百步。一步六尺，则一里三百步为一千八百尺。由于秦汉尺的长度约略等于23.5厘米。由此可以算出一里等于一千八百尺，约423米。那么三十里等于12.7千米，六十里约等于25.4千米。

从洛阳到鲁平均每天走35.5千米，鲁到奉高每天走37.5千米，泰山到奉高半天走了19千米，奉高到梁父走了25.4千米。宋镇豪利用商代武丁时的一片甲骨文记载，推算商王出动战车征伐某国，从癸丑日起，至11天后的癸亥和甲子日之交的夜里战车攻抵该国。此国

❶ 班固：《汉书·食货志》，中华书局，1962年，第1119页。

位于晋南河曲一带，推算距殷都直线距离约有七百里之遥，则估计当时马车一天的行程，平均约为六十里，也就是30多千米。[1]松丸道雄在《关于殷墟卜辞中的田猎地——殷代国家构造研究》一文中推算，商王的田猎地在半日行程内，也就是在距殷墟15~20千米的范围内，打猎完毕，晚上回返商都。[2]那么商代车马一天的行程在40千米左右。

　　这样光武帝一天的行程上限推测为40千米左右是合理的，梁父距奉高城是六十里，25千米多。《册府元龟》云："（唐贞观）二十一年（647年）……房玄龄等议云，梁甫、社首二山，并是古昔禅祭之所。去十五年议奏请禅梁甫，今更奉诏详议。梁甫去泰山七十里，又在东南，至于行事，未为稳便。社首去泰山五里，是周家禅处。臣等参详，请禅社首，有诏依奏。"[3]唐代一尺29.5厘米，一里三百六十步，一步五尺，一里531米，那么从泰山到梁父路程为37千米，一天行程过于密集，而且在禅地仪式的前一天还有牺牲等仪式，不能安排太紧的行程，所以放弃直接到达，不从泰山直接去梁父。

　　唐代《括地志》云："梁父山，在兖州泗水县北八十里"，[4]《元和郡县图志》云："在（泗水县）北八十里，西接徂徕山"。[5]清代《一统志》云："在府南一百十里，新泰县西四十里"《泰安府志》云："徂徕西南，距城九十余里"《泰山道里记》里"大汶口东南三十里为梁父山，平衍突出。"《泰安县志》云："在县东南九十里，汶水之阳"。

　　我们来分析一下，《括地志》说泗水县往北八十里（唐代），核算下来，约略合现在的42.5千米，直线距离最近，但不可能达到，可作为上限，就是说最远点能到这里，这个点也确实西接徂徕山。《元和郡县图志》暂且符合。《泰安府志》的徂徕西南则不符。此点距奉高的直线距离19.4千米，是上限，记载的汉代六十里（25千米），那么这个点有可能更靠南些，或者偏东些，基本符合。

　　此点到泰山的直线距离是19千米，还会再偏南一些。《泰山道里记》记载去徂徕山的人"自郡城至山北，蹊径逼窄，游岱宗而探徂徕之胜者，则绕山之东西两路，自前而入，约百余里。"光武帝一天的行进距离上限在40千米左右，虽然实际上路途逼仄不宜行，但从泰山直接到梁父走一天理论上还是可行的。

❶ 宋镇豪：《夏商社会生活史》，中国社会科学院出版社，1994年，第231页。
❷ 松丸道雄：《再论殷墟卜辞中的田猎地问题》，吴荣曾主编：《尽心集——张政烺八十庆寿论文集》，中国社会科学出版社，1996年。
❸ 王钦若等撰，周勋初校订：《册府元龟》，凤凰出版社，2006年，第371页。
❹ 李泰等著，贺次君辑校：《括地志辑校》，中华书局，1980年，第121页。
❺ 李吉甫著，贺军次点校：《元和郡县图志》，中华书局，第270页。

我们换一个思路。光武帝的出发点泰山、奉高城我们是知道的，以奉高城为圆心，以六十里（25千米）为半径画圆，梁父封禅地点理论上的最远点在这一条弧线上，这是马第伯《封禅仪记》里的记载，准确性较高。而唐人的记述可以参考，以唐代泗水县为圆心，八十里（42.5千米）为半径，画圆，再加上房玄龄给出的泰山到梁父七十里（37千米），三个圆弧相交区域里就是梁父所在区域。

这是一个非常理想的状态，但是涉及的精度问题很多，诸如泰山起止点的问题，路线精度问题，古人在说到距离时大多为估计，方向也不准确等问题都会影响我们考虑梁父的位置。

比如说奉高城的位置，现在基本可以确定，马第伯说从泰山出发，到奉高三十里，折算12.5千米，实际我们得到的距离是19千米。在行走过程中，直线距离最短，但实际路程长，那么奉高和泰山间的距离应该在12.5千米以内。这里同样有几个问题，泰山的起止点问题，奉高城的准确地点，马第伯的三十里是否准确等，所有的问题都需要我们在今后的工作中一一校正。

所以上文的估算只能是提供了一个思路，今后我们在这一圆弧相交范围里如果有更多的考古调查勘探工作，也许会有些发现。

另外关于梁父的准确位置也有问题，《史记·始皇本纪》记述："休于树下，因封其树为五大夫。禅梁父。"《史记·封禅书》："从阴道下，禅于梁父。"山北为阴，那么就给梁父提供了另一种可能性，有没有可能位于泰山东，泰山北。我们无法证明孰是孰非，只是在唐代人的认知里，梁父是在徂徕山东南一带的。

综合以上信息，结合《后汉书·祭祀志》和《汉官仪》，我们大致推测光武帝的封禅进程记载如下。

"二月，上至奉高，……二十二日辛卯晨，燎祭天于泰山下南方，……于是使谒者以一特牲于常祠泰山处，告祠泰山，如亲耕、貙刘、先祠、先农、先虞故事。至食时，御辇升山，日中后到山上更衣，早晡时即位于坛，北面。群臣以次陈后，西上，毕位升坛。尚书令奉玉牒检，皇帝以寸二分玺亲封之，讫，太常命人发坛上石，尚书令藏玉牒已，复石覆讫，尚书令以五寸印封石检。事毕，皇帝再拜，群臣称万岁。命人立所刻石碑，乃复道下。

二十五日甲午，禅，祭地于梁阴，以高后配，山川群神从，如元始中北郊故事。

四月己卯，大赦天下，以建武三十二年为建武中元元年，复博、奉高、嬴勿出元

图 52　光武帝封禅线路示意图

年租、刍稿。以吉日刻玉牒书函藏金匮，玺印封之。乙酉，使太尉行事，以特告至高庙。太尉奉匮以告高庙，藏于庙室西壁石室高主室之下。"

那么，光武帝封禅路线推测为：

洛阳→鲁→奉高→燎祭泰山南→上山→禅地于梁阴

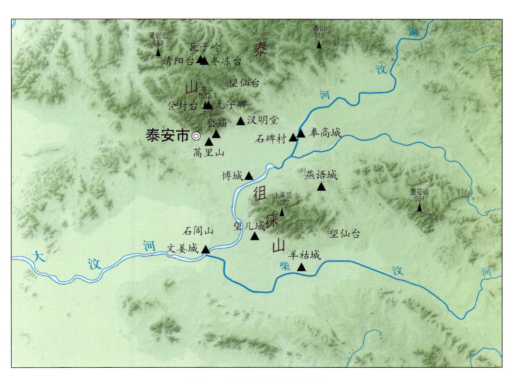

图 53　汉代封禅遗存示意图

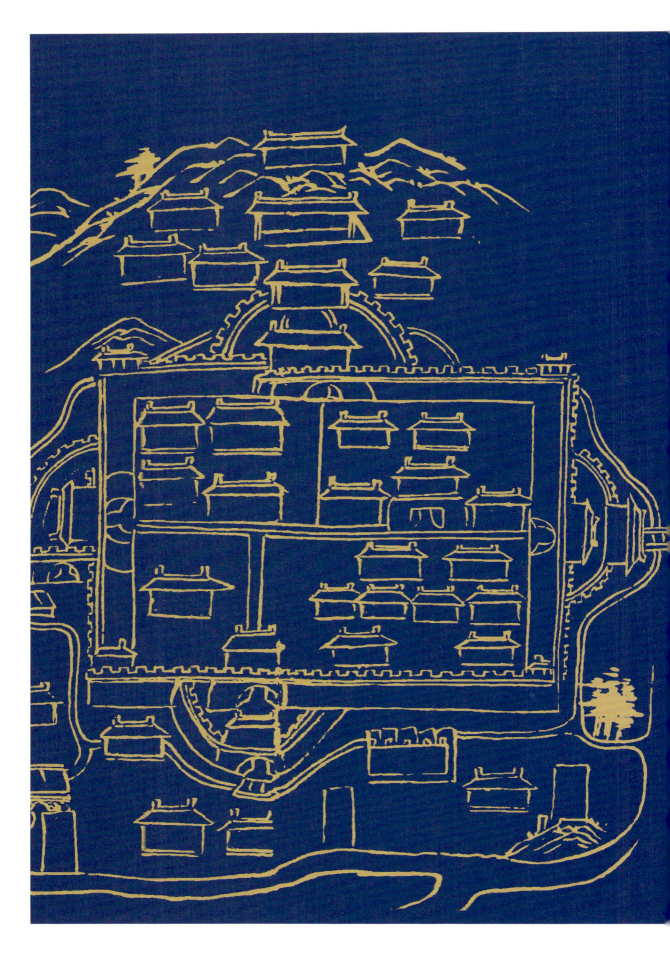

第三章

唐代封禅

一 · 唐高宗、玄宗封禅历史

三国魏晋南北朝时期，战乱频仍、天下分裂；魏明帝、晋武帝、前秦苻坚、刘宋文帝与孝武帝、北齐文宣帝、梁武帝时均屡有封禅泰山之动议，却没有一位君主自信功德可堪报呈上天。他们或亲自下诏制止或因大臣谏止，或因事不得行而止。北魏的太武帝、献文帝、孝文帝也只是遣使祭祀泰山。

隋文帝杨坚统一天下，开皇九年（589年）六月"朝野物议，咸愿登封"，十一月"定州刺史豆卢通等上表请封禅，上不许"；[1]开皇十四年，晋王杨广率百官连续上表固请封禅，文帝终于心动，下令撰定封禅礼仪，临行之际，帝王的谦让或者说谨慎，让他对自身德行是否能与封禅相配产生了怀疑，所谓"此事体大，朕何德以堪之。但当东狩，因拜岱山耳。"[2]封禅改为巡狩，开皇十五年春，隋文帝"行幸兖州，遂于太山之下，为坛设祭，如南郊之礼，竟不升山而还。"[3]隋炀帝杨广即位后，四处巡幸，然未起封禅之议。

三百余年间，泰山封禅虽未得实施，但在持续不断的君臣动议中，逐渐成为帝王"比德论功"的神圣象征，静静等待与封禅岱岳最堪匹配的那一位天子。

（一）唐太宗封禅未遂

唐太宗贞观五年（631年），大唐这一新兴王朝在昔日秦王、今时皇帝李世民的治理下，六合大定，初现

[1] 魏征、令狐德棻：《隋书·高祖纪下》，中华书局，1973年，第33~34页。
[2] 魏征、令狐德棻：《隋书·礼仪志二》，中华书局，1973年，第140页。
[3] 刘昫：《旧唐书·礼仪志三》，中华书局，1975年，第881页。

太平之象，因玄武门之变而带来的王朝动荡，也已渐渐平息。高祖时曾谦让不允的封禅请议又起。

正月，朝集使赵郡王李孝恭等签议以为"天下一统，四夷来同诣阙"，上表请封禅，唐太宗手诏不许，因"自有隋失道，四海横流……克成鸿业、遂荷慈眷、恭承大宝，每日昃思治弗敢康宁、兢兢夕惕、用忘兴寝，履薄驭朽、不足为喻……但流遁永久、凋残未复、田畴多旷、仓廪犹虚、家给人足，尚怀多愧，岂可遽追前代，取讥虚美"，诏书言辞恳切又华美，最后说"如得雅颂，形于金石，菽粟同于水火，返朴还淳，当如来议"，❶大意是现在朕关心的是天下苍生百姓，德行也尚不足，时机到了再说吧。

十一月朝集使利州都督武士彟等诣朝堂，又上表请封禅，这一次太宗虽然又下诏以"丧乱之后，民物凋残，惮于劳费"而拒绝。但在诏书中太宗又从"隋末分离，群凶竞逐"开始，对自己的"武功""文教""仁爱""敦本""崇信"一一道来，意思是自己的德行已经符合"圣人之教"，有资格行封禅之礼，只要等到"谷稼频登、疾疹不作"就可以"展礼名山，以谢天地"。

贞观六年（632 年），突厥平定、年谷丰登，文武群臣再次上书请求东封泰山，太宗又是一番拒辞，称"如朕本心，但使天下太平，家给人足，虽阙封禅之礼，亦可比德尧舜……礼云：至敬不坛，扫地而祭，足表至诚，何必远登高山，封数尺之土也"。群臣"犹请之不已，上亦欲从之，魏征独以为不可"，❷令太宗大怒，二人关于功高德厚、中国安定、四夷宾服、年谷丰登、符瑞呈至与否的一番对话，再次表明了李世民对封禅的真实向往。

只是因隋末唐初天下大乱、户口锐减，恢复非易，特别是中原、山东一带，"茫茫千里，人烟断绝，鸡犬不闻，道路萧条，进退艰阻"，❸贞观初年的经济低迷，显然并不足以东封泰山。加上太宗李世民患有气疾，封禅之事作罢。

贞观六年至九年，太宗励精图治，天下连续丰稔，西域边地安定，李世民开始以一代雄主自况，所谓"曩之一天下，克胜四夷，惟秦皇、汉武耳。朕提三尺剑定四海，远夷率服，不减二君者"；❹贞观十一年天下初定，经济有了明显改善，群臣再次奏请封禅，太宗便下令议定封禅礼仪策划相应活动。贞观十四年十一月"丙

❶ 本小节引文及史实，除注明外，均见王溥：《唐会要·封禅》，中华书局，1955 年，第 79~104 页

❷ 司马光：《资治通鉴》，中华书局，1956 年，第 6093 页。

❸ 吴兢：《贞观政要·纳谏第五》，上海古籍出版社，1978 年，第 70 页。

❹ 欧阳修、宋祁：《新唐书·疏勒》，中华书局，1975 年，第 6233 页。

子，百官复表请封禅"，太宗"诏许之，更命诸儒详定仪注"，任命封禅使。❶

贞观十五年三月，"肃州言所部川原，遍生芝草，先是百僚及雍州父老，诣朝堂上表请封禅"，四月，正式下诏"以来年二月事于泰山"。六月，封禅车驾到达洛阳，"有星孛于太微，犯郎位"，朝散大夫、行起居郎褚遂良上疏认为"慧星辄见，此或有所未允合者也"，应暂停封禅，❷薛颐在占卜天象后，也称"臣商天意，陛下未可东"，❸太宗诏许；加上此时太子李承乾勾结突厥刺杀辅政大臣于志宁，西域铁勒族分支薛延陀部趁"天子封泰山，士马皆从，边境必虚"，向归顺唐朝的突厥李思摩部发动进攻，太宗遂罢停封禅。

贞观二十年十一月，司徒长孙无忌同百官等又多次上表请求封禅，太宗从其所请，诏令有司，广召诸儒，议定封禅之礼，并修造羽仪辇辂，送到洛阳宫以供备用。二十一年正月，下诏于第二年春封泰山禅社首，任命检校封禅大使，筹划封禅事宜。不过八月，太宗又下了《停封禅诏》，❹理由有三，初归延陀需要安抚、频造离宫恐致劳烦、河北淹涝需要救济，"其介丘大礼，宜且权停"。

贞观二十三年四月，唐太宗崩殂。东封泰山终未成行，不过作为一代明君，唐太宗始终将家国时势置于封禅虚荣之上，可谓"虽阙封禅之礼，亦可比德尧舜"。

（二）唐高宗、武后封禅

晋王李治继位后的永徽年间"百姓阜安，有贞观之遗风"，平定漠北，"置单于、瀚海二都护府"，❺至显庆年间，改洛阳为东都，更先后灭西突厥、百济，显庆三年徙安西都护府于龟兹（今新疆库车），文治武功一时赫赫。武则天也于永徽六年（655年）成为皇后，并因高宗"风眩头重、目不能视"，在显庆五年（660年）十月开始正式参与国家大事。❻

封禅泰山又一次成为朝堂之议。显庆四年，武后令心腹礼部尚书许敬宗上表"议封禅仪"，奏请"以高祖、太宗俱配昊天上帝，太穆、文德二皇后俱配皇地祇"。❼显庆六年二月二十二日，敕命长安西华观道士、朝散大夫、东岳先生郭行真，前往泰山为"为皇帝皇后七日行

❶ 司马光：《资治通鉴·唐纪十一》，中华书局，1956年，第6158页。
❷ 刘昫：《旧唐书·列传第三十》，中华书局，1975年，第2729页。
❸ 欧阳修、宋祁：《新唐书·方技》，中华书局，1975年，第5805页。
❹ 宋敏求：《唐大诏令集》卷六十六"停封禅诏"条，中华书局，2008年，第369页。
❺ 司马光：《资治通鉴·唐纪十五》，中华书局，1956年，第6272页。
❻ 司马光：《资治通鉴·唐纪十六》，中华书局，1956年，第6322页。
❼ 司马光：《资治通鉴·唐纪十六》，中华书局，1956年，第6316页。

道，并造素像一躯，二真人夹侍"，即岱岳观造像记双束碑。❶

龙朔元年（661年），高宗下诏拟定于龙朔四年正月封禅；❷龙朔二年十二月下诏"以方讨高丽、百济，河北之民，劳于征役，其封泰山、幸东都并停"。❸麟德元年（664年）七月，高宗又下诏"以三年正月有事于泰山"。❹

麟德二年春正月，❺高宗车驾离开长安，巡幸东都洛阳，命司空李绩、太子少师许敬宗等为检校封禅使，并诏礼官、博士撰定封禅仪注。❻是岁大稔。十月，武后和司礼太常伯刘祥先后上疏奏请封禅，"丙寅（二十八日）上发东都"，❼沉寂了六百年的泰山封禅，终于重新启动：

"从驾文武仪仗，数百里不绝。列营置幕，弥亘原野，东自高丽、西至波斯，乌长诸国朝会者，各帅其属扈从，穹庐毛幕，牛羊驼马，填咽道路。"❽十二月丙午（九日）高宗御驾至齐州大厅，命有司祭泰山，丙辰（十九日）封禅车驾发灵岩顿，❾行抵泰山脚下时，"有司进奏仪注：封祀以高祖、太宗同配，禅社首以太穆皇后、文德皇后同配，皆以公卿充亚献、终献之礼。"皇后武氏上《请亲祭地祇表》，为自己争得了在封禅大典上露面的机会，"于是祭地祇、梁甫，皆以皇后为亚献，诸王大妃为终献。"❿

庚申（二十三日），"帝御行宫牙帐，以朝群臣。"⓫抵达泰山之后的十一日内，高宗大概起居于行宫，行踪不详，只知其至少"斋于行宫四日，致斋三日。"⓬

麟德三年春正月戊辰（初一）朔，车驾至泰山顿，高宗亲祀昊天上帝于封祀坛。⓭祭祀完毕，"亲封玉策，置石礅，聚五色土封之，圆径一丈二尺，高九尺"。⓮封祀坛设于山南四里，"广十二丈、高丈二尺"，⓯"圆坛、三成、十二阶，如圆丘之制。坛上饰以青，四面各依方色，并造燎坛及壝三重"。⓰

初一日当天高宗即率侍臣开始上登泰山，己巳（二日）抵达介邱之登封坛，行封禅之礼，所谓"封玉牒于介邱"。⓱登封之坛"上径五丈，高九尺，四出陛。坛

❶ 顾炎武：《求古录》"唐岱岳观双碑"条，清光绪槐庐丛书本。
❷ 王钦若等：《册府元龟·封禅第二》，凤凰出版社，2006年，第374页。
❸ 司马光：《资治通鉴·唐纪十七》，中华书局，1956年，第6331页。
❹ 王溥：《唐会要·封禅》，中华书局，1960年，第96页。
❺ 据《旧唐书》卷二十三，从长安出发的时间是"麟德二年二月，车驾发京，东巡狩。"
❻ 王溥：《唐会要·封禅》，中华书局，1960年，第96页。
❼ 《资治通鉴·唐纪十七》《旧唐书·高宗》，高宗是"丁卯将封泰山，发自东都"，《唐会要·封禅》，也是"十月丁卯帝发东都赴东岳"。
❽ 司马光：《资治通鉴·唐纪十七》，中华书局，1956年，第6345页。
❾ 刘昫：《旧唐书·高宗上》，中华书局，1975年，第87页。
❿ 刘昫：《旧唐书·礼仪三》，1975年，第887页。
⓫ 王溥：《唐会要·封禅》，中华书局，1955年，第97页。
⓬ 王溥：《唐会要·封禅》，中华书局，1955年，第98页。
⓭ 刘昫：《旧唐书·高宗下》，1975年，第89页。
⓮ 刘昫：《旧唐书·礼仪三》，中华书局，1975年，第888页。
⓯ 欧阳修等：《新唐书·礼乐四》，中华书局，1975年，第350页。
⓰ 刘昫：《旧唐书·礼仪三》，1975年，第885页。
⓱ 王溥：《唐会要·封禅》，中华书局，1995年，第100页。

上饰以青，四面依方色。一壝，随地之宜"。❶封献玉策完毕，返回山下斋宫。

庚午（三日）在社首山上降禅坛，祭皇地祇，皇后为亚献、越国太妃燕氏为终献。降禅坛为"方坛八隅、一成八陛，如方丘之制。坛上饰以黄，四面依方色，三壝，随地之宜"。❷辛未（四日）高宗再至降禅坛。❸

壬申（五日）高宗至朝觐坛，接受群臣四方朝贺，改麟德三年为乾封元年（666年），为诸行从文武百官等进官加爵，大赦天下、赐酺七日。❹下诏在各坛立登封、降禅、朝觐之碑。❺

癸酉（六日），大宴群臣，伴设九部乐，日昳而罢。丙子（九日），皇太子弘设会。丁丑（十日），再次为众人进爵及阶勋等，并下诏在兖州界置紫云、仙鹤、万岁三观，封峦、非烟、重轮三寺，天下诸州置观寺一所。至此，高宗岱岳封禅大典正式结束。丙戌（十九日），帝后车驾离开泰山，前往孔子故里。❻

唐高宗乾封元年的泰山封禅大典，既是皇帝文治武功德行的彰显与大唐帝国国力的展示，也成为武后加持自己天命身份、争取君权的重要手段。天命君权通过泰山封禅得到了强化，泰山也因此承载了更多的政治意义，与帝国政权的联系越来越密切。

（三）唐玄宗封禅

唐高宗封禅之后的近五十年间，大唐的朝堂政局风云变幻，经历了天皇天后的二圣共治、中宗与睿宗时期的武后临朝称制以及天授元年（690年）开始的武周代唐、神龙元年（705年）政变与中宗复唐、韦后乱政、随着睿宗先天元年（712年）内禅退位，先天二年太平公主被赐死，唐玄宗李隆基终于迎来属于自己、也属于整个大唐王朝的开元盛世。

开元十二年（724年），"四方治定，岁屡丰稔"，❼"文武百僚、朝集使、皇亲及四方文学之士，皆以理化升平，时谷屡稔，上书请修封禅之礼并献赋颂者，前后千有余篇"。❽"闰十二月辛酉，文武百官吏部尚书裴

❶ 刘昫：《旧唐书·礼仪三》，中华书局，1975年，第886页。
❷ 刘昫：《旧唐书·礼仪三》，中华书局，1975年，第886页。
❸ 据《旧唐书》本纪卷第五"高宗下""辛未，御降禅坛"，但未详何事。据卷二十三"礼仪三"，高宗在亲祀社首"翌日，上御朝觐坛以朝群臣，如元日之仪。礼毕，谯文武百僚，大赦改元"。《新唐书》卷三本纪卷第三未提高宗辛未日有何举措，在庚午禅于社首后直接提"壬申大赦改元赐文武官阶勋爵"。
❹ 刘昫：《旧唐书·高宗下》，中华书局，1975年，第89页。
❺ 刘昫：《旧唐书·礼仪三》，中华书局，1975年，第888页。
❻ 刘昫：《旧唐书·高宗下》，中华书局，1975年，第89页。
❼ 欧阳修、宋祁：《新唐书·礼乐志》，中华书局，1975年，第352页。
❽ 刘昫：《旧唐书·礼仪三》，中华书局，1975年，第891页。

濯等，上请封东岳"，甲子日开始中书令张说更三次上书、奏请封禅，唐玄宗一再推托之后，"不得已而从之"，丁卯日颁布《允行封禅诏》（《全唐文》卷二十九），决定"开元十三年十一月十日，式遵故实，有事泰山。"❶

开元十三年十月辛酉（十一日）洛阳东都，"皇帝出宫，备大驾卤簿，载于国门"，❷"百官贵戚、四夷酋长从行"。❸路上"祭所过山川、古先帝王名臣烈士，皆如巡狩之礼"。❹

十一月丙戌（初六），玄宗车驾抵达泰山附近，"去山趾五里，西去社首山三里。丁亥（初七），玄宗服衮冕于行宫，致斋于供帐前殿"。❺从封禅之前七日开始，太尉戒誓百官，"皇帝散斋于行宫后殿四日、致斋于前殿三日"，祀前三日"卫尉设祀官从祀群官五品以上便次于行宫朝堂，如常仪。前祀二日，尚舍直长施大次于圆台东门外道北，又于山中道设止息大次，俱南向"。❻己丑日（初九）约当中午时分，备法驾至山下，玄宗御马登山。❼登山途中在中道大次休息三刻后登至山顶，宿斋山上圜台东门外之大次。❽

庚寅（初十），玄宗开始在山上封台之前坛祀昊天上帝，以唐高祖配享，邠王李守礼亚献、宁王李宪终献，玄宗饮福酒。❾皇帝自东门入，面北而立，自南方台阶上坛，"北面跪奠于昊天上帝神座"，再立于西方"东面跪奠于高祖神尧皇帝神座"；❿"礼毕，藏玉册于封祀坛之石礩，然后燔柴。燎发，群臣称万岁，传呼自山顶至岳下，震动山谷"。⓫与祭天同时，群臣在山下祭坛祭祀五方帝及以下诸神。

山上封祀坛与山下祭坛，形制与高宗时略有不同，山上圆台"广五丈，高九尺，土色各依其方。又于圆台上起方坛，广一丈二尺，高九尺，其坛台四面各为一陛……积柴为燎坛于山上圆台之东南，量地之宜，柴高一丈二尺，方一丈，开上，南出户，方六尺"；山下圆坛"三成、十二陛，如圆丘之制。随地之宜，坛上饰以玄，四面依方色，坛外为三壝……又积柴于坛南，燎如山上之仪"。⓬玉册、玉匮、石函，皆如高宗之制，⓭《旧唐书》卷二十三对其有详细记载：山上作圆台，四

❶ 王溥：《唐会要》卷八"郊议"，中华书局，1955年，第105页、107页、108页。
❷ 王溥：《唐会要》卷八"郊议"，中华书局，1955年，第124页。
❸ 司马光：《资治通鉴》卷二百一十二"唐纪二十八"，中华书局，1956年，第6766页。
❹ 王溥：《唐会要》卷八"郊议"，中华书局，1955年，第124页。
❺ 刘昫：《旧唐书·礼仪三》，中华书局，1975年，第898页。
❻ 王溥：《唐会要》卷八"郊议"，中华书局，1955年，第124页、129页。
❼ 刘昫：《旧唐书·礼仪三》，中华书局，1975年，第898页。
❽ 杜佑：《通典》卷一百十九"銮驾上山"条，中华书局，1988年。
❾ 刘昫：《旧唐书·礼仪三》，中华书局，1975年，第899页。
❿ 杜佑：《通典》卷一百十九"荐玉币"条，第3042页。
⓫ 刘昫：《旧唐书·玄宗上》，中华书局，1975年，第188页。
⓬ 杜佑：《通典》卷一百十九"制度"条，中华书局，1988年，第3033页。
⓭ 欧阳修、宋祁：《新唐书·礼乐志》，中华书局，1975年，第352页。

阶，谓之封坛。台上有方石再累，谓之石函，玉牒玉策刻玉填金为字，各盛以玉匮，束以金绳，封以金泥，皇帝以受命宝印之。纳二玉匮于函中，金泥函际以"天下同文"之印封之。

辛卯（十一日），玄宗下山即赴社首山帷宫斋次，"辰巳间至"，"享皇地祇于社首之泰折坛……藏玉策于石礩，如封坛之仪"。[1]社首山祀坛又称为"泰折坛"，"如方丘之制。八角三成。每等高四尺。上阔十六步。设八陛。上等陛广八尺。中等陛广一丈。下等陛广一丈二尺。为三重壝，量地之宜。四面开门"。[2]

壬辰（十二日），玄宗到朝觐之帐殿接受文武百僚诸方等朝贺，"大赦天下，封泰山神为天齐王，礼秩加三公一等仍令所管崇饰祠庙，环山十里，禁其樵采"，[3]赐酺七日……甲午（十四日），发岱岳"。[4]朝觐坛，从《唐会要》卷八玄宗"朝觐群臣"过程中有"北壝门""北陛""西陛"的记载推断，应为方坛，四面设陛，周围至少有壝一道。[5]《新唐书》卷十四《礼乐志第四》对朝觐坛有更为详细的记载："明日乃肆觐，将作于行宫南为壝三分，壝间之二在南，为坛于北，广九丈六尺、高九尺，四出陛，设宫悬坛南，御坐坛上之北。"

十二月己巳（九日），玄宗返回东都洛阳，声势浩大的泰山封禅大典终于宣告结束。返回京城以后，诏张说"撰登封坛颂，刻之泰山"。[6]开元十四年（726年）九月，玄宗亲自撰写《纪泰山铭》，同时令"中书令张说撰封祀坛颂、侍中源乾曜撰社首坛颂、礼部尚书苏颋撰朝觐坛颂以纪德"，[7]为自己的封禅之举画下圆满句号。

唐高宗、唐玄宗封禅，是岱岳泰山封禅史上极为浓烈的一笔，无论是社首山武后亚献还是玄宗出示百僚玉牒，都意味着泰山从天命神授的远古封禅内涵，过渡到为君王施政服务的人本、民本色彩。

[1] 刘昫：《旧唐书·礼仪三》，中华书局，1975年，第900页。
[2] 王溥：《唐会要》卷八"郊议"，中华书局，1955年，第125页。
[3] 刘昫：《旧唐书·礼仪三》，中华书局，1975年，第901页。
[4] 刘昫：《旧唐书·玄宗上》，中华书局，1975年，第189页。
[5] 相关引文有"皇帝服衮服冕乘舆以出，曲直华盖、警跸侍卫入自北壝门，由北陛升坛，即御座……乐作，公至西陛就解剑席"。
[6] 王溥：《唐会要》卷八"郊议"，中华书局，1955年，第119页。
[7] 刘昫：《旧唐书·礼仪三》，中华书局，1975年，第904页。

唐代封禅线路考略

唐代两位帝王泰山上下的一举一动，史载颇详，其从帝京往返泰山的封禅之路却多有不明之处。封禅交通线路一方面可见唐代驿路设置状况，一方面又可管窥封禅往返途中帝王的政治活动，作为泰山封禅的前奏与尾声，实有必要一一考证详释。

（一）高宗封禅线路

1.从东都洛阳到泰山

唐高宗麟德二年（665年）十月丙寅离开东都至东岳泰山的行程路线，在《旧唐书》及《册府元龟》中均有记载。

"丁卯，将封泰山，发自东都。是岁大稔，米斗五钱，粲麦不列市。十一月丙子（八日），次于原武，以少牢祭汉将纪信墓，赠骠骑大将军。庚寅，华州刺史、燕国公于志宁卒。十二月丙午，御齐州大厅。乙卯，命有司祭泰山。丙辰，发灵岩顿。"❶

"十月丁卯（二十九日），发东都赴东岳。十一月己卯（十一日），至荥阳。丁亥（十九日），至卫南，幸司空李绩旧居之宅。戊子（二十日）至濮阳，十二月至齐州，停十日。丙辰发灵岩顿，至于泰岳之下。"❷

"十二月丙午（九日），至齐州，停十日，丙辰（十九日），发灵岩顿，至于太岳之下。庚申（二十三

❶ 刘昫：《旧唐书·本纪第四》，中华书局，1975年，第86~87页。
❷ 王钦若等：《册府元龟·帝王部·巡幸第二》，中华书局，1960年，第1349页。

日），帝御行宫牙帐以朝群臣。"❶

"麟德二年封禅，十一月丁酉至平阴顿，是日降雪，帝赋诗、皇后和"。❷

严耕望在《唐代交通图考》一书中，曾对高宗封禅路线进行了详细分析：

"是高宗东封泰山，取道荥阳、濮阳至齐州，再转南上泰山也。荥阳属郑州，在州西六十里，经郑州，事又见李邕郑州大云寺碑。濮阳属濮州，在州西八十里，事又见唐会要二七行幸目。卫南县属滑州，在州东五十里，旧六七李绩传，居滑州之卫南，麟德东封泰山，次滑州，武后亲自临问其寡姊。又旧一八八孝友传，郓州寿张人张公艺，九代同居。麟德中高宗有事泰山，路过郓州，亲幸其宅。是由濮州东经寿张至郓州也。然萧楚材、薛克构皆有奉和展礼途经濮济诗，是又曾经济州。就地望言，经郓州似不当又北北西经济州；或者帝王出幸，有枉道事欤？是高宗东封，取郑、滑、濮、郓、济至齐州也。"❸

严耕望考证郑、滑、濮、郓、济、齐六州，是唐高宗东巡封禅泰山所经州城，也指出还经过荥阳、濮阳、卫南、寿张四座州下县城。不过考证仍有未能明确之处，且从濮阳到齐州，经郓州又西北经济州，似有枉道之嫌。

其实"奉和展礼途经濮济"一诗中的"濮济"当指濮州、济州地域，而非实指二州城。这可以从《旧唐书》与《册府元龟》关于封禅车驾拜访李绩姐姐一事中看出，前者载"次滑州，其姊早寡，居绩旧闾，皇后亲自临问"，❹后者则称"丁亥（十九日），至卫南，幸司空李绩旧居之宅"，很明显凌烟阁功臣、封禅大使李绩的寡姐居住于旧闾其家之中的，只能是卫南城，而卫南属于滑州，所以称"次滑州"，意指到了滑州地界。

高宗封禅泰山车驾"十一月丙子，次于原武，以少牢祭汉将纪信墓，赠骠骑大将军"，此纪信墓在唐代荥阳城东北约 20 千米、战国至北魏时期的荥阳故城西门外，今在郑州惠济区古荥镇纪公庙村南，距离原武县城（今原阳县西南原武镇）约 27 千米。唐代荥阳、荥阳故城、原武三者在同一交通路线上，则高宗应是在离开荥阳后，经过纪信墓附近的荥阳故城、荥泽县，再前往原武县。

高宗封禅泰山车驾从原武至卫南、从濮阳至寿张的行程，史书无载。严耕望《唐代交通图考》对唐代中原东通海岱的路线考析中指出：从原武、经阳武、酸枣驿（酸枣故城）、金堤驿（近酸枣县）、灵昌县，而

---

❶ 王钦若等：《册府元龟·帝王部·封禅第二》，中华书局，1960 年，392 页。
❷ 王钦若等：《册府元龟·帝王部·文学》，中华书局，1960 年，452 页。
❸ 严耕望：《唐代交通图考》第六卷，上海古籍出版社，2007 年，第 2016 页。
❹ 刘昫：《旧唐书·列传第十七》，中华书局，1975 年，第 2487 页。

后可至滑州州治所在白马县，县有白马驿，规制甚壮，再东行五十五里即卫南县，再东行八十里至濮阳、东行八十里至濮州州治所在鄄城县，再东北行六十里至范县，再东行六十五里至寿张，为当时交通主线，亦应为高宗车驾所经。❶

车驾十一月丁亥（十九日）至卫南，第二日即"戊子（二十日）至濮阳"，一日行程八十里，大概是此次东巡中速度最快的一天。从寿张到郓州四十五里，需跨越济水，经隋仁寿元年所造清水石桥，然后从郓州至齐州，济州境内的平阴、长清是必经之地。封禅车驾抵达平阴的时间是十一月丁酉（二十九日），"是日降雪，帝赋诗、皇后和"，是这一行程难得的细节描述，也是封禅路上唯一显露帝后性情之处。

从郓州至平阴的行程，是否会绕道济州州治所在的卢县城，已很难判断，由于唐代卢县位于济水之北、平阴位于济水之南，经卢县城至平阴城的话，需再过济水两次，确实枉道。

高宗一行从平阴至齐州的一百六十里用了十天时间，十二月丙午（九日）抵达齐州大厅，又停留十日。直至十二月十九日从灵岩顿出发，高宗一行在济州、齐州两地停留了大约二十日，显示出泰山西北麓的山东故地与唐王朝之间千丝万缕的联系。

凌烟阁的数位功臣如上柱国秦琼、太宗朝宰相房玄龄、左骁卫大将军段志玄，以及隋末唐初的山东豪杰如罗士信、杜伏威、辅公祐等皆是济南人，隋唐之际的清河崔氏家族也长期聚居于济南，杜甫所谓"海右名士多"并非虚言。高宗封禅时齐州刺史可能仍是上柱国驸马都尉渝国公刘玄意，南平公主作为唐高宗的姐姐，再嫁刘玄意后来到齐州，高宗封禅车驾在齐州多作停留也属合理、合情。

从平阴到齐州沿线古迹众多，必经的孝堂山孝子祠早在初唐已闻名天下，长清灵岩寺又是海内名刹，还是高宗、武后抵达泰山之前停留的最后一站。此时的灵岩寺虽然尚未如唐中后期那样被列为海内四大丛林之首，但作为法定祖师创立的山东著名寺院，隋代皇室曾为其大功德主。贞观至垂拱年间的住持法师慧绩，声名远播，据李邕灵岩寺颂碑碑文记载，唐高祖武德年间曾建有四坡大殿，唐高宗仪凤年间建有宝塔，表明了初唐时寺院仍兴造不断。齐州之南的群山也是佛教圣地，东魏、北齐至隋皆有石窟造像，神通寺更为高僧郎公所开创，显庆二年（657年）南平公主也曾在寺北的千佛崖为太宗皇帝造像一躯，显庆三年驸马刘玄意也在此造像供养。

❶ 严耕望：《唐代交通图考》第六卷，上海古籍出版社，2007年，第1988~1993页。

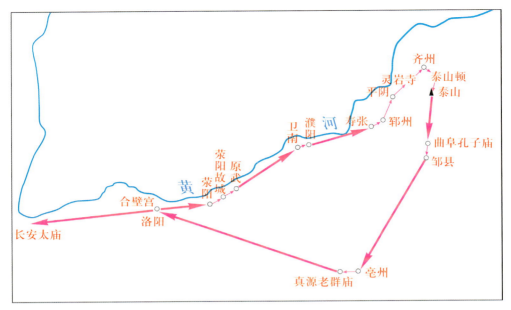

图54　唐高宗封禅线路示意图

高宗麟德二年（665年）十二月十九日晚抵达泰山之下，到乾封元年（666年）元月十九日离开，在泰山整整待了一个月。

2.从泰山返回东都

唐高宗从泰山返回东都洛阳的行程，比去程记载更少，仅有曲阜、邹县、亳州等数处。

乾封元年元月丙戌（十九日），高宗帝后车驾离开泰山，八天后，也即"甲午（二十七日），次曲阜县，幸孔子庙，追赠太师、增修祠宇，以少牢致祭。其褒圣侯德伦子孙，并免赋役"。[1]从泰山到曲阜的八天行程，是不是到过刚刚改为"乾封"的"博城"县，又是否先到曾为古九州之一的兖州，皆不可考，不过从泰山到曲阜仅有一百五十里，当不会一直在路上。需要指出是《新唐书·高宗本纪》称"辛卯（二十四日）幸曲阜，祠孔子，赠太师"，如此则有五天行程，更为合理。

离开曲阜后，高宗去了亚圣孟子故里邹县，"次兖州邹县顿，祭宣父庙赠太师"。[2]"二月己未（二十日），次亳州。幸老君庙，追号曰太上玄元皇帝，创造祠堂；其庙置

[1] 刘昫：《旧唐书·高宗下》，中华书局，1975年，第90页。
[2] 杜佑：《通典·礼十三吉十二》，中华书局，1988年，第1481页。

令、丞各一员。改谷阳县为真源县，县内宗姓特给复一年"。❶老君庙在今鹿邑县太清宫。

从邹县顿到亳州真源县，路线不明。或经徐州，或如玄宗东封返程时，经单县至宋州，从宋州前往老君庙致祭。高宗从亳州幸老君庙到东都洛阳，用时十八日，行程同样不明。

三月丁丑（八日）返回东都洛阳，停留六日后，甲申（十五日）从东都出发，幸西苑合璧宫。❷夏四月甲辰车驾返回长安，谒太庙。❸高宗封禅行程历经六个多月，终于告终。

唐高宗封禅线路图：

东都洛阳→荥阳→荥阳故城→原武→卫南→濮阳→寿张→郓州→平阴→齐州→灵岩寺→泰山顿→泰山→曲阜孔子庙→邹县→亳州→真源老君庙→洛阳→合璧宫→长安太庙

（二）玄宗封禅线路

唐玄宗的封禅之路与高宗相比，行程十分紧凑，开元十三年（725年）十月辛酉（十一日）离开东都洛阳，十二月九日已返回，总计不足两个月，不到高宗封禅的一半。虽然玄宗封禅线路史书记载更加简要，但因时间安排与路程的关系更为紧密，线路相对也容易推测，现略作考析如下。

1.御驾东巡至岱

玄宗东巡车驾从洛阳到泰山，明确的行经之处，唯有嘉会顿、成皋、濮阳、来苏顿四地，且嘉会、来苏二顿很难考证。

玄宗车驾一行，于开元"十三年十月十一日，发东都，赴东岳，十三日，至嘉会顿，上校猎引诸番酋长入仗"。❹虽然嘉会顿不详所在，但此后行经成皋，表明玄宗一行走的是洛阳与郑汴之间的驿路大道。

据《唐会要·馆驿》，"从上都至汴州为大路驿"，严耕望《唐代交通图考》对大路驿沿线行程驿站考证颇

❶ 刘昫：《旧唐书·高宗下》，中华书局，1975年，第90页。
❷ 王钦若等：《册府元龟·巡幸第二》，凤凰出版社，2006年。
❸ 刘昫：《旧唐书·高宗下》，中华书局，1975年，第90页。
❹ 王溥：《唐会要·郊议》，中华书局，1955年，第521页。

详，从洛阳东行六十里至偃师、再东北行七十里至巩县，巩县以东四十里路程至汜水县，即汉成皋县。驿名可考的有洛阳东三十里汉魏洛阳故城中的积润驿（洛阳城东公私迎送之所）、偃师县东的曲洛驿、巩县西南二十里的孝义驿，❶不见有嘉会顿之称。从玄宗可校猎于此，且距洛阳行程约两日，推断其可能位于偃师与巩县之间。

成皋作为唐军擒窦建德、奠定大唐伟业的重要关镇，玄宗行经成皋时作御制诗《行次成皋途经先圣擒建德之所缅思功业感而赋诗》，张九龄和诗《奉和圣制次成皋先圣擒建德之所》"绍成即我后，封岱出天关"之句，以及苏颋和诗《奉和圣制行次成皋途经先圣擒建德之所感而成诗应制》"成皋睹王业，天下致人雍。即此巡于岱，曾孙受命封"等句表明玄宗封禅泰山行经成皋。

十月庚午（十九日）"次濮州，赐河南北五百里内父老帛"，❷似乎表明，玄宗东封行程与高宗一致，从荥阳之后走的不是郑汴道，而是郑滑濮济线，行经荥阳、荥泽、原武、滑州、卫南。

不过，玄宗似乎没有行经郓州至泰山，而是从濮州向北过河，经魏州境，再向东过河从阳谷入济州境，行至长清。在濮州时，玄宗赏赐黄河南北父老，如非经过魏州境内，似无必要赏赐黄河以北百姓，魏州刺史也遣使供应帐幄，济州刺史裴耀卿"为东州知顿最"，最为知晓路驿之事，置"三梁十驿"，❸"西自于阳谷、东尽于长清"。❹

既然行抵长清，玄宗可能也去过齐州，玄宗李隆基曾被封为临淄王，天宝元年（742年）时还把齐州改为"临淄郡"，可见其对齐州的重视。

抵达泰山之前，玄宗行经的最后一处驿顿，名为来苏顿，位于泰山西侧，"先是车驾至岳西来苏顿，有大风从东北来，自午至夕，裂幕折柱，众恐。张说倡言曰：此必是海神来迎也。及至岳下，天地清晏"。❺来苏作为地名，唐时河北有来苏县，四川剑门关附近有来苏镇等，齐州临济县有来苏乡，不过临济位于齐州东北，不可能称为"岳西来苏顿"，且从行程上来苏顿至泰山顿仅约半日，临济来苏太过迂远，不能到达。因而推测来苏是从长清至泰山路上的最后一处驿站。

十一月丙戌（初六日）晚，玄宗抵至泰山岱宗顿，高宗时称为泰山顿，七日内完成了斋戒、登封、降禅等封禅礼仪。

❶ 严耕望：《唐代交通图考·河南淮南区·篇伍肆洛阳郑汴驿道及汴城馆驿》，上海古籍出版社，2007年，第1793–1803页。
❷ 欧阳修、宋祁：《新唐书·高宗下》，中华书局，1975年，第131页。
❸ 欧阳修、宋祁：《新唐书·裴耀卿传》，中华书局，1975年，第4452页。
❹ 董诰、阮元等：《全唐文·卷三百十二唐齐州刺史裴公德政颂》，中华书局，1983年。
❺ 刘昫：《旧唐书·礼仪三》，中华书局，1975年，第899~900页。

2.御驾南旋回洛

十一月甲午(十四日),玄宗车驾发岱岳,"丙申(十六日),幸孔子宅。遣使以太牢祭其墓,给复近墓五户。丁酉(十七日),赐徐、曹、亳、许、仙、豫六州父老帛"。❶

离开曲阜以后的回驾行程,可知的经停之地还有任城、宋州。

任城为今济宁古名,开元二十六年(738年)的任城尉游芳在其所撰《任城县桥亭记》提到了玄宗回驾时,行经任城阳门桥:"十有三年,告成于岱。翠华之往也,则北巡济、河,玉轵之旋也,则南指陈、宋,故行宫御路,次夫任城焉。阳门桥者,跨泗之别流,当鲁之要术。初随时以既济,因大驾而改功"。❷此阳门桥似乎原为跨越泗水主要支流洸水的桥梁,因皇帝行经而改为池桥亭轩之名胜。

离开任城之后,玄宗行经宋州,不仅在封禅十三年后的这则"桥亭记"中提到,《新唐书·卷一百二十七》也明确指出"封禅还次宋州,宴从官,帝欢甚"。正是在宋州,玄宗对封禅行程中怀、魏、济各州刺史的表现进行了评价。大概在宋州驻停之时,按历法应有日食,时间为十二月庚戌,玄宗虽作准备,但并没有发生:"十三年十二月庚戌朔,于历当蚀太半,时东封泰山,还次梁、宋间,皇帝撤膳、不举乐,不盖,素服,日亦不蚀"。❸

另外,陈州、汴州也疑似曾为高宗返回洛阳的行经之地。《任城县桥亭记》中的"南指陈、宋"表明玄宗车驾应行经陈州,但据《旧唐书·列传第一百四十》记载,李邕任陈州刺史时,曾前往汴州谒见东封返回的玄宗一行:"十三年,玄宗车驾东封回,邕于汴州谒见,累献词赋,甚称上旨"。❹

李邕在汴州的谒见是其人生中的一件大事,史书记载当不会错。如若玄宗行经陈州,李邕实无必要跑至陈州以北三百一十里(现约135千米)的汴州谒见玄宗,只需在陈州静候接驾即可,或者去宋州也更近些,是否因玄宗临时更改主意,已无法考证。

汴州在隋唐时已为东方一大都市,地位显赫,隋文帝祠祭泰山,回程也经过汴州,事见《隋书·令狐熙传》"上祠太山还,次汴州,恶其殷盛,多有奸侠,于是以熙为汴州刺史。下车,禁游食,抑工商,民有向街开门者杜之,船客停于郭外星居者勒为聚落,侨人逐令归本"。❺玄宗返程行经汴州,还有一个旁证,明代李濂所撰《汴京遗迹志》卷十"开宝寺"一条,提到创建于

❶ 欧阳修、宋祁:《新唐书·本纪第五》,中华书局,1975年,第132页。
❷ 董诰、阮元等:《全唐文·卷三百六十四"任城县桥亭记"》,中华书局,1983年。
❸ 欧阳修、宋祁:《新唐书·历三下》,中华书局,1975年,第626页。
❹ 刘昫:《旧唐书·文苑中》,中华书局,1975年,第5041页。
❺ 魏征、令狐德棻:《隋书》,中华书局,1973年,第1386页。

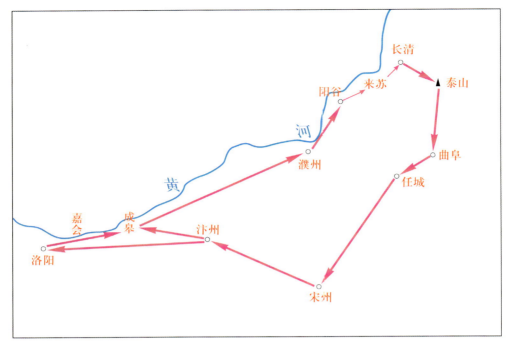

图 55　唐玄宗封禅线路示意图

北齐天保十年的开宝寺"唐开元十七年玄宗东封还至寺，改曰封禅寺"，❶此书引用了大量宋代原始文献，此说当不会是空传。

　　从兖州到宋州，据严耕望考证，"蔡、陈东北经宋至齐为古代交通之一干线，以唐道拟之……至陈州……又东北经柘城县（今县）二百二十五里或二百八十里至宋州（今商丘）。又东北经虞城（今县西南三里）、单父（今单县南半里）、金乡（今县）、任城（今济宁）四县，凡四百一十七里至兖州（今滋阳西二十五里）"。❷

　　不过玄宗在曲阜或兖州时，曾诏令赏赐徐、曹、亳、许、仙、豫六州父老，似乎表明玄宗返回洛阳的路线，当是由陈州向西经豫州的郾城、许州的襄城、过仙州地界，再向北经汝州回洛阳，这条线路，属于严耕望《唐代交通图考》考证过的洛阳郑汴南通汉东、淮上诸道的一条。宋兖间道路为四百一十七里，玄宗一行历时十二天，每天约三十五里，行程稳定而安逸；但如从宋州经陈州的上述路线回洛阳，总行程八百余里，❸九天

❶ 李濂：《汴京遗迹志》卷十，清文渊阁四库全书本。
❷ 严耕望：《唐代交通图考》第六卷，上海古籍出版社，2007年，第1875～1876页。
❸ 根据《通典》《元和郡县志》，陈州东北至宋州有两百八十里、两百二十五里两说，陈州至郾城约一百五十至一百七十里，郾城西北至襄城一百一十里，襄城西北至汝州一百四十里，汝州至洛阳为一百七十里或一百五十里，最后计得宋州至洛阳间距离为七百七十五至八百七十里。

时间返回东都，每天行程九十里左右，对于御驾而言有些太过急促。如此看来，唐玄宗一行选择宋兖道路更具可能性。

亳州境内的真源县老君庙，作为李唐皇室家庙、高宗东巡时临幸之所，地位尊崇，赏赐当属常理；曹、徐二州距离兖、宋二州甚近，或许是封禅庞大车驾队伍的供应州之一。其他仙、汝、豫几州或者也是车驾供应州，或者曾是预定的返回行经州县，虽临时变动，但地方百姓想必已经有所准备，赏赐可稍作弥补。

根据以上线索可知，玄宗返回东都洛阳当行经曲阜、兖州、任城（今济宁），或经金乡、单县、虞城，然后经宋州（今商丘）至汴州，由汴州经郑州返回洛阳，是唐代洛郑汴的驿路大道，其所经偃师、巩县、汜水、荥阳、郑州、中牟六县市，古今皆然，且严耕望已一一考证其间所经驿站，不再赘述。

唐玄宗泰山封禅线路：

东都洛阳→嘉会顿→成皋→濮州→阳谷→长清→来苏顿→岱宗顿→泰山→曲阜孔子宅→任城→宋州→汴州→洛阳

封禅遗存 泰山唐代

三

（一）高宗泰山封禅之地

　　高宗、武后泰山上下的封禅活动，持续了整一个月，但诸处封禅地点，文献记载大多语焉不详，相关遗迹又几无留存，现据历史文献及周郢关于武则天颂碑的考证，温兆金《泰山无字碑揭秘》、❶邸志刚《〈唐高宗摩崖登封纪号文碑〉与〈唐高宗小字登封纪号文碑〉考》等文，对封禅诸坛及坛颂碑再作详考。

　　封祀坛在山下，登封坛在山巅介丘，降禅坛在社首山上。高宗乾封二年议定的嵩山封禅仪注，朝觐坛设于行宫之前，❷玄宗泰山封禅朝觐坛❸也在行宫南，据此推断，高宗泰山朝觐坛大概也设在行宫处。

　　由前文可知，封禅前，高宗、武后一行驻停之行宫，是由帐殿组成的临时住所，所谓"帝御行宫牙帐以朝群臣"。登封之前，先乘车驾由行宫至泰山顿，然后高宗亲祀昊天上帝于封祀坛，则行宫与封祀坛之间有一定距离，封祀坛在泰山驿顿附近。封祀坛在山南四里，❹则泰山顿、行宫及朝觐坛均应位于山麓之南，与登山起始处有一定距离。

　　1.登封坛及碑

　　乾封元年（666年）元月五日，高宗"诏立登封、降禅、朝觐之碑，名封祀坛曰舞鹤台，登封坛曰万岁

❶ 温兆金：《泰山无字碑揭秘》，《大众日报》，2015年3月25日，第11版。
❷ 刘昫：《旧唐书·礼仪三》，中华书局，1975年，第889页。
❸ 欧阳修、宋祁：《新唐书·礼乐志》，中华书局，1975年，第354页。
❹ 欧阳修、宋祁：《新唐书·礼乐志》，中华书局，1975年，第350页。

台，降禅台曰景云台，以纪瑞焉。❶此数碑大概于当年二月已完成，至少山顶登封之碑如此，事见北宋赵明诚《金石录》卷四——"唐登封纪号文一：高宗撰并行书，飞白书额。乾封元年二月"。❷另据《金石录》卷二十四可知，登封之碑山上、山下各有一处，山上大字，山下小字，北宋末年尚可见——"《唐登封纪号文》，凡两碑，皆高宗自撰并书。其一大字摩崖刻于山顶（岱顶）；其一字差小，立于山下，然世颇罕传。政和初，予亲至泰山，得此二碑入录焉。"南宋《宋朝事实》也记载了大观峰摩崖石壁有唐高宗、玄宗碑之事："王钦若言唐高宗、玄宗二碑之东石壁南丘平峭，欲即崖成碑以勒圣制。"❸

唐代与宋代封禅之登封坛，当在泰山之巅玉皇顶东南至古称介丘的泰山日观峰西，此段山体整体较为平整。明万历年间查志隆编撰的《岱史》卷八《遗迹纪》"登封台"条中称在日观峰有宋代筑丈许方形石函，题刻古登封坛，❹清乾隆年间聂鈫著《泰山道里记》载"日观西为登封坛，盖唐时筑也"。❺日观峰西侧的平顶峰处平坦开阔，其西南下即唐、宋摩崖处，可能确是拥有一道外墙、四出陛，"上径五丈"约15米边长的唐高宗登封坛选址所在，日观峰处是瘗埋石函处。至于高宗登封坛的具体位置，已难考证，摩崖上的《唐登封纪号文》刻于何处，也难定论。

清中期著名金石学家孙星衍《泰山石刻记》引据《岱贴录》载有大观峰五处与封禅相关的唐代摩崖碑刻：❻

"朝觐碑"，"《岱贴录》云峰下，唐乾封元年诏立登封、降禅、朝觐之碑，李安期受诏为文磨崖于此，铲毁。"

"武则天颂"，"《岱贴录》在朝觐碑东，今漫灭。"

"纪泰山铭"，"大唐开元十四年（726年）岁在景寅九月乙亥朔十二景戌建。《岱贴录》元宗御制书，字径五寸，在岱顶大观峰，人谓之磨崖碑，惜其下三尺许自前明为拓碑者冬月篝火，遂不全。叶彬补书二百八字。唐碑在于泰山者惟此与鸳鸯碑耳。"

"封东岳朝觐颂并序"，"《岱贴录》苏颋撰，梁升卿八分书，为时绝笔，在元宗勒铭右，不知何人以古符篆铲盖之，后乾封朝觐碑行书亦损于林焊忠孝廉节四大字，时遂以朝封碑为梁书苏颂矣。今以残拓正之。"

❶ 欧阳修、宋祁：《新唐书·礼乐志》，中华书局，1975年，第351页。
❷ 赵明诚：《金石录》卷四"目录四"，齐鲁书社，2009年，第28页。
❸ 李攸：《宋朝事实》卷十一，清武英殿聚珍版丛书本抄本。
❹ 马铭初、严澄：《岱史校注》，青岛海洋大学出版社，1992年，第108页。
❺ 聂鈫：《泰山道里记》，成文出版社，1968年，第90页。
❻ 邓实、缪荃孙：《泰山石刻记》，《古学汇刊》第二集，上海国粹学报社印行，1912年。

图56　日观峰及现今峰顶气象台

　　"封祀坛颂"，"《岱贴录》开元十四年张说撰，勒元宗铭西，漫灭。"

　　其中仅朝觐碑和武则天颂碑两处碑刻与高宗封禅相关，其他三处为唐玄宗封禅之碑，并无碑刻名为"登封纪号文碑"，而赵明诚《金石录》言之凿凿，登封纪号文碑是摩崖碑刻，乾封朝觐碑为中书舍人李安期受诏撰文，❶只有"武则天颂"可能是高宗亲撰的登封纪号文碑。或许"武则天颂"是登封纪号文碑之俗称，毕竟任何封禅之"颂"不会冠以帝王姓名。据周郢对红门之东的白骡冢碑的研究推断，"登封纪号文碑"改称"武则天颂"，或许是因为武则天称帝后，为了体现自身帝位的天命神授，对碑刻内容进行了修改。

　　"武则天颂"的内容在早期文献记载中可略见端倪。北宋赵鼎臣《游山录》有"稍降至山侧则唐显庆、开元、本朝大中祥符磨崖所刻碑在焉"❷的记载，"显庆""开元""大中祥符"并称，当是指唐宋三位帝王撰书的御碑，或许是因后改"武则天颂"叙述了显庆年间开始封禅礼仪商定之事，故以"显庆"称之，而不会是朝觐碑的乾封年号之误。由金末元初郝经《太平顶读秦碑》诗中"左列则天颂，右刻张

❶ 刘昫：《旧唐书·列传第二十二》，中华书局，1975年，第2577页。
❷ 赵鼎臣：《竹隐畸士集》卷二十"游山录"，清文渊阁四库全书本。

说辞"❶一句，可知此"则天颂"摩崖至少保存至元代。至明代，由于后人题记铲盖，唐代摩崖碑刻已仅余乾封朝觐碑摩崖、纪泰山铭碑摩崖。

乾封朝觐碑摩崖位于康熙所题"云峰"下，约明嘉靖初年❷泰安州牧林焞"以忠孝廉节四大字铲于其上，颂文毁去其十三四"，后乾隆御制诗刻于此，尽毁。嘉靖三十八年王世贞虽称其"字形颇秀媚尚可辨"，❸但与明代至清前期多数文人学者一样将朝觐碑误以为开元年间苏颋撰的"封东岳朝觐颂"，❹常称其为"苏许"手笔——苏颋袭封许国公。至清乾隆末年唐仲冕《岱览》才根据拓片予以更正，唐登封降禅朝觐颂碑，"乾封元年李安期撰，行书，在今云峰上"，"犹存'波扰五岳，尘飞深入，反陷重围，动想神京。结阵则浮云未，巢王元吉委镇策而地置州县，兼神初基，未遑西略，恳构两开玉帐，杨魏窃弄神玺，规亨笼霄之碧，建德旌累捷而致双擒。眇六年间，未方劳誓，牧冠九天，志清八表，英威迅其尝舍于弊俗，于龙英玉帛樽'百字"，"拓本存聂钎"。❺孙星衍《泰山石刻记》也采纳了这一说法。刘声木撰《续补寰宇访碑录》卷十一"封禅朝觐坛颂"条称"个本凡廿一行存字约五百有余，皆在"廉"字字旁及字中，尚是未刻御制诗时所拓"，表明民国时尚有更全的拓本，惜今均不存。颂文中提到"巢王元吉"，魏王李泰——"杨魏窃弄神玺"，表明其确是高宗时颂文。

乾封朝觐碑、纪泰山铭两处摩崖位置明确，从唐宋摩崖现状来看，其他较为平整、可堪勒刻大段碑铭的最多只有三处，可大概判断包括"武则天颂"在内的其他三处唐代封禅题刻的位置。一是"纪泰山铭"右侧的"弥高"石刻上方处，隐约有古符篆留存，或为玄宗封禅时所刻之苏颋撰《封东岳朝觐颂》处；二是"置身霄汉"处是张说撰"封祀坛颂"的位置；三是"置身霄汉"与"云峰"题刻之间的石壁，此处除中间一道斜向裂缝外，整体也十分平整，且上部题刻下錾颇深，或是铲盖早期题刻的痕迹，位于朝觐碑东的"武则天颂"当在此处，因崖壁裂蚀较为严重，故而漫灭较早。如此，不仅符合郝经"左列则天颂，右刻张说辞"的诗文，且三则开元封禅颂文位置相近，也符合常理。

大观峰摩崖题刻从右向左依次为唐玄宗"纪泰山

❶ 郝经：《陵川集》卷十二"歌诗"，三晋出版社，2006年，第397页。
❷ 据成书于明嘉靖十二年的《山东通志》卷二十二，"其一唐乾间刻登封文字，径寸余类晋书，近闻人有以'忠孝廉节'四大书，覆刻于上，镌毁殆尽，观者惜之"。
❸ 查志隆：《岱史》卷十八"游泰山记（王世贞）"，《泰山文献集成》，泰山出版社，2005年版，第238页。
❹《岱史》卷十八《登览志》中各家游记、明末龚崇祯壬午成书之《六岳登临志》、顾炎武《金石文字记》，皆称在唐玄宗纪泰山铭右有苏颋撰"东封朝觐颂"。
❺ 唐仲冕：《岱览点校》卷九"唐登封降禅朝觐颂碑"，泰山学院编印，2004年，第240页。

铭"，"弥高"题字（疑原为苏颋"封东岳朝觐颂"处），"置身霄汉"题字（疑原为张说"封祀坛颂"处），疑"武则天颂"处，康熙"云峰"题字（李安期"乾封朝觐碑"）。

再看北宋赵明诚《金石录》所载高宗所立山下之唐登封纪号文碑，此碑据周郢及邸志刚研究，即红门以东的白骡冢碑。

白骡冢碑是一高二丈、宽六尺、厚二尺的高大石碑，清乾隆年间聂鈫《泰山道里记》称其为唐垂拱残碑："红门东有丰碑断踣，趺下磨灭无字，惟碑额棱上有'垂拱元年□月廿五造二年五月'十二字，碑侧犹存宋人题识'当日东封安在哉？茫茫今古泯尘埃'字句可读。翻转审视，底面有行书，字影差小，隐隐莫辨。"清道光《泰安县志》卷十一《金石补遗》载"补垂拱元年碑"条，称其文曰："垂拱元年□月廿五□造二年五月立……御建此□于任城□司隶□□泰山（右字四行似属前碑正文，故补之）。"

民国二十一年（1932年），赵新儒《泰山小史注》论云："俗传白骡冢在红门东。过东溪，山峪中有碑甚伟，仆地上，正面覆地。志书金石皆不载其文。其地虽在山麓，游人罕至。余尝掘土伏地窥之，仅辨数字，疑为唐物，拟起石立之。果为唐碑者，又为泰山生色矣。然碑伟甚，非数十人不办也。壬申夏，雇人起石，用数十人、费数日之力。石已漫漶不可读，尚有题名，字体似李北海。可识者：'庆同□政和壬辰三月侍行巡□□□□□顶□□□□□□□□□□□□登封纪□文□□京东转运使□□□□□'，又棱上有'垂拱元年'四字可识。四字下似'二十五日'，已不可辨……疑即唐高宗登封纪号文碑也。此碑自来志泰山者，皆以石仆无考，今起石破此疑案，亦考求古刻者一大快事也。"❶

从宋人"当日东封安在哉"之句，表明宋代时人们所见此碑与乾封东封泰山有关，"垂拱元年"题于碑额

❶ 萧协中：《新刻泰山小史》新儒校勘本，民国二十一年，泰山赵氏藏版抄本。

图 57　大观峰摩崖题刻全貌

棱上，可知其非碑正文内容，当也非碑首次竖立时间，而"登封纪□文"之句，几乎可证此碑即唐高宗登封纪号文碑，也即赵明诚《金石录》中位于山下的唐小字登封纪号文碑。武则天垂拱元年（685年），对其进行了更动改造或补刻，以纪念乾封元年自己与高宗共同封禅泰山之举，而非武则天垂拱元年间新竖的个人颂德之碑，大概在宋政和三年（1113年）时，此碑虽已遭破坏，所留字迹，仍可提示其与高宗登封泰山的关系，宋代旅人们的兴亡感慨也就有所来源。

　　当然上述推论也并非完全无懈可击。比如，高宗乾封朝觐碑如此重要显眼，为

什么亲临泰山的赵明诚在《金石录》中
不提，是否其即是唐登封纪号文碑，
毕竟嘉靖《山东通志》也称其为"唐乾
封间刻登封文字"。而北宋赵鼎臣《游
山录》提到的"显庆"年间碑刻，元代
郝经所称"武则天颂"，均不提乾封年
号，是否因武则天垂拱年间更改登封
碑，难以落款，乾封年号也不适合留存
予以铲除，人们只好从颂文中强调武则
天显庆年间参与泰山封禅礼仪的商定之
事而称其为显庆碑刻，均待再考。

图58　无字碑——唐高宗登封纪号碑

　　泰山之巅的高宗乾封封禅遗迹，
除乾封朝觐碑、登封纪号文（武则天
颂）碑外，据温兆金研究，现泰山最高
峰玉皇顶上玉皇庙南门外崖下的无字
碑是赵明诚《金石录》中的唐高宗登封
纪号碑，理由有三。

　　一是碑在泰山顶，碑侧有字，与《金石录》卷四"唐登封纪号碑侧，正书，在泰
山顶"的记载相符。二是碑西南9米处，于2009年发现一唐代石刻，记录了总章元年
（668年）至二年的一次竖碑之事——"承试郎行兖州金乡县令萧文□□□□监作，何
□巧人徐□□曲赵思□系□□顾□□□□□，总章元年九月三日起作，至二年二月
十四日碑成，监讫。"工程浩大，历时半年多，与此碑之丰伟碑身相符，且又动用了
兖州各县官员工匠，当是官方工程。三是唐代总章元年也就是乾封元年（666年）封禅
两年后，"夏四月丙辰，有彗星见于毕、昂之间。乙丑，上避正殿、减膳，诏内外群
官各上封事，极言过失"，[1]唐高宗对自己的封禅过失
进行检讨，认为自己没有如汉代一样立无字纪号石，[2]
因而于总章元年下令在古登封坛处重新竖立一纪号碑。

　　高宗重竖纪号碑尺度与汉代相差不多，只更高大
些，由于皇帝所撰登封之文已勒刻摩崖，高宗可能再

[1] 刘煦：《旧唐书·高宗下》，中华书局，
1975年，第91~92页。
[2] 从马第伯《封禅仪记》"一纪号石，
高丈二尺，广三尺，厚尺二寸，名曰立
石。一枚，刻文字，纪功德"的记载及
前后文来看，几类"治石"均先描述尺
寸，再述其"枚数"，此东汉光武时"纪
号石"当也是要刻文纪功的。

无精力撰写新的登封纪号之文，采用旧文与制不合，故而无字，只碑侧略留碑名而已。

另外，大观峰唐宋摩崖下方的桃花洞，也与乾封元年封禅相关，洞口东向有"乾封元年二月""奉敕投龙璧"题名，落款有"宫府寺丞、检校造封禅行宫门整备大使等官"，或许在封禅之后，泰山上举行了道教投龙瘗璧仪式，以祭山川。

2.山下诸坛庙及碑

高宗乾封降禅祭地，或未曾如朝觐碑、登封碑那样在泰山顶上也刻一大字碑，社首山之坛及碑，皆未见宋以后文献记录，不知是否在唐玄宗、宋徽宗毁武则天相关遗迹时毁去，毕竟禅地之事由武氏主导，由武则天颂碑和白骡冢碑皆毁可知此碑至少在北宋末年已不存。最大的可能是唐玄宗禅地时，将此碑坛毁去，否则赵明诚《金石录》不会没有记载。据后世出土唐玄宗、宋真宗玉册地点可知，其封禅之坛埋玉处皆在社首山之西的蒿里山上原文峰塔处，而非社首山，大概是因为高宗封禅之社首山坛庙有武则天参与的缘故，玄宗祭地选择了蒿里山，宋真宗继之。

山下高宗所立诸坛，后世仅封祀坛有遗迹可考，明汪子卿撰《泰山志》、明查志隆《岱史》、清《泰安州志》、民国《泰安县志》等地方志文献多称之为舞鹤台，"今皆颓莽，而碑亦湮没"，[1]"故址犹存，碑久废"，其东为宋真宗封祀坛。[2]据《岱史校注》第八卷《遗迹纪》鹤舞台注："民国间，坛仍存，当地居民呼曰'南骨堆'，亦称'焦赞台'。1942年日本侵略军在施家结庄河北修建飞机场，将坛铲平，现为迎春中学南门附近，遗迹全无。"[3]

高宗封祀坛（舞鹤台），距离今泰山岱宗坊处五里许，与《旧唐书》山南四里的记载相差不大。另外此坛在明嘉靖《山东通志》中被认为是封禅朝觐坛，"在泰安州南二里，上有金字碑，宋大中祥符间御书马第伯封禅仪记"。[4]高宗命名封祀坛"舞鹤台"，有称与汉章帝元和元年幸泰山柴告岱宗有关——"按旧志汉章帝元和元年二月辛未幸泰山柴告岱宗有黄鹄三十从西南经祠坛，舞鹤之名盖取诸此"。[5]

山下除封祀坛、社首山、朝觐坛及行宫外，未有高宗祭祀岱庙的记载。但岱岳观作为武则天参与泰山

---

[1] 清康熙《泰安州志》卷一"舞鹤台"条：唐高宗筑，按《唐书》高宗封祀坛于泰山南四里如圆丘，又诏立登封、降禅、朝觐之碑，名封祀坛曰舞鹤台、登封坛曰万岁台、降禅坛曰景云台，今皆颓莽而碑亦湮没，唯张说封禅颂，在唐文粹及州志犹可考见。

[2] 葛延瑛、孟昭章：《重修泰安县志》卷三"舞鹤台"条，民国十八年泰安县志局铅印本，第301、302页。

[3] 马铭初、严澄非：《岱史校注》，青岛海洋大学出版社，1992年，第115页。

[4] 袁宗儒、陆钺：《（嘉靖）山东通志》卷二十二"封禅朝觐坛"条，明嘉靖刻本抄本。

[5] 岳濬、杜诏：《（雍正）山东通志》卷九"舞鹤台"条，清文渊阁四库全书本抄本。

封禅进行造势的重要场所，又被称为岱庙中庙，现称老君堂，有双束碑见证了唐高宗、武则天显庆、天授年间敕使行道投龙的历史，也可算是高宗封禅的相关名胜：

"老君堂，古岱岳观之一隅也。唐为老氏筑宫，武后赐额曰'白鹤'。自高宗以下六帝一后修斋建醮，皆于此观，有双碑以盖跌合而束之，俗呼'鸳鸯碑'。其字四面，每面作四五层，书法不一。唐碑有于泰山者，唯此与玄宗《纪泰山铭》耳。顾炎武采入《金石文字》。迤南（田奕）基敞豁，皆岱岳观故地。按《水经注》曰：'古帝升封设舍，所跨处有石窍存焉。'在故观南趾。《从征记》曰：'中庙去下庙五里，屋宇又崇丽于下庙。庙东、西夹涧。'《岱史》载：'向尚存古松柏十余株，有赵子昂题刻'汉柏'二字。'今与树俱亡。是岱岳观在元以前为东岳中庙矣。"❶

（二）玄宗泰山封禅之地

唐开元十三年（725年）十一月丙戌（初六日）晚，玄宗抵至泰山岱宗顿，在泰山上下待了七日，与封禅相关的地点主要有岱宗顿驿站、行宫，以及登封坛、封祀坛、社首山泰折坛、朝觐坛等各坛与相应的颂碑。

驿站、行宫，只能大概推断其位置。从《旧唐书》"丙戌至泰山，去山趾五里，西去社首山三里，丁亥玄宗服衮冕于行宫，致斋于供帐前殿"的记载，推断行宫和驿站相去不远，均位于山脚南五里、社首山东三里处，且行宫是幄宫帐殿。另外在社首山，玄宗也设有帷宫。社首山东三里大概在今岱庙遥参亭至泰安南关大街一线，再向北很难称之为东，如唐代山脚在一天门一带，则行宫约在今南关大街北端与财源大街交叉口附近，如山脚为岱宗坊一带，则行宫在南关大街与南湖大街交叉口附近。

山下各坛位置，未见有宋金元明时文献提及，仅清《岱览》称"山川坛东南，为唐封祀坛故址，即唐乾封元年封泰山为圜坛于山南四里，号封祀坛，旋名舞鹤台。开元时亦坛于此。坛北旧有白骡冢"。❷民国《泰安县志》卷十三也称张说撰"封祀坛颂"，"在城南四里舞鹤台，今佚"。❸玄宗封祀坛与高宗封祀坛形制相近，位于同一处地点，可为一说。

白骡冢是与玄宗封禅相关的一处名胜，明嘉靖《山东通志》称其在封禅坛北一里，唐玄宗封禅时乘益州进献一白骡，便于登降，"礼毕方下山坳休息，有司

❶ 聂钦：《泰山道里记》，成文出版社，1968年，第54页。
❷ 唐仲冕：《岱览点校》卷十三"岱阳下"，泰山学院编印，2004年，第362页。
❸ 葛延瑛、孟昭章：《重修泰安县志》卷十三"金石二"，凤凰出版社，2004年，第644~646页。

言骠无疾而薨，上叹异之，谥曰白骠将军，令有司具楬椟垒石为冢"，[1]如若此冢确实是位于山坳位置的今红门以东的白骠冢碑处，则封祀坛大概距山脚不远，位于老君堂以西的环山路一线。

根据民国时出土之玄宗封禅玉册，可知玄宗埋玉之处位于蒿里山顶之文峰塔处，其社首山降禅坛当与之有一定距离，或即在社首山与蒿里山之间的平敞处。朝觐坛从文献可知位于行宫之前，大概也早已与行宫一样，在宋金时期奉符县城与泰安州城的建设中毁弃。

山上玄宗封禅之坛，应当也在日观峰西侧至平顶峰一带。封禅之摩崖碑刻，计有纪泰山铭碑、封东岳朝觐颂并序碑、封祀坛颂碑，三碑从东向西依次排列，其位置判断见上文。苏颋撰"朝觐颂"大概位于今"弥高"处，张说撰"封祀坛颂"位于今"置身霄汉"处，二者并列，可称"燕许手笔"。

（三）泰山唐代封禅遗存

1.神通寺、灵岩寺

神通寺，位于泰山北麓的玉符水支脉山谷，据北魏郦道元《水经注》卷八《济水二》、南朝梁释慧皎《高僧传》等载，可知其由僧人郎公创建于十六国时期，是山东地区开创年代最早的一处佛教寺院。"于金舆谷昆仑山中别立精舍，犹是泰山西北之一岩也"。[2]朗公与秦主苻坚、北魏太武帝拓跋焘、南燕慕容德等当时帝王皆有往来，并一度被慕容德封为东齐王，给以奉高、山茌两县租税。

灵岩寺，位于泰山北麓的方山（清代又称玉符山）之阳，据唐李邕《灵岩寺碑颂并序》、北宋张公亮《齐州景德灵岩寺记》载，其由法定禅师创建于北魏孝明帝正光元年（520年），山林蔚秀、涧泉潺湲，有"双鹤泉""白鹤泉""卓锡泉""甘露泉"等名泉。灵岩寺"行徒清肃、瑞迹屡陈"，北魏神通寺僧意起墓塔于灵岩寺侧，北齐法侃前往学法。

灵岩寺与神通寺（朗公寺）作为南北朝时期的山东重要寺院，隋至唐初与皇室关系密切，隋文帝东巡和唐高宗封禅，皆曾驻足盘桓。造于大业七年（611年）的神通寺四门塔及千佛崖的唐高宗显庆三年、六年开凿的二窟造像，灵岩寺鲁班洞

[1] 袁宗儒、陆钲：《（嘉靖）山东通志》卷二十二"白骠冢"条，明嘉靖刻本。
[2] 释慧皎：《高僧传》卷五，中华书局，1992年，第190页。

遗址、般舟殿基址、铁袈裟是这一历史的直接见证。

隋文帝巡狩泰山时，到过玉符山。"隋开皇十五年春正月壬戌，车驾次齐州，亲问疾苦。丙寅，旅王符山（应为玉符山）。庚午，上以岁旱，祠太山，以谢愆咎。大赦天下……三月己未，至自东巡狩。望祭五岳海渎。"[1]不论此玉符山是在神通寺旁，还是灵岩寺北，隋文帝一行当皆曾至此二寺。据《续高僧传》卷二十五《法安传》，隋炀帝为晋王时曾随文帝驾幸泰山，并至神通寺，手书寺壁为之弘护。[2]隋炀帝《诣方山灵岩寺诗》"梵宫既隐隐，灵岫亦沉沉。平郊送晚日，高峰落远阴。回旛飞曙岭，疏钟响昼林。蝉鸣秋气近，泉吐石溪深。抗迹禅枝地，发念菩提心。"也表明当时文帝一行游历过灵岩寺。另据《高僧传》卷十八《昙迁传》，在"（开皇）十四年，柴燎岱岳"时曾"敕河南王（炀帝长子昭）为泰岳神通道场檀越，即旧朗公寺也；齐王（炀帝次子暕）为神宝寺檀越，旧静默寺也；华阳王（皇孙楷）为宝山檀越，旧灵岩寺也。"泰山北麓的三座寺院大功德主均为隋代皇室，奠定了它们在唐代初年的兴盛基础，也是高宗帝后二人在此停驻的原因。

神通寺四门塔 位于神通寺遗址东南部、青龙山南麓的台地上，为单层亭阁式方形石塔，四面各开一门，通高约15米，面阔7.4米，塔身外壁高6.6米，墙厚0.77米。塔身外壁石面刻有浅席纹，原抹有石灰，现大部脱落。门居正中为券顶，上部为半圆形门楣，门洞高1.94米，宽1.44米。塔檐石板叠涩挑出5层，檐上用23层石板向上内收叠涩，形成四角攒尖的方锥形塔顶，轮廓优美。塔顶上置塔刹，有露盘、山华蕉叶、相轮、宝珠等。塔心室内，围绕塔心柱四面筑方形平台，各置圆雕石佛一尊，螺髻、结跏趺坐、衣纹简疏、面相端庄。佛像高132.5厘米至151.5厘米不等。塔心柱上部与塔身内壁顶部各挑出两层，上承16根三角形石梁，石梁上铺石拱板，形成"人"字形坡顶，支撑塔顶。塔内原有东魏武定二年（544年）杨显叔造像记，现不存，1972年维修时在塔顶部石拱板反面发现"大业七年造"题记，塔心柱内发现舍利函。[3]四门塔作为中国建造年代最早、最大的亭阁式石塔，在佛教史、艺术史、建筑史上意义重大，1961年被列入第一批全国重点文物保护单位。

神通寺千佛崖造像 位于白虎山东麓，东面正对龙虎塔，南北长约65米，断崖上开凿有大小造像220余躯，基本为初唐造像，其中有纪年的题字年代有武

❶ 魏征、令狐德棻：《隋书·帝纪第二》，中华书局，1973年，第39–40页。
❷ 释道宣：《续高僧传》卷二十五，大正新修大藏经版抄本。
❸ 郑岩、刘善沂：《山东佛教史迹——神通寺、龙虎塔与小龙塔》，财团法人法鼓山文教基金会，2006年，第17–21页。

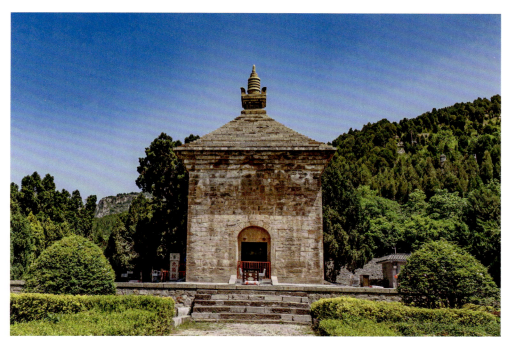

图59　四门塔

德、贞观十八年（644年）、显庆二年（657年）、显庆三年、永淳二年（683年）、文明元年（684年），其中最南侧的1号龛"显庆二年南平长公主为太宗文皇帝敬造像一躯"，中间的27号龛左上部"大唐显庆三年九月十五日齐州刺史上柱国驸马都尉渝国公刘玄意敬造像供养"，北端50号龛两尊大像之间近南尊之"大唐显庆三年行青州刺史清信佛弟子赵王福为太宗文皇帝敬造弥陀像一躯愿四夷顺命家国安宁法界众生普登佛道"，均与皇室相关。❶南平长公主造像，结跏趺坐于须弥座莲台之上，螺髻，头光有莲瓣及火焰纹。驸马刘玄意造像，中间为火焰尖券龛，两侧龛柱为束莲柱，柱北侧为力士像，西侧有狮子，主尊善跏趺坐，脚踩莲台，身着钩纽袈裟，螺髻，头光也有莲瓣及火焰纹。赵王李福造像，南北两尊均结跏趺坐，身着钩纽袈裟，螺髻，头光仅有莲瓣。

灵岩寺鲁班洞遗址　位于大雄宝殿西侧一深约7米的沟壑内，1995～1996年发掘清理。下部为石砌方形台基，东西约14米，南北约14米，高约6米。中间为南北向拱券门洞，洞高约4.3米，宽约2.9米，门洞北端有一平台，平台颇类石室。

---

❶ 造像题记参考郑岩、刘善沂：《山东佛教史迹——神通寺、龙虎塔与小龙虎塔》"神通寺史迹综述"一节，第27~30页。

图 60　千佛崖及刘玄意造像

北端有北齐至隋时风格石狮两尊把门的龛门，上方为叠涩藻井，左右为门洞，可登台基之上，洞室壁上有唐景云二年（711年）、开元十四年（726年）、开元廿年、开元二十一年等唐宋题记。此石台基南接一长3.4米的砖石台基，台基西侧基座近石台基处为唐天宝元年李邕撰并书《灵岩寺碑颂》。台基之上有两组八个莲花柱础及残柱，应是面阔三间的建筑，台基向北过一弧形石板即为平地，桥面浮雕莲花四瓣，十分精美。此遗址据曹汛判断，当为开山祖师的墓室享堂。

　　灵岩寺般舟殿基址　位于千佛殿之北的山坳处，由唐、宋两个时期的殿基构成，东西长约21米，南北宽约17米。下层唐代殿基为石砌须弥座台基，下部须弥座三层叠涩，束腰用隔身板柱，南侧残高约0.9米，有左、右台阶。宋代殿基位于唐代殿基之上，前部月台已清理至地面高，殿基上残存柱础、石柱及佛台基址，为面阔五间、进深三间，带前檐廊的大型殿堂。檐柱柱础形制与鲁班洞一致，当为初唐遗物，明间的前金柱柱础雕龙琢凤，十分精美，为宋代遗物。残存石柱上有唐大历年间等题刻。殿前东、西有唐开元二十三（735年）年临淄郡王处简敬造石浮屠一所、天宝

图61　灵岩寺鲁班洞遗址

图62　灵岩寺般舟殿基址

十二年（753年）造佛顶尊胜陀罗尼经经幢一座，东南有唐大中十四年（860年）雕造经幢一座。

铁袈裟　位于寺院东南山崖下的一处泉水边，据郑岩研究，原为一巨型铸铁造力士像的下半身残件，高约2.05米，宽约1.94米，左腿直立、右腿侧伸，腰束带，下着短裙，右腿裙下尚残留膝部。因上有铸造时范缝成田格状，自北宋起，即有"铁袈裟"之名，成为灵岩寺一著名景观。据李邕所著的《灵岩寺碑颂》记载"高宗临御之后"，"克永光堂"大加增修，有"六悲之修，舍利之口，报身之造，禅祖之崇，山上灯口，口功宇内。舍那之构，六身铁像。次者三躯，大口金刚，口口增衮"，则高宗封禅临御灵岩寺后，曾有铸造六身铁像之举，此像残件或为六像之一。

2．唐小字登封纪号文碑

此碑位于地震台西南，红门停车场东北居民区内，碑高6.6米，宽1.85米，厚0.66米，圆首，体量巨大，现碑上无字。此碑原为碑阳覆地，直至1988年5月，泰山管委将此碑重新竖起。

民间称其为白骡冢碑或唐高宗东封纪号碑、唐小字登封纪号文碑。现字迹皆漫漶。据《岱览》记载，碑阴首棱上有唐垂拱元年（685年）所题"垂拱元年口月廿五口造二年五月"等字，碑阴东下侧有宋代政和年间题刻："庆同口政和壬辰三月侍行巡、顶、登封纪号文口京东转运使"等字。碑西侧之下有题刻"当日东封安在哉，茫茫今古泯尘埃"。

3．唐显庆六年岱岳观造像记石碑

此碑又称双束碑、鸳鸯碑，现位于岱庙碑廊之中，原立于王母池西岱岳观老君堂殿前。立于唐显庆六年（661年），碑额为歇山顶形，碑身为两石并立，碑座方形，高0.4米，碑首为庑殿顶屋脊形，高0.5米，碑总高3.26米，两碑皆高2.36米，并宽1米，厚0.22米。碑身刻上共有45处题记，其中43处唐代刻辞中有20则，记录了唐高宗李治2次、武则天7次、中宗李显与皇后韦氏3次、睿宗李旦2次、玄宗李隆基2次、代宗李豫2次、德宗李适2次祭祀泰山、派遣道士至泰山岱岳观建醮造像的历史。也有高宗封禅后诏立万岁观之观主郭紫微大历十四年（779年）的活动记载。

其中位于两碑外侧最上层的两则分别是显庆六年（661年）高宗与武后敕使行道

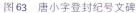

图63　唐小字登封纪号文碑　　　　　　　　图64　唐显庆六年岱岳观造像记石碑

造像记（显庆六年二月廿二日，敕使东岳先生郭行真、弟子陈兰茂、杜知古、马知止，奉为皇帝、皇后七日行道，并造素像一躯，二真人夹侍）、武周天授二年（691年）行道投龙造像记（大周天授二年岁次辛卯二月癸卯朔十日壬子，金台观主中岳先生马元贞，将弟子杨景初、郭希元、内品官杨君尚、欧阳智琮，奉神圣皇帝敕，缘大周革命，令元贞往五岳四渎投龙作功德。元贞于此东岳行道章醮投龙，作功德一十二日夜。又奉敕敬造石元始天尊像一铺，并二真人夹侍，永此岱岳观中供养。祇承官宣德郎行兖州都督府仓曹参军事李叔度）。大历八年九月一则造像碑记，提到"奉八年六月□日敕于东岳修金箓，行道七日七夜，及□□□□□□□□高宗、玄宗修封纪号□□并造碑楼六所，并因此记。"

4．"纪泰山铭"摩崖刻石（岱顶）

刻石位于大观峰崖壁上，是唐开元十三年（725年）年唐玄宗李隆基登封泰山时撰文书写，主要记述了封禅告祭之始末，第二年刻于山顶崖壁。石刻字面高13.2米，宽5.3米，由题额、正文、御制御书三部分组成。题额高3.95米，饰有单线阴刻龙纹及云纹，正中为"纪泰山铭"4字，竖列2行，字径56厘米。正文为摩崖竖刻，阴刻平底，现存竖列24行，满行51字，共1008字，字径25厘米，八分隶，据《泰山道里记》载，其底部三尺许，被拓碑者冬月篝火蚀毁剥落，叶彬补书一百〇八字。

正文首行竖刻"纪泰山铭"下方有"御制御书"4字，竖列1行，字径12厘米，楷书。正文之后列从臣题名，后被明代古篆铲毁，清代时犹有"开国公臣李仁德，上柱国臣李元纮，臣尉大雅，臣王敬之"等三十余字。

5.玄宗玉册

民国二十年（1931年）出土于蒿里山森罗殿前塔下，原有五色土祭坛，上为宋真宗玉册，其下为玄宗禅地玉册。现藏台北故宫博物院。唐玄宗禅地玉册共15根，长29.2~29.8厘米，宽3厘米，厚1厘米，隶书。两端各横穿一孔，类似竹简。❶

上书"维开元十三年岁次乙/丑十一月辛巳朔十一/日辛卯嗣天子臣隆基/敢昭告于/皇地祇臣嗣守鸿名膺/兹丕运率循地义以为/人极夙夜祇茗汽未敢/康赖/坤元降灵锡之景祐资/植庶类屡惟丰年式展/时巡报功……厚载敬/以玉帛牺斋粢盛庶品/备兹瘗礼式表至诚/睿宗大圣真皇帝配/神仙主尚飨。"

6.蒿里山

蒿里山与社首山，西、东相连，社首山原高仅五丈，现为居民区，文献记载唐高宗、唐玄宗，宋真宗均禅社首。1931年在两山之间的原森罗殿前文峰塔故址出土唐宋玉简。据容媛1933年撰《泰山麓发现唐明皇封禅玉简》一文，"泰山山之下津浦路泰安车站以北，有一小山名曰蒿里山，山上有阎王庙，庙前有一塔，其建筑年代无可考，但据故老传说，知其为唐代物而已。十七年（1928年）革命军北伐之役，山上之庙及塔均为军火所摧毁。旋某军驻防泰安，乃派兵扫除山上残砖破瓦，并在该塔原址筑一纪念碑，今巍然矗立。""当某军部扫除该塔时，因改建纪念碑，乃先掘除塔根之残砖；不意塔底之下忽发现五色土，与北平社稷坛形式相同；土成一方形，四周为赤白青黑四色，中为黄色。掘土兵士，见其土质特别，即报告官

❶ 那志良：《唐玄宗、宋真宗的禅地祇玉册》，《故宫文物月刊》1992年总第106期。

图65　岱顶纪泰山铭

图66 唐玄宗禅地玉册

长；某军首领知其下必有宝藏，乃令向下挖掘，当在赤白青黑各色土内，掘获大批玉器。考其文字，皆唐明皇封禅泰山所用之祭品也。""后又在当中黄色土中，掘获一五尺见方之石盒，盒外雕刻极为细致；开启石盒，复有一金盒在内，刻花尤精。金盒之内，有白玉版十五块，平排于内，长约一尺，宽二寸左右，每版之上皆刻隶字，形体与唐明皇所立泰山铭同；联读十五版上之文，则唐明皇封禅泰山之祭文也。"❶根据民国时期文献如《北京孔德学校旬刊》第16期、❷《津浦之声》第6期所载"高里山"照片，庙前此塔及纪念碑，位于蒿里山近山巅处，现址已无任何标志和遗迹。

只有立于元至元二十一年（1284年）的重修东岳蒿里山神祠记碑，原位于蒿里山山顶，后移至岱庙，是蒿里山位置的明证。碑高3.55米，宽1.02米，厚0.29米，螭首方座。碑身刻文21行，满行46字，凡733字，字径3厘米，楷书。碑额中部篆书"重修东岳蒿里山神祠记"2行10字，字径10厘米。

❶ 容媛：《泰山麓发现唐明皇封禅玉简》，《燕京学报》第13期，《二十二年（一月至六月）国内学术界消息》，第244~245页。

❷ 逯会：《蒿里山》，《北京孔德学校旬刊》，1925年11月第16期，第1页。

7.博城故城

故城年代为东周至宋。位于泰安市泰山区邱家店镇，是泰山地区保存较为完整的古城遗址，是研究泰安城市起源与发展的重要实物资料，对研究泰山地区历史沿革和古城建设具有重要的历史文化价值。2013年，博城故城被山东省人民政府公布为山东省第四批省级文物保护单位。

遗址东西长约2000米，南北宽约1250米，面积约250万平方米。遗址中间有邱旧公路穿过，城墙基础北端与西段部分尚存，西北角城墙高约10米，顶部宽约10米，其余部分高3至10米不等。城墙系层层夯筑而成，雄伟壮观。由于长期作为农业生产用地，城墙原貌破坏严重，北部墙体现已被当地村民改建成大樱桃果园。遗址曾发现大量春秋时的陶罐、盆、树木及兽纹瓦当，汉代陶片、布纹瓦、板瓦、盆、罐、瓮等口沿残片及隋唐瓷片等。

博城故城先后为春秋战国博邑、秦博阳县、汉代博县、隋代博城，唐宋乾封县城旧址。博城曾长期作为泰山地区的政治经济中心，隋代原奉高县并入博城县。唐代，泰山附近赢县、肥城县也并入博城县，遂替代奉高，成为泰山南麓一大都会。唐高宗乾封二年（667年）封禅，将博城改名乾封，赋予其城纪念泰山封禅的独特文化含义。宋开宝五年（972年）驻地迁往岱岳镇后，古城废止。

第四章

宋代封禅

宋真宗泰山封禅线路考

（一）宋真宗封禅源起

后周显德七年（960年）元月四日，禁军将领、殿前都点检赵匡胤陈桥兵变、黄袍加身，代周建宋，改元建隆。六月平叛了境内第一个反宋的昭义军（治潞州）节度使李筠不久，赵匡胤即遣官赴泰山祭泰山庙——"太祖建隆元年平泽潞，遣官祭泰山庙"。❶

太祖戎马倥偬，先后攻取荆南、湖南、后蜀、南汉、南唐，征讨北汉未能成行即已去世。太平兴国元年（976年）太宗继位，先后收复泉漳、吴越、北汉，太祖子孙及其弟赵廷美势力也在太平兴国四年至八年间渐次被灭。

太平兴国八年，太宗意欲封禅泰山而不果。大概是为了表功和掩饰窃取太祖子孙皇位的无耻，太宗封禅的心情如此急迫，第二年即雍熙元年（984年），在正月赵廷美"忧悸成疾而卒"后不久，四月再次下诏"以十月有事于泰山"，五月"乾元、文明二殿灾"，下诏求直言，遂罢封禅。❷之后雍熙北伐的失败，皇储接连更易，宋太宗终未再议泰山封禅之事。

真宗继位不久，契丹就不断在宋辽边境挑衅劫掠，景德元年（1004年）秋辽圣宗与萧太后更亲率大军入侵宋境，因宰相寇准的坚持，真宗无奈之下亲征，竟然达成了带来辽宋间百余年和平的"澶渊之盟"。景德

❶ 杨士骧、孙葆田：《山东通志》卷一百十一，民国七年铅印本。其事又见于脱脱：《宋史·礼五》"建隆元年太祖平泽潞，仍祭祆庙、泰山、城隍"，中华书局，1985年，第2497页。

❷ 葛延瑛、孟昭章：《重修泰安县志》卷六"历代巡望"，民国十八年泰安县志局铅印本，第427页。

三年，约为兄弟之国的和约成为王钦若谤毁寇准的凭借，将其视为"城下之盟"的耻辱，引得宋真宗怏怏不快，但又不能兵取幽蓟、刷洗此耻。在王钦若等人诱导下，决定以泰山封禅这一"大功业"，作为"镇服四海、夸示戎狄"的手段。❶

既然要封禅，祥瑞之事遂起。景德四年十一月，便有了臣子的封禅之请，但在王旦"若非圣朝承平，岂能振举"的反对下，真宗以"朕之不德，安敢轻议"为由假意辞拒了。❷没有臣子配合，封禅就难以实行，于是乎"天书"出现了。

景德五年正月乙丑（三日），"有黄帛曳左承天门南鸱尾上，守门卒涂荣告有司以闻"❸。真宗在崇政殿西序向宰相王旦、知枢密院事王钦若等臣子解释，早在去年的十一月二十七日就梦见神人现身，告诉自己来月三日，"宜于正殿建黄箓道场一月，当降天书《大中祥符》三篇"，十二月朕"蔬食斋戒"在朝元殿建了道场，过了十二月道场也不敢撤掉，这不皇城司奏告后，朕潜令中使往视，回奏说"其帛长二丈许，缄一物如书卷，缠以青缕三周，封处隐隐有字"，朕想，这就是神人所说的"天降之书"吧。❹

帝意如此，宰相也只能配合，真宗召集群臣共同迎接天书，步行至承天门，引导黄帛至朝元殿道场，启封"天书"，展示宣读其文，大意有三：一是赵宋建立、真宗继位均为天意所归；二是褒奖真宗"至孝至道，清净简俭"；三是赵宋王朝世祚延永。读完后将天书藏在金匮内。❺

傍晚，真宗命王旦宿斋于宫城内的中书省，晚上君臣二人拜谒道场。丙寅（四日），群臣入崇政殿朝贺；戊辰（六日），诏令大赦、更改年号为"大中祥符"，改左承天门为"左承天祥符门"；癸未（二十一日）太仆少卿钱惟演进献《祥符颂》，朝廷内外已是一片盛世氛围。

三月甲戌　兖州父老吕良等1287人亲赴京师请求真宗封禅泰山，真宗不允，兖州知州邵华率领官属抗表再请，真宗再拒；己卯（《宋史》为丁卯），兖州和诸路进士孔谓等840人又赴京师请求封禅；四月辛卯（一日）"天书又降大内之功德阁"，宰相王旦率文武百官、诸军将校、州县官吏、蕃夷、僧道、耆寿24370人谒文德殿东的东上阁门，五次上表请封禅；甲午（四日），真宗终于从之，诏"以今年十月有事于泰山"；丙午（十六日）下令"丙午诏

❶ 彭百川：《太平治迹统类》卷四"真宗祥符"条，清文渊阁四库全书本。
❷ 李焘：《续资治通鉴长编》卷六十七，中华书局，2004年，第1506页。
❸ 脱脱：《宋史·真宗二》，中华书局，1985年，第135页。
❹ 李焘：《续资治通鉴长编》卷六十七，中华书局，2004年，第1518页。
❺ 本节及下二节内容均见李焘：《续资治通鉴长编》卷六一八，中华书局，2004年，第1518页。参见徐松：《宋会要辑稿不分卷》《瑞异一》，稿本。

于皇城西北天波门外作昭应宫以奉天书",修建玉清昭应宫,以奉天书;戊申(十八日),"曹、济州耆寿二千二百人诣阙,请东驾临幸,皆召见慰劳之"。

封禅之事确定后,即开始讨论封禅礼仪。五月撰定玉牒、玉册文,解决了封禅经费,六月基本确定封禅仪注。❶六月甲午(五日),"诏泰山前代封禅基址摧圮者修完之。初,太平兴国中得唐明皇社首玉册、苍璧,至是,令瘗于旧所",派使到辽国通告宋廷即将封禅泰山;"乙未天书再降于泰山醴泉北";❷"丙申有司请前祀七日,遣官以牲币分祭天齐渊等八神,又祀云云、亭亭、肃然、徂徕、会稽五山,及于泰山下择地望祭前代封禅帝王;前祀一日,以太牢祀泰山、少牢祀社首,并从之"。七月乙酉"王钦若言修圜台、燎台,除道累石功毕",此日另"诏泰山灵液亭北天书再降之地建殿,以天贶为名"。❸八月"壬辰,诏别筑九宫坛于行宫之东,以封祀日祭享",甲辰诏令"详定仪注官晁迥以下"在都亭驿演习泰山圜台封祀仪,乙巳下令天下自十月开始禁屠宰一月。九月"甲子奉天书告太庙,悉陈诸州所上芝草嘉禾瑞木于仗内……己卯以马知节为行宫都部署……乙酉(二十八日)亲习封禅仪于崇德殿"。❹

十月戊子(初一),真宗开始禁食荤腥,辛卯(初四)率领群臣仪仗数千人离京,开始了自己的东封岱岳之旅。

(二)封禅之路

1.东封交通州县

不同于唐代封禅路线的简略难考,南宋杨仲良撰《皇宋通鉴长编纪事本末》卷十七对真宗东封线路有着详细记载。真宗御辇离开京师之后,经停之地有含芳园行宫、陈桥驿、长垣县、韦城县、卫南县、澶州、永定驿、濮州、范县、寿张县,至郓州后驻跸三日,之后又经迎鸾驿、翔鸾驿,于十月二十日抵达乾封县奉高宫。在完成斋戒、登封、降禅、朝觐等一系列封禅仪式后,十月二十七日,真宗离开泰山,发奉符县,次太平驿、回銮驿,驻跸兖州,至曲阜酌献文宣王庙,三日后经中都县至郓州,宴百官、从臣、父老,两日后,经寿张、范县等来时原路,于

❶ 此段与下段内容,及未特别注明出处的引文,均见李焘:《续资治通鉴长编》卷六十九,中华书局,2004年,第1518~1539页。
❷ 脱脱:《宋史·真宗二》,中华书局,1985年,第136页。
❸ 王应麟:《玉海》卷一百六十"宫室",清光绪九年浙江书局刊本。
❹ 脱脱:《宋史·真宗二》,中华书局,1985年,第137页。

十一月二十一日返回京师，历时47天。

从汴京开封府至兖州府泰山有南北两条驿路，"由曹、单者为南路，太宗朝尝置顿于此，由濮、郓者为北路"。❶北路，除从开封到濮阳的一段，经濮州、郓州至泰山脚下，大致与唐高宗封禅之路相同；南路，经曹、单二州至兖州，须经济州的金乡、任城二县，是唐玄宗封禅返程所经部分线路，宋太宗所置驿顿，大概是指从开封到单州的驿路为宋代新设。南路虽然比北路近，四月曹济二州耆寿二千二百人也曾诣阙，请驾临幸，但毕竟北路"邮传有素而功省"，真宗又命王钦若等由南、北两路同赴泰山，亲自检验两路用工繁简，最终于四月戊午（二十八日）下诏"东巡取郓州临鄽路赴泰山，礼毕幸兖州，取中都路还京"。

除东巡道路外，真宗对沿路驿站、行宫建设事项，及车驾行经州县迎送礼仪等也有系列诏示：❷

"丙申……仍更选往乾封县，禁于泰山樵采者。山下工役，无得调发丁夫，止用兖、郓州兵充。行宫除前后殿，余悉张幄幕。金帛、刍粮委三司规度收市，或转输供用。他所须物，悉自京辇致，无得辄有科率。发陕西上供木，由黄河浮筏郓州，给置顿之费。"（卷六十八）

"遣使巡护齐州泰山路，禁止行人。"（卷六十八）

"戊戌……诏禁缘路采捕及车骑蹂践田稼，以行宫侧官舍佛寺为百官宿顿之所，调兖、郓兵充山下丁役。行宫除前后殿外，并张幕为屋，覆以油帊。仍增自京至泰山驿马，令三司沿汴、蔡、御河入广济河运仪仗什物赴兖州，发上供木，由黄河浮筏至郓州，给置顿费用，省辇送之役。"❸

"辛亥，诏自京至兖州，敢有妄指民舍林木，言建营行宫、开修道路，及讬官司须索配市、假借人夫车乘乞取财物者，所在护送赴阙。"（卷六十八）

"壬寅……诏东封缘路禁采捕。修建行宫，无得侵占民田。扈驾步骑，辄蹂践苗稼者，御史纠之。兖州民供应东封外，免今年徭役及支移税赋。"（卷六十八）

❶ 本段引文及相关内容均见李焘：《续资治通鉴长编》卷六十八，中华书局，2004年，第1537页。
❷ 除特别注明外，均引自李焘：《续资治通鉴长编》卷六十八、六十九，中华书局，2004年，第1518~1559页。
❸ 脱脱：《宋史·礼七》，中华书局，1985年，第2528页。

"丙辰，诏太祖、太宗朝诸路所献祥禽异兽皆在苑囿，可上其数，俟封禅礼毕纵之。令缘路诸州酿酒以备供顿，省转送之烦……有司言：'巡狩有燔柴告至之礼，皇帝亲行事。又封祀至泰山，柴告昊天上帝于圆坛，如巡狩告至之礼。有司摄事，即不载摄事之仪。车驾至泰山，合行告至，望令太尉以酒醴币帛于山下坛告至。'奏可……遣使驰诣岳州，采三脊茅三十束，备藉神缩酒之用。有老人董皓识之，授皓州助教，赐束帛。"（卷六十八）

"五月……辛未赵安仁奏，得太仆寺状，金玉辂合先赴泰山，辂高二丈三尺，阔一丈三尺，所经州县城门桥道有隘狭处，请令修拆。上曰：'若此，则劳人矣。可于城外过，有坟墓处避之。'"（卷六十九）

"壬午诏天书出京至岳下，日用道门威仪百人，在路三十人……诏缘路行宫，止以旧屋就加涂墍，不须别创。诏于泰山要路置门，非执事赴役者无得升。诏车驾离京至封禅以前，不举乐，经历州县勿以声伎来迎。"（卷六十九）

"丙戌……前诏行宫无得广有营造，今方盛暑，自京送瓦重有劳扰，非朕意，即令以常瓦给用。"（卷六十九）

"八月庚寅（三日），诏东封路军马无得下道蹂践禾稼，违者罪其将领。"（卷六十九）

从上述诏令可看出，东封路上真宗行宫，大多以旧有房屋略加修葺涂饰而已，且修缮所用屋瓦也非官式之筒瓦。如若修建行宫，则不能侵占民田，且除前后殿外，其他屋宇均为帐幄，覆以油毡。再根据真宗天禧元年（1017年）李迪的谏言可知，东封行宫所用旧屋大多是驿舍或州治房屋，所谓"即驿舍或州治为行宫，才令加涂墍而已"。[1]东封所过州有澶州、濮州、郓州、兖州，州治一般均有子城，其行宫当设于子城内（澶州除外，详见后文），每过州府，"上御子城门楼，设山车、彩船载乐，从臣侍坐，本州父老、进奉使、蕃客悉预"。[2]百官宿留之所，则设在行宫旁的官舍、佛寺。

诏令也接连强调，车驾、军马行进时不得蹂践禾稼、缘路采捕。奉置天书的金玉辂，以及辇驾仪仗经过州县城门桥道狭窄、不能过时，也不可拆修，应由城外绕过，[3]只需避让坟墓即可。十月甲辰在郓州驻停期间，也特别"诏扈从人宿顿之所，无坏民舍、什器、树木，犯者重实其罪。"[4]

真宗及侍从等人车驾由陆路前进，为节省辇送费用，陕西所上供木，由黄河浮筏运至郓州，仪仗什物

---

[1] 毕沅：《续资治通鉴》卷三十三"真宗天禧元年九月"，中华书局，1957年，第751页。

[2] 脱脱：《宋史·礼十六》，中华书局，1985年，第2701页。

[3] 关于辇驾经过州县城门的诏令，为真宗十月丁酉驻停永定驿时所下，"诏应乘舆仪仗如城门不可入者，由城外而过。时大辇至澶州，有司以城门卑下，将撤之，上不许，因降是诏"，见李焘：《续资治通鉴长编》卷七十，中华书局，2004年，第1569页。

[4] 李焘：《续资治通鉴长编》卷七十，中华书局，2004年，第1570页。

则从京城沿汴河、蔡河、御河入广济河运赴兖州，均给安置驿顿费用。

现将真宗东封所经州县驿顿，依据《续资治通鉴长编》卷六九、七十，依次叙述如下：

十月辛卯（初四），昼漏未上三刻，即午后一点四十五分，先自宫中奉天书出宫城乾元门（宣德门），然后真宗着绛纱袍，戴通天冠，乘坐大辇出发。当晚驻于含芳园。

含芳园行宫位于东京汴梁外城北门景阳门（新封丘门）外道东，初为北园，太宗太平兴国二年诏名"含芳"，大中祥符三年更名瑞圣园，❶是外城城外皇家四园之一，经常在此进行春游习射活动。六月己亥，泰山醴泉所出天书奉迎入京安置之所也是此处，"具仪仗奉迎天书入含芳园之西门"，庚子，群臣诣园迎导升殿，壬寅，真宗与群臣在此举行拜授酌献仪式。含芳园是开封向北驿路的必经之地，也是帝王官员出城的第一处落脚之地，曾巩《上巳日瑞圣园锡燕呈诸同舍》一诗的方塘修竹、曲水流觞、丘山华林之语，❷可约略一窥其园林风貌。

第二日壬辰（初五），驻停陈桥驿，作为太祖黄袍加身之地，真宗在此诏命宫苑使检视泰山上下诸坛牢馔。

癸巳（初六）次长垣县，甲午（初七）次韦城县，乙未（初八）次卫南，皆是景德元年契丹直抵澶州，真宗北巡的驻停之所，❸其时卫南已设有驿顿。❹

丙申（初九）次澶州。澶州位于黄河岸边，即唐宋时濮阳县、开德府所在，由南、北两城组成，黄河从中间流过，有浮桥相连通，王安石《澶州》诗有"去都二百四十里，河流中间两城峙""津津河北流，嶒嶒两城峙"之句，❺真宗北巡澶州时，"次南城，以驿舍为行宫"。❻今濮阳存宋真宗《契丹出境》诗碑，名为"回銮碑"，为全国重点文物保护单位。

丁酉（初十）次永定驿。永定驿位于从澶州到濮州的路上，属濮州，临近黄河，唐代武德四年至八年分鄄城县置永定县。❼戊戌（十一日）抵达濮州，即今鄄城旧村，位于黄河以南，下诏郓、齐、单、淄等州长吏赴泰山陪位，车驾所经黄河护堰军士，予以优待。侧面反

❶ 王应麟：《玉海》卷第一百七十"宫室"，清光绪九年浙江书局刊本。
❷ "北上郊原一扬鞭，华林清晏缀儒冠。方塘潋滟春先录，密竹娟午更寒。流渚酒浮金凿落，照庭花并玉阑干。君恩倍觉丘山重，长日从容笑语欢。"载曾巩：《元丰类稿》卷八，四部丛刊景元本。
❸ 李焘：《续资治通鉴长编》卷七十，中华书局，2004年，第1568~1570页。
❹ 王称：《东都事略》卷四十二列传二十五"冯守信"条，清文渊阁四库全书本。
❺ 李壁：《王荆公诗注》卷七古诗、二十古诗，清文渊阁四库全书本。
❻ 李焘：《续资治通鉴长编》卷七十，中华书局，2004年，第519页。
❼ 刘昫：《旧唐书·地理三》，中华书局，1975年，第1608页。

映了从澶州到濮州，真宗车驾当是沿黄河岸边行进。

己亥（十二日）次范县，庚子（十三日）次寿张县，从开封直至辛丑（十四日）抵达郓州之前，真宗车驾没有在任何州县多做停留。范县原在黄河东岸，明"洪武庚申河决城坏"，城迁于西北二十六里的五代后唐庄宗新军栅地。[1]寿张唐宋时属郓州，"金大定七年河决坏城"，城址由梁山前"迁于竹口镇，十九年仍复旧治，元至正三年河决为患，明洪武元年徙治于梁山之东，十四年复徙于王陵店"，[2]直至清光绪年间。

从壬寅（十五日）开始，真宗在郓州驻跸三日。壬寅"知制诰朱巽言：奉玉册玉牒至翔銮驿，有神光起昊天玉册上"，癸卯（十六日），命"覆视诸坛牢馔"，甲辰（十七日）"诏扈从人宿顿之所，无坏民舍、什器、树木"等。除接连下诏为即将到来的封禅做准备外，当主要是休整，毕竟经过连续十日的行进，君臣皆疲。

乙巳（十八日），发郓州，夕次迎銮驿，丙午（十九日）次翔鸾驿。丁未（二十日），"发翔鸾驿，至中路顿，备法驾入乾封县奉高宫"，[3]直至甲寅（二十七日）"车驾发奉符县，次太平驿，是日始复常膳"，"赐从官辟寒丸、花茸袍"。[4]真宗的泰山封禅活动持续约七日，其详情，以及迎銮、翔銮二驿，与从泰山至兖州的太平、回銮二驿的确切位置考证，均见下节。

乙卯次回銮驿、丙辰（二十九日）至兖州，将兖州由上州升格为大都督府，赐酺三日。休整一日后，十一月戊午（十一月初一）晨，前往曲阜文宣王庙祭拜孔子。当时"庙内外设黄麾仗，孔氏家属陪列。有司定仪止肃揖，上特再拜。又幸叔梁纥堂……上制赞刻石庆中。复幸孔林，以树木拥道，降舆乘马，至文宣王墓奠拜，诏加谥曰玄圣文宣王，祝文进署，仍修葺祠宇……又诏留亲奠祭器"，"又追谥齐太公曰昭烈武成王，令青州立庙；周文公曰文宪王，曲阜县立庙"。

己未（二日），观酺，凡三日。庚申，赐辅臣亲王百官宴于延寿寺，凡二日。辛酉，真宗作"庆东封礼成"诗。

壬戌（五日），真宗发兖州，次中都县，幸广相寺。[5]中都县以孔子宰中都而得名，广相寺不见地方志记载，今汶上宝相寺，原名昭空寺，有唐太和年间铸钟一口，重建于真宗咸平五年（1002年），并改今名，[6]二寺是否有所关联，待考。

癸亥（六日）真宗再次来到郓州，看到城中街巷

[1] 东时泰：《范县志》卷一，明嘉靖刻本。
[2] 岳濬、杜诏：《山东通志》卷九"寿张县"条，清文渊阁四库全书本。
[3] 徐松：《宋会要辑稿不分卷·礼二二》，稿本。
[4] 脱脱：《宋史·真宗二》，中华书局，1977年，第138页。
[5] 脱脱：《宋史·真宗二》，中华书局，1977年，第139页。
[6] 栗可仕、王命新：《汶上县志》卷七，清康熙五十六年补刻本。

狭窄逼迫，询问原因，称是守吏为了课收税赋，两边增加市廊，这一早期官方商业街，真宗"诏毁之"。甲子（七日），在行宫中宴请百官，乙丑（八日）登上升中延福楼，宴从臣于楼上，楼下宴父老。临幸城内开元寺，**❶**赏赐诸位驻泊部署东封诸州的军方官员。开元寺，至少为后梁年间修，绘塑精细，元代以后已不存。**❷**郓州新城是真宗咸平三年因河为患敕令新建，方胜形状，周二十四里。**❸**

丙寅（九日）次寿张县；丁卯（十日）次范县，再次赏赐曲阜玄圣文宣王庙、兖州，及兖、郓二州知州。戊辰（十一日）抵达濮州，第二天宴从臣于子城"告成均庆楼"上，楼下宴父老。并下诏，相关祭祀官物，在此等来年春天通过清河、广济河水运回京师。

庚午（十三日），次永定驿，遣翰林学士李宗谔祭澶州河渎庙。辛未（十四日），抵达澶州，幸河渎庙酌奠，加封。次日，宴从臣父老于驻跸之延禧殿。行宫位于澶州南城，因为"其地迫隘，故于宫南当衢结彩为殿"，赐名延禧殿。

癸酉（十六日）发澶州，次韦城县，宴从臣、父老于行宫，"曲宴永清军节度使周莹，赐兵士缗钱"。**❹**甲戌（十七日）次长垣县，亦"宴从臣、父老于行宫"，乙亥（十八日）抵陈桥驿，丙子（十九日）发陈桥驿，次开封城北含芳园。

丁丑（十一月二十日），车驾回宫，"扶侍使丁谓奉天书归大内。上御乾元楼，召近臣观，卫士甲马还营。赐福百官休假三日，中书、枢密院一日。"

真宗此次封禅，历时短，天气好，祥瑞纷呈，可谓功成圆满——"上之巡祭也，往还四十七日，未尝遇雨雪，严冬之候，景气恬和，祥应纷委，咸以为精诚昭格、天意助顺之致也。"因而回京之后，一直到大中祥符二年正月，接连有系列庆祝赏赐活动：

十一月壬午（二十五日），真宗下诏"以正月三日天书降日为天庆节，休假五日。京师于上清宫建道场七日。"十二月丁亥朔（初一），"诏泰山路以廨舍仓驿为行宫，并依旧其奉安天书位，谨护之。"辛卯，至朝元殿受册尊号。壬辰，谒启圣院太宗神御殿，命编修封禅记。丁酉，"宫内出泰山封祀上尊酒及玉女、白龙、王母池水新醴泉赐辅臣。"己酉，"诏取天书降及议封禅以

❶ 脱脱：《宋史·真宗二》，中华书局，1985 年，第 139 页。
❷ 左宜似，卢鉴：《东平州志》卷二十二"后梁修开元寺记，龙德元年正书八稜碑，附唐人题语数段。"卷二十七"泰山竹林宝峰寺有元元贞乙未年碑，言东平有大开元寺，绘塑大雄萨埵神将苗余尊严。"
❸ 左宜似，卢鉴：《东平州志》卷六"城池"条，"故郓州城在州西北十五里，即隋所置须昌县也，唐徙郓州治此，后唐因讳改须城。宋初仍为郓州，真宗咸平三年河决郓州，东南注巨野入淮泗，城中积水坏庐舍，三月十一日翰林待诏朱庆奉宣诏旨州守姚铉奉旨移建州城于汶阳之高原即今城也。其城本筑为之，形如方胜，南北各一门、东西各二门"。
❹ 脱脱：《宋史·真宗二》，中华书局，1985 年，第 139 页。

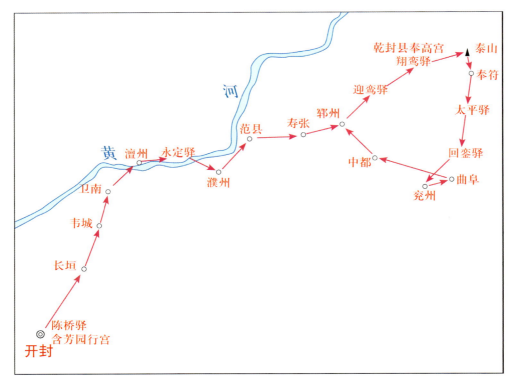

图67　宋真宗泰山封禅线路图

来祥瑞尤异者，别撰乐曲，以备朝会宴飨。"大中祥符二年春正月丁巳朔，"召辅臣至内殿朝拜天书"，此后成为常例；癸亥，"以封禅庆成，召宗室、辅臣宴射苑中，赐袭衣金带器币"；乙丑，"改浚仪县为祥符县，诏天庆节宴会"。❶

大中祥符二年（1009年），也有不少敕撰铭赞绘画、赏赐宗室辅臣的活动。五月戊午向辅臣出示御制御书"登泰山谢天书述二圣功德铭及九天司命保生天尊、周文宪王等赞、玉女象记"等，并令刊刻于泰山上下，壬戌"诏兖州长吏，以天书降泰山日诣天贶殿建道场设醮，以其日（六月六日）为天贶节"。❷之后的祥符年间敕上封号、竖碑修庙的纪念活动不断，直至"天禧元年正月，诏大中祥符元年四月一日，天书再降，内中功德阁其建为天祺节，一如天贶节例"，❶为真宗泰山封禅

❶ 李焘：《续资治通鉴长编》卷七十、七十一，中华书局，2004年，第1578~1587页。

❸ 李焘：《续资治通鉴长编》卷七十一，中华书局，2004年，第1606页。可参见王应麟：《玉海》卷三十一"祥符二年五月戊午，对辅臣于后苑，出御制御书登泰山谢天书述二圣功德铭、司命天尊、仁圣天齐王、周文宪王、玄圣文宣王赞、玉女像记，示之。十月丙午，遣自侍以御制泰山铭赞九轴赐丁谓等，寻分赐近臣。十二月辛卯，出圣制会真宫碑，示王旦等。三年正月戊寅，召近臣观龙图阁书，又至资政殿出圣制会真宫碑、九天司命天尊殿铭、泰山重修圣像记，上又制五言诗一首赐王旦等，和晏殊作东封圣制颂"。

庆礼画上了圆满句号。

2.郓州临鄗道考

宋真宗的封禅交通经停之地，大多为历代州县，其位置不难确认，唯有郓州至泰山的迎銮、翔銮二驿未知何地，又邻近泰山，是宋代泰山封禅之路确认的关键。

查考《宋会要辑稿·方域》之"东京东路市镇"，迎銮镇、翔銮镇、太平镇、回銮镇皆是大中祥符元年置，前二者属平阴县，后二者为奉符县所辖。[2]四所驿站均为市镇之所，其名称，据南宋《玉海》记载，是在真宗封禅当年的五六月份所更改："（大中祥符）元年五月九日庚午，改郓州临鄗驿曰迎銮，砂沟驿曰翔銮。六月十四日癸卯，改兖州葛石驿曰回銮，知沟驿曰太平"。[3]元代东平人王士点所撰《禁扁》对四驿来历作了进一步说明：迎銮驿原为郓州临鄗驿，翔銮驿原为砂沟驿，兖州葛石驿更名回銮驿，知沟驿更名太平驿。[4]

临近泰山的翔銮驿（砂沟驿）是真宗东巡泰山的最后一站，徽宗政和年间赵鼎臣经郓州前往泰山的最后一站是翔銮镇，这表明翔銮驿位于翔銮镇，且距奉符至少二十里许。[5]为确定砂沟驿也就是翔銮驿所在的翔銮镇提供了关键线索。

元代于钦所著《齐乘》卷二有"沙沟水出山茌县，南来入焉，今肥城东南有沙沟镇以水得名"的记载，而沙沟镇附近，北宋时有翔銮乡。肥城城南三里刁家屯宋代杨岊四世同居处，曾有北宋元祐八年（1093年）赵质立石，济州乡贡李完撰《杨氏义居碑记》，称郓州有杨氏"著籍平阴县翔銮乡鄗河里"。[6]金代时平阴仍有翔銮镇，[7]且肥城边界附近有沙沟店，或为客驿之所，见金代诗人王恽《过沙沟店》诗：高柳长途送客吟，暗惊时序变鸣禽。摇鞭喜入肥城界，桑柘阴浓麦浪深。[8]由此可知翔銮乡当是宋金时行政建置，而翔銮镇（沙沟镇）则是一市镇，设有驿站旅店。

清光绪《肥城县志》卷一《方域志》记载沙沟社位于肥城县东，距城五里至二十里许不等，下辖有"沙沟庄"村，而据清康熙十一年《肥城县志书》，沙沟镇也是肥城县一市镇，在县东南八里，现代"沙沟"村也确实位于肥城老城东南约八里。这表明沙沟镇与沙沟

❶ 高承：《事物纪原》卷一，明弘治十八年魏氏仁实堂重刻正统本。
❷ 徐松：《宋会要辑稿不分卷·礼二二》，稿本。
❸ 王应麟：《玉海》卷一百七十二"祥符迎銮驿"条，清光绪九年浙江书局刊本。
❹ 王士点：《禁扁》卷四，清康熙棟亭藏书十二种本。
❺ 赵鼎臣：《竹隐畸士集》卷二十"游山录"，清文渊阁四库全书本。
❻ 凌绂曾、邵承照：《（光绪）肥城县志》卷二"杨氏义居"条，清光绪十七年刻本。
❼ 嵇璜：《钦定续文献通考》卷二百三十一"舆地考"，清文渊阁钦定四库全书本，"金一山东寺路一东平府"条。
❽ 凌绂曾、邵承照：《（光绪）肥城县志》卷一"沙沟社"条，清光绪十七年刻本。

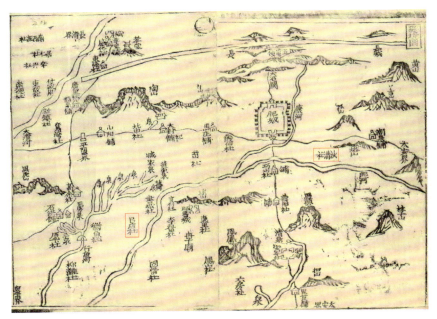

图 68　康熙《肥城县志》卷一县境图

乡社的设置一直延续至明清时期，位于肥城东南，与北宋时肥城城南的翔鸾乡位置基本一致。明清时沙沟镇当即是宋之翔鸾镇。

　　沙沟镇位于城东南八里，离泰山约五十五里（27.5 千米），是皇帝出行一天路程的合适距离，且有宋时所建普济院，规模宏大，清末时遗迹犹存，有宋真宗天禧二年（1018 年）戊午经幢，[1]真宗封禅经过沙沟驿——翔鸾驿时，百官侍从等可能曾居于此。特别需要指出的是翔鸾驿大概是东封途中唯一一处产生祥瑞的驿站，祥符元年十月"玉册玉牒十四日至翔鸾驿，有光照室，十一月戊子朔以……翔鸾驿奉安册牒行殿为灵辉殿，十二月庚子命知制诰李继撰碑，志瑞应也。"[2]

　　另外沙沟河除上游有"鄘河里"，下游附近还有"鄘上里"，北宋郭景修墓志铭记载"葬公于郓州须城县卢泉乡鄘上里焦村之原前"，北宋绍圣年间杨咏墓也在"郓州须城县卢泉乡鄘上里潜山之阳"，[3]虽然古今芦泉乡范围可能不一，但芦泉所在芦泉山位于沙沟河中游东平大羊集的西侧，古之芦泉乡涵盖沙河流域当不会错。这也进一步证明元明清时期的沙沟河（今之肥河南线）在宋代时可能名为"鄘河"，大概也是真宗封禅驿路称

❶ 凌绂曾、邵承照：《（光绪）肥城县志》卷二"普济院"条，清光绪十七年刻本。
❷ 王应麟：《玉海》卷一百六十"祥符符仙仪殿、灵辉殿"条，清光绪九年浙江书局刊本。
❸ 张志熙、刘靖宇：《东平县志》卷十四"宋郭景修墓志铭""宋杨公墓志铭，"凤凰出版社，2004 年，第 224、226 页。

为“郓州临鄘北路”的缘故。

根据赵鼎臣《游山录》，可知其从迎鸾驿至翔鸾驿的往返路上，行经的地点有新镇、吕店，新镇在清康熙时仍为一市镇，在城西南二十五里，现新镇村位于沙河南岸，距肥城老城约二十里（10千米）。吕店则是一乡社名称，位于肥城之西的沙河北岸，东距新镇约十九里（9.5千米），循河而行，是古代交通路线的经验性安排，由此可以判断，今肥城北部的肥河东西一线，当是宋代的“临鄘”驿路所在。真宗大中祥符元年诏定东封往返道路，“东巡由郓州临鄘道北路赴泰山，礼毕，幸兖州，取中都路还京”，❶此临鄘道北路当是指沙沟河河谷之路。

另外肥城西牛山有宋神宗熙宁七年（1074年）刻碑记载了宋真宗封禅泰山临幸此地，并更山名为“郁葱”一事，也从侧面佐证了真宗封禅时行经今肥城北部的线路。这一碑刻位于牛山资圣院大殿之下，为北宋真宗封禅泰山之后不足七十年时所立，所载之事当较为准确，虽然碑已不见，但清光绪《肥城县志》对此事有多条记载：

殿下有宋熙宁碑，题郁葱山资圣院记，略言真宗东封更山名而迳此，迨熙宁甲申重修。❷

宋真宗东封，广就于泰山下冒昧求赐寺额，侍从麾之退，及帝至太平顶，僧已先在，帝异之，曰此求寺额者也，遂赐名资圣禅院，回銮时驻跸焉，改金牛山曰郁葱山，见资圣院碑。❸

资圣院，在城西金牛山南面，宋咸平元年僧广就创建，大中祥符元年赐额，真宗东封驾幸此地，改山名为郁葱，故府志作郁葱寺，有熙宁七年茹庭坚撰碑，备述广就异迹、真宗赐额临幸始末。❹

由翔鸾驿向西，基本沿沙沟河谷地而行。经新镇、吕店，再向西即是迎銮驿，赵鼎臣《游山路》称“壬戌发奉符，将宿迎鸾镇，既而不及，遂宿于吕店之逆旅，癸亥次郓州”。进一步表明迎鸾驿位于迎鸾镇，是离开郓州后的第一站，原名“临鄘”，应也是因位于沙河——鄘河岸边而得名。

从行程来看，迎鸾驿不应离郓州太近，与吕店相距也不应太远，与翔鸾驿同处于沙沟河流的谷地之中。但其位于何处，有两个可能的地点，尚待确证。

今东平接山镇一向有接驾山的地名，接山镇区东邻的席桥村之跨河“席桥”，均传说与宋真宗东封相

❶ 徐松：《宋会要辑稿不分卷》“礼二二”，稿本。

❷ 尹任：《肥城县志》，凤凰出版社，2004年，第22页。

❸ 尹任：《肥城县志》，凤凰出版社，2004年，第177页。

❹ 尹任：《肥城县志》，凤凰出版社，2004年，第43页。

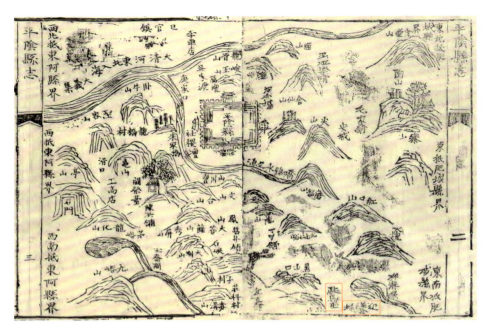

图 69　康熙《平阴县志》卷一《图经志》县总图
右下方有"驻马庄""迎銮堤"二地名

关，据光绪《东平州志》卷六，"席桥在城东五十里沙沟河"，从驿站设置的里程角度，也较合理；另外"席桥"之"席"字发音，与"临鄮"之"鄮"相同，而且其处于沙沟河下游、注入大汶河的汇合处。但席桥附近离吕店太过遥远，直线距离已有四十五里（22.5 千米），距翔銮驿则有八十五里（42.5 千米），不是上、下两处驿站的合适距离。

　　另一种可能，明清时沙河中游的迎鸾堤即是迎銮驿。据康熙《东平州志》卷二，东平有十五个乡集，其中有"迎銮堤在州北六十里，宋真宗东封改郓州临鄮驿为迎銮，即此。"可能由于此集镇位于东平、肥城、平阴三县交界，区划经常变动，此迎銮堤在康熙《平阴县志》卷二也有提到，为平阴城东南方向的里社之一，不过除乾隆《泰安府志》卷二再次提到东平十六个集中有"迎銮堤"外，其他官方志书，均将迎銮堤归为平阴所属，如雍正六年（1728 年）成书的《钦定古今图书集成》之《方舆汇编职方典》第二百三十三卷"兖州府部汇考二十五"之"平阴县"条下有"福祥院在县迎銮堤"的记载，嘉庆《大清一统志》卷一百七十九"堤堰"，称"迎銮堤在平阴县东六十里，旧志，宋真宗东封，改郓州临鄮驿曰迎銮，即此。""平阴县东六十里"

为山区，无从建堤，当是东南之误，从康熙《平阴县志》所载县总图可见，迎銮堤在平阴县东南、驻马庄之东。康熙《东平州志》卷二中的"州北六十里"，也应是东平东北六十里，因东平州北部也均为山地，只有东北向有王家河、沙河等河道，且真宗从寿张至郓州新城正是从城北而来，再向北走，驿路过于迂回曲折。

迎銮堤作为古乡集，在驻马庄之东，当在今平阴展家小庄、展家洼一带。驻马庄清末时已更名为谷家庄，1958年《谷氏族谱》谱首载康熙三十九年（1700年）谷云峰《驻马庄记》提到"昔宋道宗皇帝同金冠道姑、李氏宸妃进香于泰山，曾驻跸于斯，遂名焉。且不特余庄然也，东数里迎鸾堤，因此名也；再东演马庄，亦因此名也；再东南临马庄，亦因此名也。"谷家庄与演马庄之间的较大村庄只有展家洼一处，西距谷家庄4千米，且曾设有小集，与"迎銮堤"集颇为相符。另外从展家洼一带到吕店直线距离约9千米，也比较符合赵鼎臣《游山录》中一天从奉符赶往迎銮驿不及，只能宿于吕店的情形。

需要指出的是光绪《肥城县志》卷三《建置志·桥梁》记载"在城西南五十里演马庄"有"官桥"一座，嘉靖《山东通志》、光绪《东平州志》皆载有一座"官桥"，一称"在东平席桥上流二十里"，一称"在席桥上流二十里，旧传宋真宗车驾所经处"；"席桥"上游二十里，位于今东平遂城附近。光绪《平阴县志》卷三也称展家洼之西有"官桥"，光绪《东平州志》卷六称"展家洼南旧官桥"，而丁家坞北有大石桥一座，与展家洼南之官桥当为一桥。这些不同的官桥都是跨越沙河而建，位于东平、肥城、平阴三县交界处，只是位于不同的方位，表明这一区域确为古代驿道所必经。

从郓州城到东平、肥城、平阴三县交界的这一带，向有二途，据民国《东平县志》卷三《交通志》东平县道有五，第四条为通向肥城的东肥县道，并有二条支路可选，"一为北大道，出北门过北大桥、循东平县道，过双塔岭上入平阴界，至孝直集分道赴平阴者北行，赴肥城者东行，此一线也；一为东大道，出小东门、循东泰县道至宿城集折而东北，迤白佛山东麓、经赵家桥、红桥、井家仓、驻驾村至尚庄，又北经李家小屯、清水坦、裴家洼至大羊集，东行经冯李二、大阳、丁家坞等村之北，过汇河大桥，又东北行五六里，入肥城县界，共行六十里出县境，此又一线也"。

去往平阴的北大道，大概率不会经过迎銮堤，而东大道所经的驻驾村，也有许多宋真宗东封的传说，丁家坞之北即展家洼之南，距东平县城线路约五十五里（27.5千米），符合宋代设置驿站的距离，也是宋真宗东封之时一天行进的平均距离，因而基本可以确定东平至肥城的东大道即古代临鄮驿路的前半程，迎銮驿当位于今展家洼一带。

3.太平、回銮二驿与延寿寺

真宗从泰山至兖州，甲寅、乙卯两日分别经停之太平驿和回銮驿，虽然至今仍有相关地名可供佐证、判断其地址，回銮驿与太平驿相距约25千米，距兖州约27.5千米，驿程间距也符合宋代驿站设置之数。但文献记载中的回銮驿仍有困惑未明之处，太平驿也不为今人所知，现简要说明如下。

据《宋会要辑稿·方域一二》记载，宋代奉符县下设三镇，分别是太平兴国三年所设静封镇，大中祥符元年所置太平镇、回銮镇。太平驿、回銮驿也为祥符元年由知沟驿、葛石驿更名而来。驿站一般设于州县军镇之地，则二驿应设于太平、回銮二镇无疑。

太平镇，位于今泰安市宁阳县东北约35千米的西太平村，原为汉代巨平故城旧址，宋真宗、仁宗时代，著名布衣姜潜曾隐居于此。金代泰安州所领奉符县下亦有太平镇。❶光绪《宁阳县志》对其来历有详细考证，元代时亦设有太平镇巡检司，明清设太平社、太平镇等，即今磁窑镇驻地。❷清代时称其"北控齐郊、南通鲁甸，人烟之所辐辏、行旅之所往来"，是"境内一通衢也"。❸

回銮驿，由葛石驿更名而来，宋代之"回銮镇"明清时已不见此名，仍复"葛石"之旧名，为葛石社，属宁阳县。据明万历《兖州府志》卷四十八《寺观》，葛石社有回銮寺，"宋祥符东封泰山驻跸于此。"亦见于清光绪十三年《宁阳续志》卷十四《古迹·寺观》记载："回銮寺在县东二十里葛石社。宋真宗大中祥符间东封泰山驻跸于此，故名。"今葛石镇东六里许程家庄村东、观音庵南有现代竖回銮寺碑记碑一通。如若葛石镇址未曾变移，则真宗行宫或设在回銮驿，回銮寺则是其他官兵行从住宿之所，二者相距约3千米，来往也堪方便。

兖州市兴隆寺塔地宫出土的宋嘉祐八年（1086年）安葬舍利碑中提到"有小师怀秀，造下功德佛像数尊，今欲乞岱岳之回銮驿，乞赐名额，安置主持及教化十

❶ 王圻：《续文献通考》卷二百三十一"舆地考"，清文渊阁四库全书本。
❷ 高升荣、黄恩彤：《（光绪）宁阳县志》卷一"巨平"条，清光绪五年刻本。"今县东北七十里太平村有旧城基，周数里，三角尚存，此故钜平城也，不知何时变钜称太。按宋有进士姜潜，奉符县太平镇人，近得元至大元年义勇武安王庙碑，教授史遹撰文云：泰安州治南三舍而近有镇曰太平，乃汉钜平之故墟，并列叙巡检张君、兰君、刘君、粘合公，末系尾云，太平镇巡检尹政立石。则是宋元以来已变钜平而称太平，并置镇立巡检司，其地久入泰安，至明始罢巡检，改隶县境"。
❸ 高升荣、黄恩彤：《（光绪）宁阳县志》卷十九"重修石坝记"，清光绪五年刻本。

方，兴造宝塔，安葬于阗国光正大师从西天取得世尊金顶骨真身舍利。自后又为年老，无力起塔，至嘉祐八年癸（卯）岁，将上件功德舍利付与当寺大悲院主讲经僧法语，起塔供养。"回銮驿隶属于岱岳镇，即奉符县治所在，宋开宝年间，乾封移至于岱岳镇，表明宋代时仍以岱岳指称奉符。

不过关于回銮驿，文献记载仍有难考之处。如《续资治通鉴长编》《皇宋通鉴长编纪事本末》皆记载，真宗在丙辰抵达兖州，略作休整，十一月戊午酌献仙源县文宣王庙后，竟然第二日又折返回銮驿，所谓"己未，上御回銮驿覃庆楼观酺，凡三日"。一处驿站所在之镇竟能让皇帝折返并在此驻停三日，当有特别之处，而紧接着"庚申，赐辅臣、亲王、百官宴于延寿寺，凡二日"的记载，似乎表明，此处有延寿寺，规模颇巨，可以宴请百官，回銮寺难道即是延寿寺？而"壬戌，发兖州"[1]的记载，表明其宴请百官二日后，从回銮驿向西南赶回兖州，再向西北出发去中都，如此来回迂折之举，究竟有何原因？

再查《宋史》，发现真宗东封州县子城门楼多有更改门匾名称之举——"兖州驻跸，仍赐群臣会于延寿寺。所在改赐门名，兖州曰'回銮覃庆'，郓州曰'升中延福'，濮州曰'告成延庆'。澶州……名曰'延禧'"。[2]《玉海》卷一百六十四《宫室》也有类似记载："祥符元年十月丁巳，名兖州府门楼曰回銮覃庆，十一月己未御楼观酺，癸亥次郓州，乙丑宴从臣于升中延福楼赐酺，丁卯赐名，己巳次濮州，宴从臣父老于告成均庆楼。"[3]故而推测《续资治通鉴长编》等书记载的"回銮驿覃庆楼"当是"回銮覃庆楼"之误，如此，上御此楼观酺三日，也与"丙辰，次兖州，以州为大都督府，特赐酺三日"[4]的前述记载吻合。真宗在曲阜祭奠孔子先圣之后，封禅的重要仪程终于结束，回到兖州，从第二日己未开始，庚申、壬酉接连三日兖州子城门楼上酺民，后二日于延寿寺宴臣。《宋会要辑稿·方域四》，对真宗在兖州回銮覃庆楼观酺的记载尤为详细：

（十月）二十八日诏兖州赐酺三日，宜以十一月二日为始。十一月二日御兖州之子城门楼观酺，凡三日，赐楼名曰回銮覃庆。楼前起露台、列山车棚车彩船以载乐，从臣侍座，兖州父老、诸道进奉使、蕃客等宴于楼下，赐父老绵袍、茶帛，有差三日，并赐宰臣、亲王、百官宴于延圣寺（当是延寿寺之误）。

据成书于北宋的《太平广记》中兖州延寿寺的记载，至少晚唐时此寺已经存在。当时的延寿寺门外即唐

[1] 李焘：《续资治通鉴长编》卷七十，中华书局，2004年，第1575页。
[2] 脱脱：《宋史·礼十六》，中华书局，2013年，第2701页。
[3] 王应麟：《玉海》卷一百六十四，钦定四库全书，第25页。
[4] 李焘：《续资治通鉴长编》卷七十，中华书局，2004年，第1574页。

僖宗乾符年间（874~879年）兖州节度使崔尚书将某军将处死就法之衙门，[1]唐代节度使之衙门通常也均设于子城，延寿寺与子城行宫距离不远，真宗东封借此大宴群臣，或与此有关。当然延寿寺本身规模颇广，有十九院之多，事见《宋会要辑稿·道释》，[2]可堪容纳众臣宴饮。中记载大中祥符"七年十月诏延寿寺十九院之中"，有储御书经阁，确为一大型寺院。不过在宋兴隆寺安葬舍利碑碑文中没有提到延寿寺，金元明清文献也无记载，尚待后人考证。

（三）泰山、社首封禅

十月丁未（二十日），真宗法驾抵达乾封县奉高宫，有占城、大食诸番国使在道左迎献方物，入宫后，真宗焚香拜诣昊天玉册。第二天戊申，在穆清殿举行斋戒仪式，己酉（二十二日），泰山之巅生五色云，真宗与近臣登奉高宫后亭望之，并命名为"瑞云亭"。[3]

十月庚戌（二十三日），白天未上五刻，即午后两点十五分，真宗"服通天冠、绛纱袍，乘金辂，备法驾，至山门（设有幄次），改服靴袍，乘步辇以登，卤簿、仗卫列于山下。黄麾仗卫士、亲从卒，自山阯盘道至太平顶，凡两步一人，彩绣相间。"在中路也设有御帐，驮载供奉的马匹至此停步。在此之前，为了确保山上、山下祭祀相响应，"遣司天设漏壶山之上下，命中官覆校日景，复于坛侧系板相应。自太平顶、天门、黄岘岭、岱岳观，各竖长竿，揭笼灯下照，以相参候。"[4]

真宗"道经险峻，必降辇步进"。抵达山顶御幄，"召近臣观玉女泉及唐高宗、明皇二碑。"奉祀官、点馔在圜台（圆台）习练仪式，祥光瑞云交相辉映。

辛亥（二十四日），在圜台祭享昊天上帝，命群官在山下封祀坛祭享五方帝诸神。圜台上设昊天上帝牌位，"奉天书于坐左，太祖、太宗并配西北侧向，帝服衮冕，升台奠献，悉去侍卫，拂翟止于壝门，笼烛前导亦彻之"。中书侍郎周起读玉册、玉牒文，真宗饮福酒，中书令王旦跪称"天赐皇帝太一神策，周而复始，永绥兆人"，[5]真宗三献，之后封金匮、玉匮，均封置于石函中。真宗再次登上圜台阅视，完毕后返还御幄。

❶ 李昉：《太平广记》卷一百八"兖州军将"条，民国影明嘉靖谈恺刻本。
❷ "（大中祥符）七年十月诏兖州延寿寺十九院之中，今后于逐院内，从上名轮系帐行者一人专切看管所贮御书经阁，候一年别无遗阙，特与剃度。"
❸ 本节内容，凡未注明者，均引自李焘：《续资治通鉴长编》卷七十，中华书局，2004年，第1573页。
❹ 脱脱：《宋史·礼七》，中华书局，1985年，第2531页。
❺ 脱脱：《宋史·礼七》，中华书局，1985年，第2532、2533页。

司天监奏报有庆云绕坛，月有黄辉气。当天真宗下山返回奉高宫，百官在谷口奉迎，日有冠戴，黄气纷郁。当天真宗下诏以奉高宫为会真宫，"增葺室宇，务从严洁"，"泰山天齐王宜加号仁圣天齐王，修饰庙宇祭器，又封咸灵将军为炳灵公，令兖州加葺祠庙；封泰山涌泉庙为灵派侯、亭亭庙为广禅侯、兖州邹县峄山庙为灵岩侯，各遣官致告祭"，上卿九天司命"宜尊懿号曰九天命司上卿保生天尊，设像于会真宫别殿"，"尊青帝真君懿号曰青帝广生真君"。❶

壬子，也即十月二十五日，真宗在社首山禅祭皇地祇，礼仪与封祀坛祭祀之礼相同。真宗辇驾至山下，服靴袍，步出大次，徒步上山，奉天书升社首坛。封石函之后，"紫气蒙坛，黄光如帛绕天书匣。悉纵四方所献珍禽奇兽于山下。法驾还奉高宫，日重轮，五色云见"。

壬子这一天，真宗还曾临幸天贶殿、❷仁圣天齐王·炳灵公庙、岱岳观、王母池、冥福寺、青帝君观、天贶殿、灵液亭。❸

癸丑，十月二十六日，"有司设仗卫、宫悬于朝觐坛下，坛在奉高宫之南，方九丈六尺，高九尺，四出陛，其南两陛。上服衮冕，御坛上之寿昌殿受朝贺，中书门下文武百官、皇亲、诸军校、四方朝贺使、贡举人、番客、父老、僧道皆在列。大赦天下……赐天下酺三日。改乾封县为奉符县。泰山下七里内禁樵采。大宴穆清殿，又宴近臣及泰山父老于殿门，赐父老时服、茶帛"。❹"诏王旦撰《封祀坛颂》，王钦若撰《社首坛颂》，陈尧叟撰《朝觐坛颂》。圜台奉祀官并于山上刻名，封祀、九宫、社首坛奉祀官并于社首颂碑阴刻名，扈从升朝官及内殿崇班、军校领刺史以上与蕃夷酋长并于朝觐颂碑阴刻名。"❺

至此，由斋戒、祭天、禅地、朝贺组成的泰山封禅大典终于结束。甲寅，即十月二十七日，真宗发奉符，始进常膳。

❶ 宋氏：《宋朝大诏令集》，更宫名、上尊号之举皆在辛亥日，见卷一百十七《典礼二》"改奉高宫曰会真宫诏"，卷一百三十五《典礼二十》"上九天司命上卿保生天尊号诏"，"尊青帝感生真君诏"，清钞本。据李焘：《续资治通鉴长编》卷七十、《宋朝事实》卷十一，则在完成祭地礼之日，即壬子日。
❷ 王应麟：《玉海》卷一百六十"祥符泰山天贶"条，清光绪九年浙江书局刊本。
❸ 李攸：《宋朝事实》卷十一，清武英殿聚珍版丛书本。
❹ 李焘：《续资治通鉴长编》，中华书局，2004年，第1572页。
❺ 脱脱：《宋史·礼七》，中华书局，1985年，第2534页。据马端临：《文献通考》，此事在癸丑日。

二 泰山宋代封禅名胜

　　宋真宗泰山封禅过程，史书记载较详，封禅活动涉及的场所也相应较多，大体上包括两大类，一是直接见证封禅过程的行宫、祀坛和碑刻，二是与封禅活动相关、真宗在封禅前后下诏修建的各类观庙和井亭。

（一）行宫与坛碑

1.会真宫与登封碑、社首坛碑

　　如上节所述，真宗封禅山下行宫为奉高宫，封天禅地后改名会真宫，斋戒行礼之穆清殿当为主殿，宫后有瑞云亭一座。除主殿外，还有放置保生天尊像的别殿。据《宋朝大诏令集·典礼二》"改奉高宫曰会真宫诏"中"顾奉高之遗址、著舆地之旧闻"的提法，奉高宫选址可能有前代旧迹可循。民国《泰安县志》卷三称"瑞云亭"在"城南朝觐坛侧，宋之御香亭也"，❶大概是后人所建，非瑞云亭旧址。

　　会真宫位于明清时期泰安城内东南角，其兴废沿革可见明代文献如《岱史》《泰山志》《六岳登临志》及清代文献《岱览》。据《岱史·遗迹纪》"张志纯"条，元初道士张志纯曾"居会真宫数载，道行超群辈……（元主）赐号'崇真保德大师'，授紫服"，并主持重建了岱岳、升元二观及上岳庙；卷九《灵宇纪》"会真宫"条及"任式记略"，宫在明时尚有玉皇殿、吕洞宾诗二首手书石刻及李白诗四方碑刻，成化十八年（1482年）重

---

❶ 葛延瑛、孟昭章：《重修泰安县志》，凤凰出版社，2004年，第328页。

修。[1] 据《岱览·总览三》"种放《会真宫诗》题跋"诗条,"云会真宫后改泰山书院,塑天地诸神像","万历二十二年(1594)八月初七日悉毁于火,仅存志纯偈颂勒壁。后即故址改建关帝庙,岁时致祭于此。内附张仙祠"。[2] 现此地为泰安军分区家属区所在。

种放会真宫诗碑及文早佚不存,唯题跋碑幸存,后移置于岱庙环咏亭东西壁间。1928年岱庙设市场,环咏亭改为旅馆,碑下落不明。1965年在岱庙环咏亭出土了第一碑的首截,1997年重建岱庙延禧门时,出土了题跋第二碑的一截残石。[3]

如第三章所述,宋真宗设在泰山之巅的封禅圜台大概位于日观峰西侧,明代万历年间成书的《岱史》仍见到有方丈许的石函,且明"成化十八年秋,日观峰下,雨水冲出玉简,会中使有事东藩,复驰以献,乃命仍瘗旧所",[4] 表明当时人们知道宋真宗封禅之所。宋代封禅坛包括圆台本身及燎坛,圜台形制"径五丈,高九尺,四陛,上饰以青,四面如其方色;一墠,广一丈,圜以青绳三周。燎坛在其东南,高丈二尺,方一丈,开上南出户,方六尺。"[5] 方丈许的石函大概是埋于圆坛之中,明代时坛已不存,惟余石函。据聂钕《泰山道里记》"乾隆十二年十二月十四日,工人于日观峰侧凿石,得玉匣二,各缄以玉检金绳。启视,其一为祥符玉册,共十七简,简字一行,外用黄缦叠裹之,见风灰飞。其一未启,其简尺寸悉如《宋史礼志》所载",宋代石函,大概在清乾隆年间被破坏。

仿效唐高宗、玄宗,宋真宗也在山上刻下了自己的《登泰山铭》,所谓"初登泰山,王钦若言唐高宗、玄宗二碑之东石壁,南向平峭,欲即崖成碑,以勒圣制",真宗以"朕之功德固无所纪,若须撰述,不过谢上天敷佑,叙祖宗盛美尔"作答,似乎婉拒实则同意了臣下的这一建议。[6]

碑文末尾书"大中祥符元年十月二十七日御书院奉敕摹勒刻石",似乎表明此碑是在封禅结束离开泰山时下诏刻石,但至大中祥符二年五月戊午,真宗方才撰成《登泰山谢天书述二圣功德铭》,[7] 大概是离开泰山当日真宗决定撰《登泰山谢天书述二圣功德铭》,有了刻于大观峰上摩崖的意向。一年后,也就是"祥符二年十一月壬子朔,泰山太平顶磨崖刊圣制毕"。[8]

[1] 马铭初、严澄非:《岱史校注》,青岛海洋大学出版社,1992年,第129、145页。
[2] 聂钕:《泰山道里记》,成文出版社,1968年,第131页。
[3] 贾运动:种放《会真宫诗》题跋碑残石,《文物春秋》2002年第10期。
[4] 聂钕:《泰山道里记》,成文出版社,1968年,第91页。
[5] 脱脱:《宋史·礼七》,中华书局,1985年,第2528页。
[6] 李焘:《续资治通鉴长编》卷七十一,中华书局,2004年,第1606页。
[7] 李焘:《续资治通鉴长编》卷七十一,中华书局,2004年,第1606页。
[8] 王应麟:《王海》卷三十二"祥符泰山铭记"条,清光绪九年浙江书局刊本。

宋真宗《登泰山谢天书述二圣功德铭》位于唐玄宗"纪泰山铭"之东的崖壁处，原"高二丈六尺，宽一丈一尺六寸，额高二尺八寸，宽五尺五寸……文字径二寸，额字径八寸……安阳人翟涛奉当事僚友同游……自为题名，复书'德星岩'三大字，并铲盖于上。每行约毁三四十字。下截尚有字句可读，共得字二百二十有五。篆额《登泰山谢天书述二圣功德之铭》十三字完好如初"，[1] 翟涛为明代泰安州牧，其所书"德星岩"仍在，即是真宗御制御书碑刻所在。

山下真宗祭地之社首坛，据前述民国时出土玄宗、真宗玉册的新闻报道可知，嵩里山上文峰塔旧址是埋藏玉册之地。社首坛形制为"八角，三成，每等高四尺，上阔十六步；八陛，上等广八尺，中等广一丈，下等广一丈二尺；三壝四门，如方丘制，又为瘗坎于壬地外壝之内。"[2] 坛有三壝即三道矮墙，表明其地当较为宽阔，今嵩里山顶较为狭窄，应无空间布置如此规模的坛壝，据此推断山顶出土玉册之地当是外壝之内的瘗坎。

真宗封禅之前，诏命修整前代封禅坛址，并将太平兴国年间唐玄宗社首山出土的玉册、青玉璧仍瘗埋于旧所，[3] 似乎表明宋代封禅坛址与唐代并不重复，唐、宋玉册出土于同一地点，又似乎表明其瘗坎为同一地点。参看乾隆三十九年（1774年）编撰的《泰山图志》中的社首山图，可知较为平整之地仅社首山顶，以及其西的森罗殿一带。

森罗殿位于社首山和嵩里山主峰之间岭坡上，至少创建于金代。聂钦《泰山道里记》对此记载道："高里、社首之间，为高里山神祠，额曰森罗殿……祠创建无考，元至元二十一年重修，徐世隆记。明成化三年重修，许彬记。万历间奉敕重建，见岱顶天启铜碑"。[4] 康熙《泰安州志》卷二称"森罗殿左为阎王庙"。[5] 聂钦《泰山道里记》更明确指出"西南有环翠亭故址，近改为阎王殿。下有后晋总持咒幢，天福九年僧归仁正书，字多剥蚀，后书题名。内有岱岳镇使及岱岳镇都虞侯官名"。民国《泰安县志》卷三也称"环翠亭，在高里社首之间，泰山屏其后，金牛、龙山、云亭、徂徕环其前，当晓烟微茫、夕霞翠霭之际，妙莫能状。清光绪间知县毛澂重建，下有后晋天福年石幢"。从五代时期此地有佛教石幢来看，山上当时当也有寺观之设，宋真宗社首山上的禅地之坛当不在阎王庙处。

民国《重修泰安县志》卷二"社首山"条仅指出其上有唐高宗降禅坛，宋真宗社首坛颂碑在社首山下：

[1] 聂钦：《泰山道里记》，成文出版社，1968年，第83页。
[2] 脱脱：《宋史·礼七》，中华书局，1985年，第2528页。
[3] 李焘：《续资治通鉴长编》卷六十九，中华书局，2004年，第1548页。
[4] 聂钦：《泰山道里记》，成文出版社，1968年，第140页。
[5] 康熙《泰安州志》卷二"舆地志"，民国二十五年铅印本，第47页。

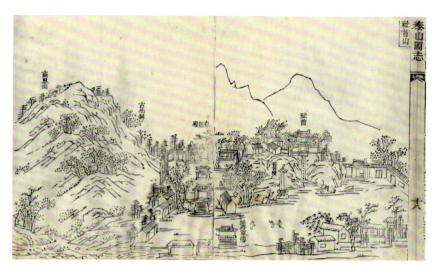

图70 《泰山图志》载社首山图

"社首山，在太山南趾，去县城西南二里，居高里山之左，二山相连高仅四五丈，唐高宗为降禅坛于山上，旋名降禅坛为景云台，宋真宗禅社首有王钦若碑，西北为对岱亭，光绪间邑宰毛蜀云重建。"康熙《泰安州志》卷二称"对岱亭在社首坛之阴，吏部尚书李戴巡按御史毛在同建"，❶乾隆《泰安府志》卷四则称"对岱亭"位于"社首山顶，今废"。❷从清代对岱亭的兴废和记载中的位置变化，及民国时人们将环翠亭误以为对岱亭，表明康熙年间人们大概仍然知晓社首山上有降禅坛之遗迹。

金代元好问称王钦若撰《社首坛颂》碑位于社首山下祠宇内："西南四五里所有蒿里山，山坡陀地中如大冢墓，石坛在其上，宋禅社首碑在山下祠中"。❸清嘉庆《金石萃编》称"社首坛颂碑，碑高八尺一寸五分、广三尺六寸五分，五十一行行一百十一字，额题大宋禅社首坛之颂八字并正书，在泰安府高里山神祠之东"，"碑在高里山神祠东角门"。❹"高里山神祠"之东，是社首山下的相公庙。民国《重修泰安县志》卷二"高里山相公庙，在城西南社首山麓，神称高里，为东岳辅相，庙北有宋元丰三年胡元资《高里山相公庙新创长脚竿记》碣，左有三圣堂，东北有药王庙。相公庙旧在社首山顶，久废，今庙乃光绪间知县毛澂所改建"。

民国二十年（1931年），国民革命军第十五路军总

❶ 康熙《泰安州志》卷二"舆地志"，民国二十五年铅印本，第49页。
❷ 乾隆《泰安府志》卷四"古迹志"，清乾隆二十五年刻本，第262页。
❸ 元好问：《东游略记》，《泰山文献集成》，泰山出版社，2005年，第253页。
❹ 王昶：《金石萃编》卷一百二十七"社首坛颂碑"条，清嘉庆十年刻同治钱宝传等补修本。

指挥马鸿逵部在蒿里山施工，修建烈士祠，兵工将王钦若《社首坛颂》碑凿去有字石面，用作砧础。❶一代名碑就此消亡。

2.其他坛碑

其他山下诸坛碑，主要有阴字碑、封祀坛及其颂碑、九宫贵神坛、朝觐坛及其颂碑。

据康熙《泰安州志》卷一，泰安州城南门"乾封门外迤东三百余武"有阴字碑一通，也是宋真宗登泰山谢天书述二圣功德之铭碑，名为"阴字"是因为"圜台在峰顶，故碑文北向，示尊上帝之意……命勒石北向以答天眷，后人猥曰泰阴碑，题名镌石未知其意云，万历癸酉岁按台吴从宪筑泰阴亭于碑北"。

南宋王应麟《玉海·圣文》"祥符泰山铭记"条，大中祥符二年（1009年）五月戊午，真宗撰成《登泰山谢天书述二圣功德铭》，"十一月壬子朔，泰山太平顶磨崖刊圣制毕"，卷二十八《圣文》"祥符东封圣制颂铭"也载"二年六月丙午内臣言圣制泰山铭已刻石于太平顶，别刊于会真宫"，由此可知山下此碑即后世的阴字碑，竖碑勒刻于祥符二年六月。大中祥符二年十二月辛卯真宗出"圣制会真宫碑示王旦等"，三年正月戊寅"召近臣观龙图阁书，又至资政殿出圣制会真宫碑、九天司命天尊殿铭、泰山重修圣像记"。❷

阴字碑作为参观游览对象，最早可见北宋魏泰撰《东轩笔录》，称"吕升卿为京东察访，游泰山，题名于真宗御制封禅碑之阴，刊刻拓本，传于四方"，❸赵鼎"晚与祖德游会真馆，登瑞云亭，且观章圣皇帝（宋真宗）金字所刻碑，而羽衣之徒无可与语者，遂归"。❹其中提到的会真宫御制金字碑，未见后世文献所载，疑即是山下的泰阴碑，毕竟其位于南城濠边，与会真宫正对，相距不远，可参看明成化十八年（1482年）任式《重修会真宫记》云："观宋祥符间，有颂二圣功德碑，在宫（会真宫）之南百步许，朝觐碑在宫之南一里许，传者谓真宗封泰山驻跸于此。"❺

此碑经金元明清四代，一直保存于原址。元好问《东游略记》载"近城有真宗御制御书并篆登太山谢天书述二圣功德铭，碑石坚整，若三山屏风然"。❻聂钅夋《泰山道里记》也记"城南门外迤东有台基，其上即宋

❶ 马铭初、严澄非：《岱史校注》，青岛海洋大学出版社，1992年，第118页。
❷ 王应麟：《玉海》卷三十一"圣文"，清光绪九年浙江书局刊本。
❸ 魏泰：《东轩笔录》卷五，明刻本。
❹ 赵鼎：《竹隐畸士集》卷二十，清文渊部四库全书本。
❺ 查志隆：《岱史》卷九"灵宇纪"，《泰山文献集成》，泰山出版社，2005年，第101页。
❻ 元好问：《东游略记》，《泰山文献集成》，泰山出版社，2005年，第254页。

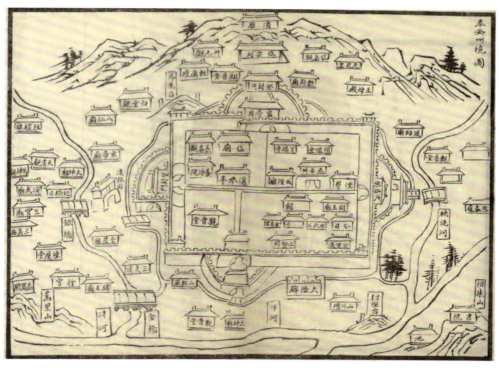

图 71　民国《泰安州志》载泰安州境图

封禅台与太阴碑

真宗《登泰山谢天书述二圣功德铭》，五石合成，制若屏障。高九尺，通宽二丈三尺一寸；额高二尺八寸，宽四尺八寸。与岱巅残碑字画无异。以圆台在山顶，故字从北向，俗呼阴字碑。明巡按吴从宪篆刻其前，曰泰阴碑。其北旧有从宪所建泰阴享，并自为记。揭其亭曰'昭事上帝'，翌其门曰'升中古迹'。"❶嘉庆年间《金石萃编》对此碑尺寸记载更详，"碑凡五巨石合成一碑，并高九尺，第一石广三尺、第二石广二尺五寸、第三石广五尺三寸、第四石广四尺五寸、第五石广三尺，文共五十四行、行二十八字，正书额，高三尺五寸广五尺，题曰'登泰山谢天书述二圣功德之铭'十三字，篆书在泰安府城南门外东南濠岸东偏北向"。❷历代《泰安县志》舆图中几乎均有此碑位置，可见此碑重要性，且清末法国汉学家沙畹曾拍摄有此碑原貌，是不可多得的历史资料。

后人对泰阴碑评价极高。清孔贞瑄《泰山纪胜》"阴字碑"条称"宋真宗御书，王钦若文，文典雅有清庙气象，书端凝有明堂气象，世称双绝"。❸清末民国

❶ 聂鈫:《泰山道里记》，成文出版社，1968 年，第 133 页。
❷ 王昶:《金石萃编》卷一百二十七"谢天书述功德铭"条，清嘉庆十年刻同治钱宝传等补修本。
❸ 王云五主编:《丛书集成初编》，商务印书馆，1936 年，第 11 页。

时，士民在此植槐种荷，取其地之中以为花坞。泰阴亭之西，又拓地半亩，筑室数间，往来憩息，为一时美景。清时已久圮。后因战火损毁，1952年因垒坝施工被泰安县劳改队工人毁，现存7块残石，镶于岱庙西南唐槐院东北部1998年利用残碑垒砌的百碑墙上。❶

图72　天书观旧址

宋真宗封祀坛，"四成，十二陛，如圜丘制，上饰以玄，四面如方色；外为三壝，燎坛如山上坛制"。❷宋真宗封祀坛及坛颂碑位置，金元明清民国文献记载颇详，未有疑处。金元好问《东游略记》载"州门南，道左有宋封祀坛、合祀五方帝及九宫贵人坛，坛南有碑，碑阴载献官姓名"；明查志隆《岱史·遗迹纪》载"封祀坛，宋真宗筑，在岳南五里许"。聂剑《泰山道里记》曰"（泰城）东南为宋封祀坛故址，真宗东封时所筑，有王旦坛颂碑"。民国重修《泰安县志》卷十三称封祀坛颂碑"大中祥符二年七月十五日立，王旦奉勅撰、裴瑀行书并篆额，碑阴列题名，末行书大中祥符元年十月，在城东南四里"。后来，"当地居民呼为'东堌堆'，又曰'孟良台'。1959年章家庄进行农田建设，将坛铲平，故址在今化肥厂院东南部"，封祀坛碑"1972年移岱庙天贶殿前东碑台"。❸

封祀坛旁侧又设九宫贵神坛，合祀九宫贵神，即太乙、摄提、轩辕、招摇、天符、青龙、咸池、太阴、天一。据《续资治通鉴长编》卷六九，"诏别筑九宫坛于行宫之东，以封祀日祭享"，以及《大宋封祀坛颂碑》记"九宫贵神，实司水旱。吾民是依，动系惨舒。厥职尤重。命筑坛于山下封祀坛东，率礼吉蠲，诏大僚以尸其事"。❹均表明九宫坛在会真宫东南的封祀坛东，形制不详，从"封祀日祭享"的记载，及元好问先将九宫坛与封祀坛并称，后述坛南封祀坛颂碑的情形来看，两者应相距不远，以便祭祀。

❶ 郭笃凌：《岱庙百碑墙考》，《泰山学院院报》2019年1月第41卷209期。
❷ 脱脱：《宋史·礼七》，中华书局，1985年，第2528页。
❸ 马铭初、严澄非：《岱史校注》，青岛海洋大学出版社，1992年，第119页。
❹ 唐仲冕：《岱览点校》卷十三"岱阳下"，泰山学院编印，2004年，第355页。

此坛，清代或已久废，未见地方志记载。

宋真宗朝觐坛，"在行宫南，方九丈六尺，高九尺，四陛。陛，南面两陛，余三面各一陛。一壝，二分在南，一分在北"。●康熙《泰安州志》卷一载"朝觐坛，在州南，宋真宗东封群臣觐地，州之风云雷雨坛因其故址，陈尧叟撰碑颂今在坛下，与天贶殿碑及天齐仁圣帝碑，皆待诏尹熙古书，书法类圣教序"，聂鈫《泰山道里记》称"阴字碑南为朝觐坛故址，有陈尧叟坛坛碑……今改为山川坛"，则朝觐坛即明清时期的泰安城风雨山川坛，位于城外"阴字碑"之南。据乾隆、道光时《泰安县志》卷首所载"城池图"，山川坛位于泰阴碑之东。而据民国《泰安州志》，朝觐坛在泰阴碑东南。金代元好问《东游略记》，对朝觐坛早有记载，且可看出其与封祀坛的位置关系："道右有宋封禅朝觐坛，坛亦有颂"，道左为封祀坛。综合来看，应是朝觐坛在阴字碑东南、封祀坛西。

据《泰安日报》中《老泰城南关（三）》记载，"宋封祀坛西北不远为南坛，向北隔五马街与泰阴碑对望。其坛址在今泰城南坛路与灵山大街交叉口西南，原开关厂院南部，今灵山大街南泰安第一人民医院（老县医院）南楼一带。南坛为泰安人俗称，其坛宋代为朝觐坛"，❷这一位置与上述文献基本吻合。

朝觐坛颂碑何时何故不存，尚不确定，据民国《泰安县志》卷十三"封禅朝觐坛颂"条，"大中祥符二年七月陈尧叟奉勅撰，尹熙古行书并篆额，在城南里许……至民国碑台又加砌筑，然碑身向有铁束，今亡矣。"此碑似乎民国时已消亡无存，但《老泰城南关（三）》又称在新中国成立后与坛一起毁去："民国间，废其旧制。但坛、碑（民国间已斜断为两截）还在，一直保存至新中国成立后。据贾明普老人讲，新中国成立前的南坛周围有三个足球场大，中间是一个高大的土堆，石砌基础，有十几米高，分上、中、下三层，底层长四五十米，西、南有巨制龟驮碑，民间以'土谷堆'称之，后因城建铲平。今人为纪念朝觐坛这段盛事，特将从五马村延至南坛的一条路，命名为南坛路，今路名亦逐渐弃用，询之当地居民，多数已不知晓。"据《岱史校注》一书，坛铲平时间为1970年后，碑不知去向。❸

● 脱脱：《宋史·礼七》，中华书局，1985年，第2529页。
❷ 中华泰山网：http://www.my0538.com/2020/0701/557974.shtml。
❸ 马铭初、严澄非：《岱史校注》，青岛海洋大学出版社，1992年，第119页。

（二）观庙与井亭

真宗泰山封禅第五日，先后驻足七座寺观庙宇，其中关系密切的是天贶殿与灵液亭所在的天书观、今天的岱庙所在——仁圣天齐王与炳灵公庙，以及青帝君观。真宗其他临幸之地还有太山之巅的玉女池、山脚的岱岳观与王母池以及宜福寺（似为冥福寺之误）。

天贶殿，为天书观主殿，而非岱庙正殿，周郢《岱庙大殿考之一：天贶殿考》一文对此有详细考证。大中祥符元年六月六日，天书再降于泰山醴泉，这使真宗封禅之举更合天意，七月即下诏建殿——"祥符元年七月乙酉诏泰山灵液亭北天书再降之地建殿，以天贶为名"。❶或许从七月乙酉下诏修建到十月壬子真宗封禅时临幸，三个多月时间只来得及建成观中主殿

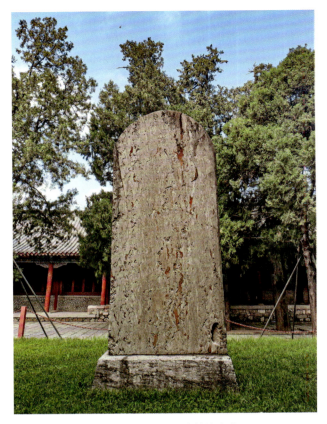

图73　大宋天贶殿碑铭并序碑

天贶殿，因此只称殿名，"十二月庚子，命学士杨亿撰碑"。❷此碑即"大宋天贶殿碑铭并序"碑，二年十一月十七日碑成，翰林待诏朝奉大夫国子监博士尹熙古书。❸

天书观何时建成无考，不过据《宋史·列传第五十九》记载，当在向敏中大中祥符四年任东岳奉册使❹之前，张傅任奉符知县时，"修会真宫、天书观及增治岳祠，以办事称，赐钱二十万。宰相向敏中册东岳帝号还，荐之知楚州"。❺

宋代时天书观，多称为"乾元观"，可见《宋会要辑稿·礼五七》"天贶节"条、❻《续资治通鉴长编·仁宗天圣五年》，❼《岱史·登览志》所载宋代钱伯言《游泰岳祠记》也提到了乾元观及其翠阴亭——"宣和己亥，

❶ 王应麟：《玉海》卷一百六十"宫室"，清光绪九年浙江书局刊本。

❷ 王应麟：《玉海》卷一百六十"宫室"，清光绪九年浙江书局刊本。

❸ 王昶：《金石萃编》卷一百二十七"天贶殿碑"条，清嘉庆十年刻同治钱宝传等补修本。

❹ 文莹：《湘山野录》卷下，中华书局，1984年，第59页。

❺ 脱脱：《宋史·列传第五十九》，中华书局，1985年，第9975页。

❻ "三月二日诏兖州奉符县乾元观每年天贶节道场皆知州行礼，往来颇涉劳提。"

❼ "三月癸卯罢兖州知州天贶节朝拜乾元观，观在奉符县，距州三百里。"

晚入乾元观小饭翠阴亭而归"。

天书观中灵液亭，早于天贶殿而建，原名"醴泉"。《宋大诏令集》卷一七九收有宋真宗大中祥符元年六月庚寅《建灵液亭诏》云："朕将崇昭报，虔举上封。惟乔岳之效灵，涌甘泉而荐瑞。是宜覆之华构，立以嘉名，彰不测之神功，表无疆之善利。泰山所建醴泉亭，宜以灵液为额。"南宋《玉海》卷一百七十五也有"祥符元年六月庚寅朔泰山建醴泉亭，名曰灵液。十月壬子幸，十二月庚子丁谓为碑，二年八月庚戌泰山再出醴泉，建亭曰瑞济"的记载，从中可以看出，灵液亭也曾竖有碑铭，由当时的三司使、封禅扶持使丁谓监造。灵液亭故址在今上河桥北端、东岳大街南侧，遗址原有"醴泉"刻石，近世移入岱庙内。

马端临《文献通考·物异考三》对于此醴泉由来记载颇详："兖州乾封县民王用田中，有儿童掊土，得小青钱数十，争取之，钱坠石罅，因发石，有涌泉二十四眼，味极甘美。又枯石河复有涌泉二十五眼。又一眼出曾阜之上，信宿，势加倍，又别引数派，双鱼跃其中；有果实流出，似李而小，味甚甘；及今古钱百余。封禅经度制置使王钦若贮水驰驿以献，分赐近臣，诏设栏格谨护之。六月诏建亭，以'灵液'为额。"

杨亿撰文，尹熙古书大宋天贶殿碑大概在明中前期已移入岱庙，因而引发后人将天贶殿误以为岱庙正殿。明嘉靖间汪子卿编《泰山志》卷二记载"天贶殿在岳顶，宋真宗得天书建，学士杨亿撰碑铭。殿今废，碑存岳祠"，虽然"天贶殿在岳顶"的说法有误，但可知至少嘉靖年间碑已在岱庙，其"天书观"条记载了当时观内的杂乱状况，钱伯言《游泰岳祠记》碑刻也因此被移入岱庙："天书观即乾元观，今榜曰碧霞元君行宫，在州城西里许，宋大中祥符建，史载天书降于泰山西南之麓，即其地也。观西隙地今为民居。宣和兖守钱伯言碑刻湮秽食豨之所，偶遭鉴赏，移置岱庙古松下，文墨士咸称快焉。"

诸多明清文献对天书观与乾元观的关系，以及醴泉亭——灵液亭及醴泉的位置也有说明。天顺《大明一统志》卷二十二"天书观，在泰安州治西，旧名乾元"；弘治《泰安州志·祠庙》"天书观，即乾元观，在州西二里，宋大中祥符间创"；万历《岱史·灵宇纪》称"天书观即乾元观，今榜曰碧霞元君行宫，在州城西里许，宋大中祥符建，史载天书降于泰山西南之麓，即其地也"，卷十一《宫室志》"醴泉亭在天书观，宋时所建"。

乾隆《泰山图志·祠宇二》对天书观明代以后沿革记录颇详，现照录如下：

"天书观在汶阳桥北，宋史大中祥符元年封祀制置使王钦若得天书于泰山西南垂刀山下灵液亭北，因建观于此，殿庑三所，前祀元君像，中为九莲菩萨，后智上菩萨。智上九莲皆范铜镀金为之。门西有醴泉，祥符中建亭于上，颜曰灵液，今圮。北有铁浮屠十三级，明嘉靖十二年造，又南有门楼三间，乾隆十一年毁于火，西有宋翠阴亭故址。"

乾隆末年成稿的《岱览·分览四》补充记载了明万历年间建中后二殿和更名天庆宫的一段历史：

"（汶阳）桥北为天书观，旧名乾元，门阁三重，殿庑三所……今观大门内有井，勒醴泉，旧有亭，久圮。宋焘云：余童时犹见。观内泉出石崖下注，有垂杨数株，大二十围，盖祥符时所植。今树既乌有，而泉又凿深为池，非其旧矣……泉侧铁浮图十三级，明嘉靖十二年造，正德间即其中为元君殿，尝遣中官致祭。殿后为九莲殿。万历间孝定皇太后附庙尊为九莲菩萨，命中使建，改观额为圣慈天庆宫，详岱顶天启五年金碑，又后为智上殿，崇祯末年追崇孝纯皇太后为智上菩萨，详副使左佩玹碑记。像设皆范铜为之。乾隆十一年观大门楼灾，其西有宋翠阴亭故址。奈水自桥南行至灵芝街西南为奈河桥。"

仁圣天齐王·炳灵公庙，即今岱庙。汉代时已建有祭祀泰山神的祠庙，分为上、中、下三庙，东晋时人们已将现岱庙视为泰山三庙之下庙（伍辑之《从征记》），绵延至隋唐，有汉柏院现存汉柏为见证及近年考古发现之汉、唐瓦当为佐证。其早期历史沿革见第五章第三节，现详述五代、宋时历史沿革。

岱庙从五代开始已被称"东岳庙"，后周太祖广顺二年（952年）五月亲征兖州时曾"遣翰林学士窦仪祭东岳庙"，且庙中另有祭祀炳灵公的殿宇，初具规模。

炳灵公为泰山神三子，后唐时被封为威雄将军——"五代会要曰：后唐长兴四年七月封泰山三郎为威雄大将军，时上不豫，泰山僧进药，小康，僧请封之。宋朝会要曰：庙在兖州泰山，炳灵，泰山神三郎也，后唐诏封威雄将军，大中祥符七年十月十五日诏封威雄将军为炳灵公"。[1]威雄将军祠当在后唐加封时已经存在，北宋初，"炳灵公殿"已是东岳庙一殿，事见《事物纪原》卷十"李敏"条——"李敏尝为兖州奉符县主簿，会岳庙炳灵公殿岁久再加营葺，命敏督其役……炳灵公自后唐明宗听医僧之语，遂赠官立祠"，[2]宋真宗将东岳之神与炳灵公

❶ 高承：《事物纪原》卷七"炳灵公"条，明弘治十八年魏氏仁实堂重刻正统本。
❷ 张师正：《括异志》卷十"李敏"条，中华书局，2006年，第114页。

之庙合称为"仁圣天齐王·炳灵公庙"，也表明二神祀庙当为一处。

宋真宗封禅当日加天齐王与威雄将军封号，下诏要求"修饬庙宇祭器""加葺祠庙"，在此之前的八月已开始增筑庙亭。"庚戌，王钦若言：'臣自至岳下，尝梦神人以增筑庙亭为请，再梦如初，仍指其方位以识之。近因督役至威雄将军祠，瞻其神像、庙地，悉与梦合，今请以羡财于庙筑亭'。从之"。❶此亭，据嘉靖《山东通志》卷十八"炳灵公庙"条，王钦若建于庙北墉，"亭名曰灵感"。

宋真宗封禅仅是下诏"修饬""加葺"二神祀庙，大中祥符四年（1011年）之前张傅主持"增治岳祠"，均表明岳祠并未在宋代移址，只是重新庙貌。大中祥符四年五月乙未，诏五岳升帝号，"各遣官诣岳祠致告"。❷"越明年（大中祥符五年），诏五臣撰辞，各建碑于岳庙"，❸岱庙所竖碑即翰林学士中散大夫守尚书工部侍郎晁回撰文、翰林大夫朝散大夫守司农少卿尹熙古行书并篆额的大宋东岳天齐仁圣帝碑，"额篆大宋东岳天齐仁圣帝碑，碑连额高二丈一尺，广六尺二寸，额十字，二行，字径五寸。文三十四行，行八十字，字径寸二分，在延禧殿门外，南向"，碑末书"大中祥符六年岁次癸丑六月辛酉朔十四日甲戌建"即竖碑之日。❹

封禅之后的"增治岳祠"工程在大宋东岳天齐仁圣帝碑碑文中记载颇详："封峦之后……复思严饬庙貌，彰灼威灵，责大匠之职，议惟新之制。于是命使属役、协辰傋功，庀卒徒，给材用、兴云锸、运风斤，程土物以致期、分国工而聘艺，规画尽妙、乐劝忘劳，逾年而成，不恧于素，栋宇加宏丽之状，像设贲端庄之容，凡所对越，肃恭逾至。四年春，举汾阴后土之祀，成天地合答之礼。"

此后，哲宗绍圣四年（1097年）至徽宗建中靖国元年（1101年）、徽宗宣和四年（1122年）至六年均曾对岱庙大加增修，分别有曾肇奉敕撰《东岳庙碑》、❺宇文粹中撰《宣和重修泰岳庙记碑》❻为证，并可一窥当时庙貌：

南为台门一曰太岳，为掖门二曰锡符、锡羡，直太岳为重门二曰镇安、灵贶，东西北为门各一曰青阳、素景、鲁瞻，中为殿三，曰嘉宁、蕃祉、储佑，旁为殿堂二十有三，为碑楼四，后为殿亭五，以临池篆殿曰神游，飞观列峙、修廊周施，总为屋七百九十有三区，缭以崇墉，表以双阙。

❶ 李焘：《续资治通鉴长编》卷六十九，中华书局，2004年，第1557页。
❷ 宋氏：《宋朝大诏令集》卷一百三十七"典礼"，清钞本。
❸ 查志隆：《岱史》卷七"晁迥碑铭"条，《泰山文献集成》，泰山出版社，2005年版，第63页。
❹ 唐仲冕：《岱览点校》卷六"加封帝号碑"条，泰山学院编印，2004年，第184页。
❺ 曾肇：《曲阜集》卷三"东岳庙碑"条，清文渊阁四库全书本。
❻ 王昶：《金石萃编》卷一百四十七"宣和重修东岳庙碑"条，清嘉庆十年刻同治钱宝传等补修本。

宣和六年竖宣和重修泰岳庙碑记："诏命屡降、增治宫宇，缭墙外周、罘罳分翼，岿然如清都紫极，望之者知其为神灵所宅，凡为殿寝堂阁门亭库馆楼观廊庑合八百一十有三楹。"

之后金、元、明、清屡毁屡建重修不断，但其殿宇布局仍然延续了宋代的空间结构，中间为岱庙主殿，炳灵公庙在东偏，延禧殿在西侧，四周台门拱门形制更是典型的宋代城门风格。

青帝观，位于岱宗坊西北的金山南麓，为祭祀五帝之一、主管万物发生的东方木帝伏羲（太昊氏）之所。真宗封禅之日，敕封加号青帝为广生帝君。

观创始无考，隋文帝开皇十五年行幸兖州泰山，"陈乐设位于青帝坛，如南郊。帝服衮冕，乘金辂，备法架而行，礼毕，遂诣青帝坛而祭焉"，[1]其时可能"坛而不屋"，唐代则已建有观庙，唐天宝六年造"造太一真武二像碑"。[2]据"加青帝懿号诏"，宋祥符元年真宗东封时，"观宇特加修饰"，[3]表明宋代时已有青帝观。据唐仲冕《岱览·分览二》，观内主殿名称为广生殿。[4]据宋皇祐四年三月宋禧诗刻"按部到天孙，因过清静轩"，[5]可知观内有清静轩一座。徽宗宣和五年，又在观后建真君殿，事见当时所立东岳青帝观

图74　宣和重修泰岳庙碑

❶ 魏征、令狐德棻：《隋书·礼仪二》，中华书局，1973年，第140页。
❷ 唐仲冕：《岱览点校》卷十二"金山"条，泰山学院编印，2004年，第328页。
❸ 查志隆：《岱史》卷九"灵字纪"，《泰山文献集成》，泰山出版社，2005年版，第101页。
❹ "大中祥符元年，加青帝懿号为广生帝君，重修神宇，因名曰广生殿"。
❺ 陆心源：《宋诗纪事补遗》卷十一"巡历属部留题青帝观"，清光绪刻本。

真君殿之记碑，"属大梁□□李□□捐资购工，独创真祠于泰岳青帝观后，金山之端，托以记文，庶传永久，殿为南北五架，东西四楹，重檐羽揭，绮观翚飞……殿始治于宣和壬寅五月□□日，落成于六月十八日，奉安于七月十八日"。❶

据康熙《泰安州志》卷二，"高真院在岳之南麓金山青帝观，后名眼光殿"，聂钫《泰山道里记》则称"又北为金山，明立高真院于上，今名西眼光殿"。高真院应属于青帝观建筑，《青帝广生帝君之赞》有"爰有高真，允司明命"之语，其碑阴之《青帝告文》有"惟高真之攸馆，乃乔岳之灵区"表明高真是青帝观主神之一，据此推断明代高真院即是宋代创建位于金山之端的真君殿。"殿西有眼光泉，病目者趋焉。南为青帝观……《泰山小史》谓'基址高耸，殿廷宏丽，俨若帝居，祷词者辄应'云。观内东南隅，为宋清静轩故址。"❷

《岱览》记录了观内与真宗东封泰山有关的碑刻两通，分别是青帝广生帝君之赞碑和加青帝懿号诏碑，前者为"宋真宗御制御书并篆额"，❸后者或为钱惟演所制，可见宋钱伯言《游览记》，"过青帝观观文僖丞相遗刻"，❹据《岱览》卷十二"宋青帝赞碑"条，"自乾隆丁卯年，碑石糜碎无存，乙巳春，聂钫于青帝观内道院隙地得其一角，仅存'青帝广生帝君御制及若夫典治上帝'共十四字，碑阴存'克举上'三字，盖御祝文也。并真书。"据民国《泰安县志》卷十三，青帝广生帝君之赞碑"乾隆十二年为俗吏所毁，民国六年得残石八枚于观之旧址，其遗物也。今存图书馆。"

聂钫发现残碑的同时，发现"造太一真武二像碑"，将二者"共垒一台，树之观重门内左侧，西向"，现已移于岱庙东御座前。《寰宇访碑录》卷六载江苏嘉定有大中祥符元年，真宗御制正书青帝广生帝君之赞碑钱氏拓本，可能是其仅存的完整拓片。

《岱览》卷十二"青帝观真君殿碑"条还记载一座东岳青帝观真君殿之记碑，"大宋宣和五年岁次癸卯十二月□日立石""高三尺四寸，广尺七寸，篆额'东岳青帝观真君殿之记'十字，四行，径三寸，文三十二行，行五十二字，字径五分，真书。在青帝观重门内西墙门。"现已佚。

玉女池，位于泰山太平顶上、今碧霞元君祠之西，真宗封禅前"泉源素壅而浊，初营顿置，山下醴泉发，池水亦涨，及工徒升山，其流自广、清泚可鉴、味甚甘美，众赖以济。王钦若请浚治之，池侧有石像、颇

❶ 唐仲冕：《岱览点校》卷十二"青帝观真君殿碑"条，泰山学院编印，2004年，第330～332页。
❷ 唐仲冕：《岱览点校》卷十二"金山"条，泰山学院编印，2004年，第328页。
❸《泰安府志》卷二十八"宋广生帝君赞"条，清乾隆二十五年刻本，第230页。
❹ 查志隆：《岱史》卷十八"登览志"，《泰山文献集成》，泰山出版社，2005年版，第228页。

摧折，（九月）诏刘承珪易以玉石，既成，上与辅臣临观，辛酉遣使砻石为龛，奉置旧所，令钦若致祭"。❶封禅前一日"十月己丑上作记示辅臣，庚戌，上步自御幄观玉女泉，命王旦等观圣制石记"，❷封禅之后的祥符二年五月戊午，真宗向辅臣出示"玉女像记"与"泰山谢天书述二圣功德铭"等其他御制御书铭赞，十月又一起颁赐给近臣，三年正月戊寅又与"圣制会真宫碑、九天司命天尊殿铭"一起出示给近臣，❸由此可见泰山玉女池及玉女像在真宗心中的重要程度。

北宋嘉祐年间（1056～1063年），至晚元祐二年（1087年）时，玉女池旁已有玉女祠。北宋李献民嘉祐五年（1060年）春游奉符，"偶与同志陟泰山……至于绝顶，有玉女池在焉，石罅潺湲、湛然镜清，州人重之，每岁无贵贱，皆往祠谒"。❹碧霞元君祠西元祐二年"刘衮岱顶题名"首次提到玉女祠——"兖海守刘衮奉诏祈雪，次谒玉女祠"。❺宋徽宗政和年间玉女殿旁已有附属建筑，事见赵鼎臣"游山录"——"遂至绝顶，小憩于玉女殿之旁舍"。金代元好问登泰山，亦曾"夜宿玉女祠"❻。元代时，因宋金玉女祠殿旧址建昭真观，明洪武初年重修，❼成化间增修，赐额"碧霞灵应宫"，即今天的碧霞元君祠。

冥福寺，位于岱庙东南是泰山脚下历史悠久的一处佛教寺院，现无存。聂鈫《泰山道里记》记载颇详。

东岳冥福禅院，唐开元间创建，后唐释智顺、后晋志隐皆相继增修。伪齐时海岩重建，改曰崇法禅院。元重修之。内有后唐长兴四年敕牒碑，伪齐阜昌二年重刊，额曰"特赐冥福禅院地土之记"，碑上、下两层，字大小不一。后晋天福周元休撰《东岳冥福禅院新写藏经碑》，明正德任文献撰《重修寺碑》可考。《佛顶尊胜陁罗尼经幢》无年代书人姓名。金泰和年间党怀英撰《新补塑释迦佛旧像记》，碑文记：旧为岳祠奥区，释迦佛像主伴凡五位，并迁置于赐书阁之废基，有乡者赵璠以正殿旷久，始就绪重新之。其曰"赐书阁"，则藏历代敕牒及御书、经文、典诰处，今断碑移置县署土地祠壁。

除上述庙观外，与真宗封禅有关的地点，还有灵派侯庙、广禅侯庙，以及瑞济桥、灵济桥、灵应亭等三桥亭。

❶ 李焘：《续资治通鉴长编》卷七十，中华书局，2004年，第1561页。
❷ 王应麟：《玉海》卷第一百七十"祥符泰山玉女池记"，清光绪九年浙江书局刊本。
❸ 王应麟：《玉海》卷第三十一"圣文"，清光绪九年浙江书局刊本。
❹ 李献民：《云斋广录》卷九"盈盈传"，民国上海中央书店排印本。
❺ 毕沅、阮元：《山左金石志》卷十七，清嘉庆二年阮氏小琅嬛仙馆刻本。
❻ 元好问：《登岳》，《泰山文献集成》，泰山出版社，2005年，第272页。
❼ 李贤、彭时：《明一统志》卷二十二"昭真观，在泰山顶，元因旧址建"，清文渊阁四库全书本。

灵派侯庙即封禅当日下诏改名之涌泉庙，创始于后晋天福六年（941年）。据康熙《泰安州志》卷二，"灵派侯庙在州城西南漆河东涘，其神旧行有漆河将军，后曰涌泉侯，宋真宗东封拓庙为灵派侯"。民国《泰安县志》卷二"灵派侯庙，在迎旭观西，其神旧称漆河将军，宋真宗东封驻跸，水泉方涸，俄而涌涨，嘉其神异，赐封灵派侯，庙创于后晋天福六年。元至元十三年（1276年）泰安监司撒、州尹孙民献以香火费重修，王桢为之碑记，内附五哥王母等殿，未详所出。今则相率呼此庙为五哥庙，清康熙十一年（1672年）、道光八年（1828年）九年十年、咸丰七年（1857年）俱重修，有碑记"。

广禅侯庙，在泰安城南亭亭山，据民国《泰安县志》卷六，民国时仍存有大中祥符年间封广禅侯敕并祭告文碑残碑，提到其原为亭亭山神庙，"大中祥符元年岁次戊申十一月戊午朔四日辛酉，皇帝遣秘书丞直史馆姜屿致祭于广禅侯"。

瑞济桥、灵济桥、灵应亭与天书观处的灵液亭，均因大中祥符元年泰山下有甘泉涌出而建，[1]灵液亭位于天书观，原名醴泉亭，瑞济桥似乎与祥符二年八月醴泉再出而建的瑞济亭[2]有所关联，灵济桥与灵应亭所在不详，待考。

[1] 王存、曾肇：《元丰九域志》卷一"西路，大都督府兖州鲁郡泰宁军节度使"，中华书局，1983年，第16页。
[2] 王应麟：《玉海》卷第一百七十五"宫室"，清光绪九年浙江书局刊本。

泰
安
宋
代
封
禅
遗
存

（一）大宋封祀坛颂碑

此碑立于宋大中祥符二年（1009年）。碑高4.5米，宽1.65米，厚0.8米，圆首方座。碑额篆刻"大宋封祀坛颂"，碑身刻文43行，满行100字，凡3777字，字径2.5厘米，行书。原位于泰安城南宋封禅坛旧址，现位于岱庙天贶殿前东南高台上。

（二）大宋封东岳天齐仁圣帝碑

此碑立于宋大中祥符六年。碑刻高8.2米，宽2.15米，厚0.6米。螭首龟趺。碑首篆刻"大宋东岳天齐仁圣帝碑"，碑阳刻文34行，满行80字，凡2319字，字径5厘米。行书。现位于岱庙配天门前院内西侧。

（三）登泰山谢天书述二圣功德铭碑

此文为宋真宗撰于大中祥符二年五月戊午，刻于两处，一在岱顶德星岩，俗称"宋摩崖"，共计1143字。碑文大部分被后人题刻凿毁，仅碑首篆字清晰可辨。另一处原在泰安城南门外，由五石合成，碑文北向朝岱，俗称"阴字碑"。该碑仅存拓片。

图 75　大宋封祀坛颂碑

图 76　大宋封东岳天齐仁圣帝碑

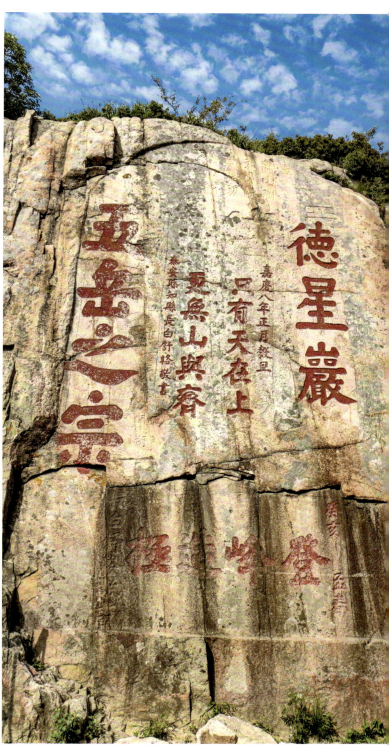

图 77　德星岩

图 78　宋真宗禅地玉册

（四）真宗禅地玉册

　　1931年出土于蒿里山文峰塔下，原有五色土祭坛，上为宋真宗玉册，其下为玄宗禅地玉册。现藏台北故宫博物院。宋真宗禅地玉册共16根，长29.5～29.8厘米，宽2厘米，厚0.7～0.75厘米，楷书。和玉册一起出土的还有雕龙玉片等，应是盛装玉册的玉匣的装饰。

　　八组长方形玉片，均为长方形玉片与四片梯形玉片的组合。两组较细长，长17.3厘米，宽12.8厘米，厚0.4厘米。六组较宽短。长16.2～17.5厘米，宽15.3厘米，厚0.4厘米。均浮雕蟠龙戏珠，四周为卷云纹。长条形玉片，部分饰有卷云纹。功能性玉片，长8.4厘米，宽4.7厘米，厚1.2厘米，上有五道凹槽。❶

（五）青帝广生帝君之赞碑

　　此碑制于宋大中祥符元年（公元1008年），原立

❶ 那志良：《唐玄宗、宋真宗的禅地祗玉册》，《故宫文物月刊》1992年总第106期。

图79 青帝广生帝君之赞碑
（现位于岱庙东御座院内）

泰山西南麓青帝观殿西（今烈士陵园前院），乾隆十二年（1747年）被俗吏砸毁，碑遂佚，形制无考。民国初年，葛云庵觅得此碑残石9块，将其拼凑为一碑，空处以砖石充之，得碑高2.75米，宽1.14米。立于岱庙东御座院内，与右前方的秦泰山刻石两两相对，可谓"珍碣双立"。

原碑阳全文：

"青帝广生帝君赞之碑

御制御书并篆额

若夫典治乔岳，表正灵祇，司生发于东方，佐聪明于上帝；宜乎名冠仙籍，德被蒸民，缋祀典于萧艿，镂徽称于金石者也。属以虔修封礼，恭答神休，荐显号以致诚，述斯文而颂美。

赞曰：

节彼岱宗，奠兹东土，生育之地，灵仙之府。爰有高真，允司明命，至神不测，虔诚斯应。茂实克昭，储祥是系，式奉嘉名，用伸精意。

大中祥符元年十月二十七日

御书院模勒刻石"

现存碑阳文"御书乔岳表正灵祇宜乎名冠仙籍徽称金石者也属以虔修显号述斯文而颂美宗生育有允司明神不测茂实储祥用伸"，计48字，正书，字径5厘米，御制御书。存碑额文"青帝广帝之"四行五字，篆书，字径12厘米。

原碑阴祝文原文：

"维大中祥符元年岁次戊申十一月戊午朔四日辛酉，崇文广武圣明仁孝皇帝署，谨遣尚书兵部员外郎邵□告于青帝广生帝君。伏以峻工，丕显诞彰，阴骘之仁，神化无方。实主发生之宇，惟高真之攸馆，乃乔岳之灵区。属以祇奉元符，躬陈大报，仰繋景贶，克举上仪。式彰昭代之称，以表钦崇之礼。合伸致告，用答虔诚。谨告。"

现存"崇文广武圣明仁孝皇帝署谨遣尚书兵部员外郎伸致告"计23字，行书，字径3厘米。

165

其碑阴另有一残石，高32厘米，宽34厘米，存"中书门真宰之斯青帝真高明"12字，字径3厘米，行书。经查对，此残石为加青帝谥号碑的一部分，其书体与青帝广生帝君之赞碑碑阴同，故葛云庵误混为一碑。

（六）牛山资圣院遗址

资圣院，位于肥城市牛山森林公园牛山南麓，又名牛山寺，由僧人广就创建于北宋咸平元年（998年），大中祥符元年（1008年）宋真宗东封泰山驾临此地，救院额，因山名更为郁葱，又名郁葱寺。熙宁甲申重修，竖碑。而后元明清各代均有重修，据《同川书院碑记》，以明弘治、嘉靖之际重修规模较大，有伽蓝殿、山门、文殊菩萨殿等建筑。寺院西有同川书院、龙王庙等。现存寺院格局为明代，山门前后古柏、银杏古树参天，颇有古寺气象，寺内现有王母大殿（1936年重建）、关帝庙等清代或民国建筑留存。山门前有小溪环绕，东侧坝堰多为寺院建筑构件砌筑，山门

图80　资圣院旧址

图81　茹庭坚留题蔚葱山资圣院落石泉碑

左侧有石刻题记，环境清幽。山门前有明嘉靖三十三年甲寅（1554年）竖螭首金山寺文会碑一通。

见证寺院与真宗东封的熙宁七年（1074年）茹庭坚撰郁葱山资圣院记碑（原位于大殿之前），据周郢讲，碑仍存，可能砌于溪涧堰坝处，尚待调查，现龙王庙旧址处存有茹庭坚诗刻碑一通，碑上半截已残，全文如下：

"留题蔚葱山资圣院落石泉／太常少卿通理郡事茹庭坚／叠嶂前须知神异出天然／□飞石特向岩隈生冷泉／□湛□放流满院夜涓涓／功殊大□□常程鼎饪前／大宋熙宁六年癸丑岁十月五日院主惠玉"

（七）泰安天封寺遗址

　　天封寺遗址位于泰安市泰山区邱家店镇东旧县村村东。该寺为宋金至民国时期泰山地区重要佛教遗址，已毁圮，旧址被压在现代建筑之下。存民国二十三年（1934年）古井一通，直径大约1.7米，深20米。此寺原位于古博城西南隅，宋代迁于今东旧县村靠近汶河处。宋大中祥符年间始以"天封"为名。金大定十七年（1177年）夏，该寺大殿曾进行重修，十八年秋完成。大定二十四年十一月，该寺主持法越委托党怀英撰写碑记，即《重修天封寺碑记》。该碑现存于岱庙，记载了天封寺和旧县城变迁情况。

（八）重修天封寺记碑

　　此碑原位于泰安城东南旧县村天封寺遗址，现位于岱庙碑廊。碑高1.8米，宽0.9米，厚0.18米，圭首。碑刻文22行，满行40字，凡787字，字径3.5厘米，楷书。

图82　天封寺旧址

图83　重修天封寺记碑

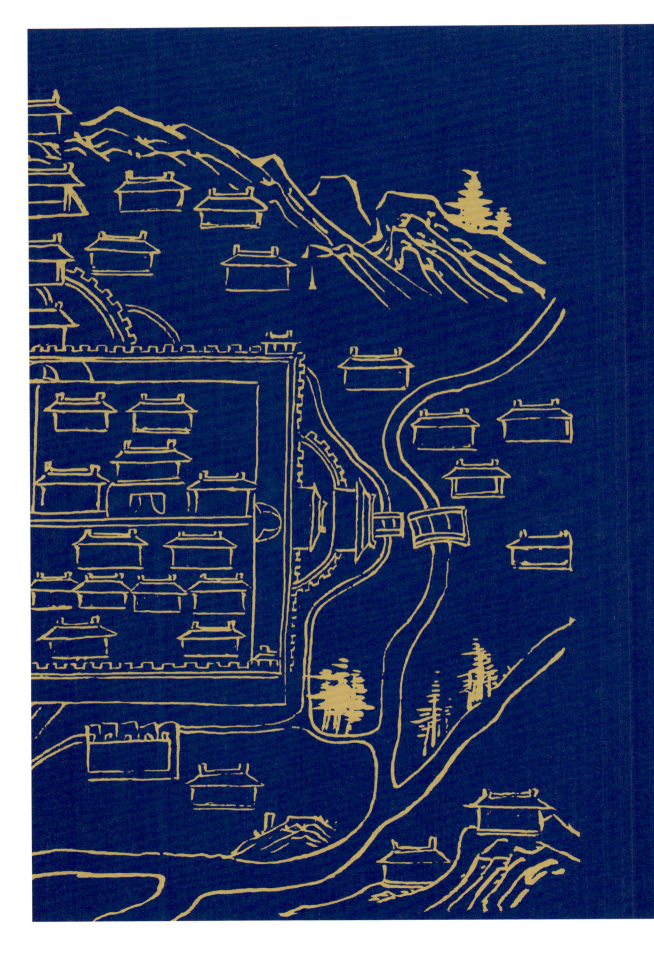

第五章

金元明清的
帝王祭祀

簡　帝
史　王
　　祭
　　祀

在宋真宗的封禅政治表演之后，金、元、明、清历代政权对于封禅已不热衷，只将泰山祭祀作为一种帝国祭祀传统。金世宗大定四年（1164年）下诏泰安州在立春之日祭祀东岳，封爵亦维持唐宋之旧，元代开创了五岳祭祀的一种新方式——遣官员或道士代替皇帝祭祀。❶除例行祭祀外，明代在战事征讨、水旱灾害、皇帝承继大统即位时，也多遣使祭祀泰山，体现出泰山对于祈福国泰民安的重要地位。清康熙、乾隆的数次登览泰山，已将其作为"轸念民依、省方问俗"之举，❷而乾隆众多的御制诗文，更显出怀古览胜的旅行心态。

现据民国重修《泰安县志》卷六《政教志》"历代巡望"条，结合《清实录》等，将元、明、清三代帝王遣使致祭或登临亲祀历史列举如下：

元世祖至元二十八年（1291年），加泰山封号为"天齐大生仁圣帝"；成宗元贞二年（1296年）遣使代祀东岳，大德二年（1298年）诏诸生附马毋擅礼岳渎，四年遣使祀东岳；泰定帝泰定元年（1324年）遣使代祀东岳，二年、三年、四年各遣使代祀；文宗天历元年（1328年）遣使祭东岳，二年遣使代祀，至顺二年（1331年）、三年各遣使代祀；顺帝至正二年（1342年）遣翰林学士三保等代祀东岳。

明高祖洪武三年（1370年）下诏，不敢效仿历代加泰山封号之举，以"东岳泰山之神"为泰山神名，"依时祭神，惟神鉴之"。十年八月以天下宁谧，遣曹国公李文忠、道士吴永舆、邓子方代祀泰山，树碑岱庙，诏

❶ 宋濂：《元史·祭祀五》，中华书局，1976年，第1900～1902页。
❷ 葛延瑛、孟昭章：《重修泰安县志》卷六"历代巡望"条，民国十八年泰安县志局铅印本，第425页。

自今以后岁以仲秋诣祠致祭，十一年遣道士吴永舆、官行甫祭泰山；二十八年以蛮夷酋长龙州赵宗寿奉议州黄世铁叛逆讨之，遣神乐观道士乐本然、国子监生王济祭告泰山；三十年九月用兵西南夷，遣道士朱铎如、监生高寿祭告泰山。

明成祖永乐五年（1407年）出师征讨安南叛逆黎季犛等，遣道士复生、监生张礼致祭泰山，十四年，礼部郎中周讷请封泰山，下诏拒绝，认为"帝王之有闻于后者，在德不在封禅"❶。宣宗宣德十年（1435年）乙卯遣泰安知州胡宗敏致祭泰山祈年。英宗正统元年（1436年），以承嗣大统遣吏科给事中车逊祭告泰山，三年遣守臣致祭祈年，九年夏旱遣翰林侍读习嘉言致祭祈雨。代宗景泰三年（1452年），因黄河从济宁以南至淮北决溢，遣都御史王文祭于泰山，六年遣刑部尚书薛希琏祭泰山祈年。

明宪宗成化六年（1470年）遣礼部尚书李希安祭泰山祈雨，九年遣礼部左侍郎刘吉祭泰山祈雨，十三年以连岁灾祲遣左布政使陈俨祭泰山祈年，二十一年地震遣山东巡抚、副都御史盛颙祭泰山。孝宗弘治四年（1491年）遣通政司元守直祭泰山祈雨，六年遣山东巡抚左金都御史王霁祭泰山祈雨，七年黄河在张秋决口，遣平江伯陈锐、左副都御史刘大夏等督工修筑，祭告泰山，己未御制重修东岳庙碑。武宗正德五年（1510年）遣户部左侍郎乔宇祭泰山祈雨，六年以出兵讨伐宁夏逆党功成，遣山东布政使司右参议徐永告谢泰山。

明世宗嘉靖十一年（1532年）命泰安州知州李旼祭泰山祈求子嗣，十七年元子诞生，命泰安州知州丁方祭告泰山；三十二年闰三月以黄河涨溢遣山东巡抚沈应龙致祭泰山，三十三年二月以河水涨溢、粮道梗阻遣山东巡抚沈应龙祭告泰山祈年。穆宗隆庆三年（1568年）大水，遣山东巡抚姜廷颐致祭泰山，六年漕河横溢，遣山东巡抚傅希挚祭泰山。神宗万历元年（1573年）遣左布政使曹科祭告泰山，承嗣大统。

清世祖顺治八年（1651年）四月遣都御史刘昌致祭东岳泰山，据《清会典》，此年题准每遇万寿圣节遣官致祭东岳之神，十八年八月遣翰林侍读学士左敬祖致祭于"东岳泰山之神"。

清圣祖康熙六年（1667年）八月遣内秘书院学士刘芳躅致祭于"东岳泰山之神"，十五年二月遣宗人府府丞马汝骥致祭东岳，二十一年三月遣宗人府府丞李廷松致祭东岳。二十三年九月东巡，十月至岱宗致祭，行二跪六叩头礼；十一日登岱、十二

❶ 陈建：《皇明通纪集要》卷十四，明崇祯刻本。亦见《岱史》卷六"狩典纪"，《泰山文献集成》，泰山出版社，2005年，第57页。

图84　康熙南巡图·巡行泰山图（局部）❶

日"下山祀于岳庙"；❷此年翰林院编修曹未等人请登封岱宗以告成功，议后拒绝，而决定巡行经过泰山、阙里时，行礼致祭。二十八年己巳春南巡，乙酉（十七日）"上至泰山之麓率文武诸臣、向岱宗行礼"。❸四十二年南巡阅河至泰安州登岱，遣内阁侍读赵世芳致祭；五十六年泰山大水、盘路倾圮，命江南学臣林之濬、江西学臣鱼鸢翔修理。

　　清世宗雍正元年（1723年）遣宗人府府丞吴梁致祭东岳，七年命内务府郎中丁皂保、赫达塞督修岱庙及盘路，十三年十二月下旨免除泰山香税。泰山碧霞灵应宫，远近瞻礼者必先输香税于泰安州，然后许其登山，至是免除。

❶ 周维新：《关于〈康熙南巡图〉的研究》，《沈阳故宫博物院院刊》2006年第 2 辑。
❷ 唐仲冕：《岱览点校》首编一"南巡笔记"条，泰山学院编印，2004年，第 3~4 页。
❸ 《清实录康熙朝实录》卷一百三十九，抄本。

❶《清实录乾隆朝实录》卷三百九，
抄本。
❷《清实录乾隆朝实录》卷三百八十七，
抄本。
❸"乾隆二十二年二月十二日奉上谕
朕回銮渡黄后，由顺河集至徐州阅视河
工，朕即自徐州至曲阜展谒孔林，途经
泰安登岱拈香……皇太后銮舆仍由顺河
集旧路先至灵岩驻跸"，见高晋：《南
巡盛典》卷八十九"程途"，清乾隆
三十六年（1771 年）刻进呈本。卷
十四"天章——丁丑、山东"去程离
开济南依次有"晓发崮山""驻跸方
山""灵岩寺"等诗。

高宗乾隆十三年戊辰（1748 年）二月奉皇太后东
巡，銮驾至泰安，躬祀岱庙，"壬午，上至泰安府，诣
岱岳庙，周览良久，还行幄……癸未，上诣岱岳庙致
祭，奉皇太后銮舆登岱。甲申，上诣关帝庙行礼"；❶
十六年辛未四月南巡回銮，丙戌，"上到泰安府、岱庙
瞻礼"；❷二十二年丁丑南巡，去程经灵岩至泰安，回
程登泰山、至灵岩。❸二十七年壬午遣协办大学士兆惠
致祭，夏四月南巡回銮过泰安，十九日谒岱庙、二十日
登泰山，祀碧霞元君祠。三十年乙酉南巡过泰安，遣御

175

前侍卫五福致祭；三十六年辛卯东巡，二月二十四日驻跸白鹤泉，二十五日谒岱庙，二十六日登岱，祀碧霞祠，二十七日宴群臣，各赏赉有差。四十一年丙申东巡，三月十四日谒岱庙，十五日登岱，祀碧霞祠。四十五年庚子正月南巡过泰安，二十六日驻跸白鹤泉行宫，二十七日躬谒遥参亭，谒岱庙，三月二十九日回銮，遣内阁学士达敏致祭。四十九年甲辰正月南巡，二月辛酉驻跸灵岩寺行宫，壬戌至泰安府诣岱庙行礼，遣官祭关帝庙，是日驻跸泰安府行宫。❶五十五年庚戌三月遣皇十一子成亲王永惺致祭，初四日圣驾东巡至泰安，谒岱庙，驻跸白鹤泉行宫，初五日登岱，祀碧霞祠，初七日射诣岱庙拈香，是日宴群臣，各赏赉有差。综上可知乾隆十年十一次行经泰安，六登泰山。

另外，乾隆二十二年、二十七年南巡往返与皇太后均驻跸泰山北麓的灵岩寺行宫，❷三十年、四十五年、四十九年南巡去程经过泰安时，也必去灵岩寺，并且三十六年辛卯东巡、四十一年、五十五年巡幸山东，去程均驻跸灵岩寺，❸可谓八年十到灵岩寺。

乾隆之后的嘉庆、道光年间，虽然仍遣臣工按时致祭，但伴随着世界大潮在帝国的风起云涌，帝王巡行再无可能，泰山祠祭也走入尾声。泰山诸多封禅遗迹、帝王行宫也在民国期间，因战乱而渐渐湮没毁坏。

❶《清实录乾隆朝实录》卷五百三十三、六百五十九、七百三十三、八百七十九、一千六、一千一百一、一千一百九十八、一千三百五十，抄本。

❷《清实录乾隆朝实录》卷六百五十三，乾隆二十七年正月南巡去程，丁巳"是日、驻跸崮山大营。戊午，遣官祭东岳……是日，驻跸灵岩寺行宫"，南巡返程，壬午"上至泰安府、岱庙拈香"、"是日驻跸泰安府城西大营"，甲申"是日、驻跸灵岩寺行宫"，抄本。

❸嘉庆《大清一统志》卷一百六十三"寺观"条，"本朝乾隆二十二年、二十七年、三十年、三十六年、四十一年、四十五年、四十九年高宗纯皇帝南巡驻跸于此，有御制灵岩寺诗、灵岩寺八景诗"。据《岱览》卷一"天章"，乾隆丁丑（二十二年）、壬午（二十七年）、乙酉（三十年）、辛卯（三十六年）、丙申（四十一年）、庚子（四十五年）、庚戌（五十五年）均有御制题灵岩寺之诗。

胜迹　帝王登临

金、元、明、清四代，皇室与泰山关系虽仍密切，金、明、清时期岱庙、碧霞元君祠（上庙、中庙、下庙）的屡毁屡建，又多为皇家敕命诏修，但仅有清代康熙、雍正、乾隆三帝曾驾临泰山，岱岳胜迹，为之增色，或因之变改，两百年后，幸存者寥寥。

泰山上下与明代皇室相关的胜迹，主要有山巅碧霞元君祠、山下天书观、灵应宫。汶阳桥北的天书观，"（醴）泉侧铁浮图十三级，明嘉靖十二年造。自正德间即其中为元君殿。尝遣中官致祭，有御祝文勒殿东壁。其后为九莲殿，万历间命中使特修，告竣，改天书观颜为天庆宫，岱顶天启五年金碑所载也。又其后为智上殿，崇祯间敕建"，现铁塔位于岱庙。灵应宫位于城外西南，是碧霞元君祠下庙，创建无考，"万历三十九年奉敕拓建，赐今额"，[1]其后院现有明正德二年（1508年）御制告文碑，高1.4米，宽0.67米，保存尚好。

根据《岱览》《清实录》《泰山道里记》，康熙、乾隆的经停、祭拜地点除岱庙、泰安州行宫（岱顶云巢行宫、岱宗坊北白鹤泉行宫、大汶河畔卫驾庄四贤祠行馆）、灵岩寺行宫外，其登顶泰山的行经路线与近代由红门坊的登山中路相合。康熙、乾隆在岱庙行迹详见下节。

康熙登临泰山，吟咏提及的胜迹有御帐崖、云步桥瀑布、五大夫松、南天门、无字碑、泰山极顶、秦

❶ 聂鈫：《泰山道里记》，成文出版社，1968年，第118、137页。

观峰、"孔子小天下处"、日观峰❶等。康熙在岱顶题"普照乾坤"四字，后建乾坤亭于平顶峰"孔子小天下处"对面，并勒"云峰"二字于唐摩崖之上。

乾隆六次南巡、两次东巡经停泰安州十一次，六次登顶泰山，《清实录》《南巡盛典》中清晰记载了其巡行经州府路线，不作详述，其在泰安行迹可见第一节，现略述乾隆登临题字、赋诗撰文的泰安和泰山胜迹如下。

位于泰安城外的有汉明堂、羊祜城、四贤祠行馆。汉明堂位于泰山东南麓西城村东，乾隆《汉明堂》诗——"废迹遗踪辨有无，谁云公玉带曾图。设非麟趾关睢意，便建明堂费亦徒"——曾勒碑于汉明堂故址。❷羊祜城即今宁阳县磁窑镇的巨平故城，四贤祠行宫位于大汶口镇的卫驾庄村，参看聂鈫《泰山道里记》——"巨平为晋羊祜原封采地，武帝以平吴功封南城侯，因辞不拜，仍为巨平侯，上从之。有今上御制《羊祜城》诗，即此。又西三里许，过卫驾庄，为行宫。内有四贤祠，乾隆三十年车驾南巡、三十六年幸曲阜驻于此。有御制《四贤祠》诗曰：孙石气求永声应，孔胡异辙并升堂。"另外泰山西路的白龙池，乾隆十三年（1748年）车驾东巡时曾"遣官致祭于池，遂得雨"，❸乾隆三十五年曾在城北门外西北隅白云观东、城外西南灵应宫东建有驻跸亭，❹也与乾隆相关。

出泰安城、经岱宗坊至泰山绝顶的登临胜迹，主要有岱宗坊旁的白鹤泉行馆、酆都庙、关帝庙、一天门、合云亭、红门宫、壶天阁、桃花峪、回马岭、御帐崖、飞来石、五大夫松、朝阳洞、十八盘、对松山、白云洞、云巢行宫、碧霞祠、唐宋摩崖、登封台、无字碑、玉皇庙、丈人峰、日观峰、莲花洞等。

岱宗坊位于泰安城北门外，建于台基之上，四柱三门三楼式石牌坊，是登泰山的起点，"创于明隆庆间……纪。雍正八年（1730年），郎中丁皂保、赫达塞奉敕重建，篆书坊额"，❺坊前东西有清雍正九年竖重修泰山神庙谕旨碑和重修泰山碑记碑，均风化严重，字迹漫漶，前者高3.5、宽1米，后者高2.7、宽0.72米。

岱宗坊东原有"酆都庙"，乾隆题额"现因果法"，岱宗坊西旧为升元观，乾隆三十五年建行宫于此（即

❶ 唐仲冕：《岱览》首编一"南巡笔记"条，"十一日，至泰山，石径崚嶒，缓步登陟四十里。御帐崖瀑水悬流，五大夫枯松犹在岩畔，或亦后人继植者。入南天门，扪秦时无字碑，至'孔子小天下处'，真可收罗宇宙，畅豁襟怀。题'普照乾坤''云峰'诸字。宿泰山巅，月色清朗，赋诗遣兴。来日，登日观峰，看扶桑日出。下山祀于岳庙。"泰山学院编印，2004年，第3～4页。另首编一有康熙"百丈崖观瀑"一诗，即咏御帐崖处今云步桥所对飞瀑岩。据《清实录康熙朝实录》卷一百十七，康熙二十三年"登泰山极顶，又东至秦观峰，及孔子小天下处，东南至日观峰。薄暮，驻跸行宫。癸卯，侍臣请往观舍身崖。上曰愚民无知……观之何为……因书普照乾坤四字。可于孔子小天下处、建亭悬额。复书云峰二字。于岱顶处、磨崖勒石。"
❷ 朱孝纯：《泰山图志》卷首，泰山出版社，2005年，第58页。
❸ 聂鈫：《泰山道里记》，成文出版社，1968年，第110页、141页。
❹ 聂鈫：《泰山道里记》，成文出版社，1968年，第138页。
❺ 此后至山顶各名胜叙述及题额，引文除特别注明者，均见聂鈫《泰山道里记》。

图85　岱宗坊

白鹤泉行馆），乾隆御书"礼元堂"额。岱宗坊北为三皇庙，明弘治间，尝遣中官致祭，有御祝文碑。庙与观均已不存。

　　关帝庙，位于泰山盘道起点，创建年代无考，清康熙、乾隆年间拓修，乾隆十三年诣庙行礼。坐北朝南、依山就势的三进院落，布局错落有致。庙门前影壁有乾隆所题"神威巨镇"四大字。主要建筑有山门、戏楼、拜棚、正殿、配殿等。关帝庙拜棚前院落有两株古槐，枝叶连理，被称之为"龙凤槐"，相传为唐代所植。正殿后院有古柏一株，树干高0.8米，直径达1.1米，三股枝杈扭曲盘旋而上，被称为"汉柏第一"。东山门内北侧，有一露井，又名"灵井"，井旁有一株百年凌霄，实测树龄近200年。

　　"一天门"坊，"明参政龙光题。康熙五十六年（1717年）巡抚李树德重建"，为两柱单门单楼式跨道石坊。"自岱宗坊至此四里，是入盘道之始。凡坊皆跨道，游者经其下也。"

"孔子登临处"坊，四柱三门三楼式跨道石坊，古藤掩映，典雅端庄，为明嘉靖三十九年（1560年）巡抚山东都察院右副都御史朱衡等建，嘉靖八年状元、杰出地理制图学家罗洪先题额并联"秦王独步传千古，圣主遥临庆万年。"1967年联语被凿毁。

合云亭，位于"孔子登临处"坊之西，雍正三年（1725年）知州吴曙建，乾隆赐亭额。今已不存。乾隆吟诗三首，其一写道"一天门里步天阶，圣迹依然此勒崖。记取岱宗初入路，荡胸云已净尘怀。"

"天阶"坊，位于"孔子登临处坊"北，两柱单门单楼。红门宫位于天阶坊两侧，创建无考，明天启六年（1626年）重修。以盘路为界，分为东、西两院，以飞云阁跨路相连，拱形门洞上题"红门"两大字。西院为道观，宫门额题"红门宫"，为碧霞元君中庙。东院为"弥勒院"，供奉弥勒佛。飞云阁乾隆时曾名观音阁，乾隆题额"普门园应"。

万仙楼，跨道而建，又称望仙楼，明万历四十八年（1620年）建。上祀王母，配以列仙，中为元君"，乾隆题额曰"景会群真"。台基拱门上方正面题"万仙楼"，背面题"谢恩处"，楼为面阔三间的歇山顶建筑，三柱七檩五架梁，前为重檐双步廊，殿墙下部四周镶满明代朝山进香施财合山会题名碑63块。门洞东侧为隐真洞。

万仙楼以北的东侧溪涧，名为樱桃涧，又名桃源峪，"或谓之桃花涧，前人题刻纷纷，惜唐代题名已镌毁，犹有'时十月张炼师因拜岳，大历八年'十数字可识"，乾隆《登岱杂咏》三题，有《桃花峪》诗三首，当指此处，其中一首"春到桃花无处无，峪名盖学武陵乎。五株不见苍松老，半点何曾受污涂"，磨崖题于桃花峪石壁。

壶天阁，跨盘道而建，城门楼式，为明嘉靖年间升仙阁旧址，乾隆十二年拓建，改为壶天阁，乾隆曾驻跸于此，御书阁额，"御制《壶天阁》诗三首，勒东北崖。西偏为倚山亭，对阁为元君殿，今上额曰'琼霄珠照'。北为玉皇庙，今上额曰'紫垣凝命'。"❶壶天阁下层城台由12层条石砌成，东西宽14.5米，高4.75米。拱形门洞，高3.1米，宽3.5米，总进深7.95米，其中北面2.4米系后拓展而成。拱门角上施仰覆莲墀头石，东、西有石阶通上层。台上殿阁三楹，为1993年重建之三清殿。阁北元君殿台基高0.8米，坐北朝南，面阔三间，四柱五架梁，七檩前后廊式。正间柱下有石鼓柱础，前面檐柱和老檐柱下覆莲式柱础。

乾隆设行宫于壶天阁至玉皇庙一带，"（行宫）一在

------

❶ 聂鈫：《泰山道里记》，成文出版社，1968年，第58、62页。

玉王庙，周垣深三丈、广八丈，南殿三间北向、西北殿三间西向，南为跨道其上为壶天阁，阁西为倚山亭，乾隆十二年建"。❶

玉皇庙向北盘岩叠嶂，为回马岭，阁西北为回马岭坊，一名石关，有乾隆御制《回马岭》诗三首，东西勒崖。东石崖上一首为"崇椒越上越嵌崎，传是真宗回马斯。若论天书来致奠，到斯回马已为迟。"

从回马岭坊北行五里至中天门，经"快活三"至云步桥，此地御帐崖及飞瀑岩、飞来石、五大夫松、朝阳洞，为康熙、乾隆多次吟咏的名胜。

云步桥，原为木桥，又称"雪花桥"，正对飞瀑岩瀑布，❷现石桥为1936年建造。崖上有"红桥飞瀑""霖雨苍生""河山元脉""太古清音"等题刻。康熙"百丈崖观瀑"一诗，"悬崖千尺响奔湍，涧道嶒嵘动石澜。仿佛清天有风雨，松阴漠漠逼人寒。"其南巡笔记也称"御帐崖瀑水悬流，五大夫枯松犹在岩畔，或亦后人继植者。"

御帐崖，又称御帐坪，位于飞瀑岩上方，为青石坪，可坐百人，传为宋真宗东封驻跸之所，明萧协中《泰山小史》有《御帐崖》一诗，诗前小序云："在岱之中道。一石平坦，上环流水，宋真宗东封，设帐驻跸，今石上柱穴犹存。近建公署于旧址旁，为达官中栖之所，颜曰'御帐遗迹'。"

飞来石，位于御帐坪上，五大夫松所在崖台之下，其东侧即五大夫坊。相传万历二十一年夏，自山巅坠此，因名"飞来"。石西南大石上勒乾隆御制《飞来石》诗"无翼飞来自何处，凌空欲坠倚峻嶒。诗书齐鲁斯为镇，梵志借誉似不应。"五大夫坊，又称"小天门""诚意门"。

五大夫松，位于飞来石上方高台。明代时有两株古松，"苍秀参天，四围碧石，栏根无土，蟠于石上。万历三十年，泰山起蛟；遂失松所在"。雍正八年正月内奉旨钦差大臣丁皂保补植松树五株，竖碑一通。现存两株，油松，约300年树龄。清雍正八年丁皂保补植大夫松碑仍在五松亭院内，高1.6米，宽0.55米，碑身有断裂痕，另有清乾隆八年（1743年）竖旨钦差大人丁皂保载补五大夫松五株残碑一通。"五松北为单仙亭，圮。明人篆亭名于崖。两崖夹径，勒今上御制《五大夫松》诗二首"，其中乾隆十三年吟《咏五大夫松》诗，刻于五松亭西约50米盘路北侧石壁，字面高1.8米，宽1米。诗文6行，满行13字，字径6厘米，行书。

❶《泰安府志》卷六"行宫"条，清乾隆二十五年刻本，第275页。
❷飞瀑岩，明代又称"百丈崖"，明代陈凤梧曾在此赋诗一首："百丈崖高锁云烟，半空垂下玉龙涎。天晴六月常飞雨，风静三更自奏弦。苍水佩悬云片片，珠帘洞织月娟娟。晚山倒着肩舆下，回看斜阳景更艳。"

五大夫松西北上望人松之西，原有"振衣亭"址，乾隆十二年（1747年）改建驻跸亭于此。有御书"胜览方舆"额。再向北为显灵宫，即元君殿，乾隆曾题额"灵府慈光"。

朝阳洞，位于显灵宫西北侧。为一天然石洞，洞门向阳，曾名迎阳洞，明代更今名。洞深如屋，可容20余人。洞内原祀元君像。洞外宽敞，古松挺秀，东临绝涧。东北绝壁上刻清乾隆《朝阳洞》诗——"回峦抱深凹，曦光每独受。所以朝阳名，名山率常有。是处辟云关，坦区得数亩。结构寄幽偏，潇洒开窗牖。历险欣就夷，稍憩复进走。即景悟为学，无穷戒株守。"碑高20米，宽9米，字大1米见方，名"万丈碑"，亦称"清摩崖"。另在洞东石壁上刻有乾隆"朝阳洞"诗二首。其中之一为"崄为于兹得亩平，崖坳牝洞受曦明。三间精舍颇清洁，稍憩旋教进步行。"

朝阳洞北为对松山坊。对松山，又名万松山，双峰对峙，古松万株，苍翠蓊郁，气象万千。原圣水桥东东崖上刻有乾隆《对松山》诗二首，其"岱岳最佳处，对松真绝奇"一句为对松山景致的最高赞誉。再向上稍北，"旧有大悲殿。今上额曰'莲界慈航'。西有乾坤楼，明洪武朝建，后圮，清同治年间知县何毓福于其地筑今亭"，即对松亭。

对松亭北即十八盘，是泰山登山盘路中最险要的一段，共有石阶1630余级，两山崖壁如削，远远望去，似天门云梯，为泰山主要标志之一。起始处双崖夹道，旧称云门，今名开山，为清乾隆末年改建盘道时所辟。经龙门坊、升仙坊，而至南天门。南天门南东侧石壁上有乾隆"御制《登岱麓》诗一首、《度十八盘》诗二首勒东岩"，诗文尚完好。

南天门，创建于元代中统五年（1264年），门若洞穴，上有"摩空阁"，重檐凌空，气势宏伟。门内有关帝庙，原为"三灵侯祠"，宋真宗东封泰山见三神人于天门，因加封建祀。后移凤凰山关帝庙于此，乾隆题额"乾坤正气"。

南天门关帝庙东为天街，东北为云巢行宫，南北约58米，东西宽约66米，旧址原为五贤堂，"祀孟、荀、杨、文、韩五子"，"乾隆十二年建，有御书'云巢'额"，乾隆中后期已废，今无存。行宫西为"万福泉"，明萧协中《泰山小史》称其"石穴涌流，甘冽异凡，黄冠秘之。近中贵汲以馐上，赐名曰万福。"2007年恢复此泉为方井。

"天街北为凤凰山，其前旧有蓬元坊，明人建……南有白云洞坊，万历间巡抚李戴建，圮。西为象山，为锁云岩，又名云窝，即白云洞，有今上御制诗勒壁。"乾隆

《白云洞》诗（氤氲触石气成蒸，此意当知别有应。一片常教封洞口，金泥玉检未容登）勒洞东石壁。

凤凰山东北为明万历四十二年（1614年）建万寿宫殿，祀九莲菩萨，造大铜钟一口，有御制钟赞。再向东"稍北有万历时所筑北斗坛，四面皆门而中通。上（乾隆）复为台，曰礼斗。碧石并峙，多文采，俗呼辅弼二星，取泰山北斗之义也。又东巨石黑丽，上镌"天柱峰"三字。"今万寿宫殿不存，北斗坛重建。

再向东即碧霞祠，为碧霞元君上庙。祠为二进院落，中轴线上从南向北依次为照壁、金藏库（焚帛炉）、南神门（旧名"金阙"）、大山门（旧名"神秀"）、香亭（即万历所建金阙址）、大殿，两侧为东、西神门，钟鼓楼，东、西御碑亭，东、西配殿，左右对称，南北递进，参差错落，布局严谨。碧霞祠历代修建不辍，《岱史》云："宋建昭真祠，金称昭真观，明洪武中重修，号碧霞元君。成、弘、嘉靖间拓建，额曰'碧霞灵佑宫'。"万历四十三年铸铜亭（金阙，现存岱庙）。清顺治十八年（1661年）南神门上增葺歌舞楼，今名乐舞楼，东西各筑石阁即东西神门，康熙年间因水冲庙毁，重修，乾隆三十五年（1770年）重修，建御碑亭及钟鼓楼。道光十五年（1835年）又重修，同治年间建香亭。殿内曾先后奉悬康熙题额"坤元叶应"，雍正题额"福绥海宁"（今存），乾隆题额"震维灵岳"及"赞化东皇"（今存）。内院东南、西南为御碑亭，东碑亭竖乾隆十三年戊辰重修泰山神庙碑，碑高3.2米，宽0.86米，碑身有断裂痕，字迹漫漶，碑阴御制诗保存完好，上刻戊辰御制《登泰山》诗二首，刻东亭碑阴。辛未、乙酉南巡《过泰山》诗四首，辛卯《登泰山》诗二首，并勒祠门外迤东碑阴、碑侧。丁丑孟春《过泰山》诗二首，勒祠门外迤西碑阴。西碑亭竖有清乾隆二十二年乾隆恭依皇祖诗韵碑，碑高2.65米，宽0.85米，保存完好。另，碧霞祠院内有清雍正十一年登岱篇碑，碑高1.56米，宽0.47米，碑身断裂，字迹尚可辨。

香亭前之东、西两侧有明代铜碑两座。东碑为万历四十三年立敕建泰山天仙金阙碑，西碑为天启五年立敕建泰山灵佑宫记碑。两碑皆通高3.72米、宽1米、厚0.395米，红铜冶铸，厚壁空腹处理。形制装饰略同，趺为梯形，首为方形。趺首皆饰高浮雕式二龙戏珠，碑身则绕以线刻行龙，装饰绚丽，铸造精细。陈从周称二铜碑"允推明代小型碑之极则，为研究明代手工艺及碑制之重要实例"，[1]在铸制技巧、装饰工艺、形体设计诸方面都展示了极高的技术水准。也是明代皇室与泰山关系的重要见证。

❶ 陈从周：《鲁、苏二省游记》，《陈从周说古建筑》（下），社会科学文献出版社，2018年，第176页。

碧霞祠"东石阁外为驻跸亭，即康熙中更衣亭。乾隆十二年（1757年）拓建。《岱史》称'东公署，香税总巡官所居'，皆此地。"乾隆十二年拓建为乾隆行宫，南北约41米，东西宽约18米。今已改建不存。

从碧霞祠东北上为东岳庙址，原为岱庙上庙，元代拓建，明嘉靖间重修，今不存，乾隆曾题额"资始惟元""上摩苍昊"，"庙北悬崖削壁为大观峰，一曰弥高岩"。康熙二十三年（1684年）在唐高宗朝觐碑摩崖之上御题"云峰"二大字，乾隆在"云峰"二字之下，朝觐碑摩崖上勒刻御制《戊辰二月晦夜宿岱顶》诗。

西北为青帝宫，乾隆曾题额"慈天广佑"。宫西为后寝宫，明称神思宫，今无存，乾隆曾题额曰"德溥坤舆"。西为望吴峰，俗呼孔子岩。"明建过化亭于上，圮，遂立孔子庙于下。乾隆三十五年，今上额曰"因高喻大"。其前有坊，李树德题曰"望吴圣迹"。

青帝宫东北上有明代御碑一座，由洪武三年（1370年）的明太祖制改泰山封号碑、洪武十年的遣曹国公李文忠道士吴永与邓子方祭泰山文碑两碑并立而成，二碑碑阴均有万历年间刻辞。

再向北即泰山极顶，"旧称太平顶，俗名玉皇顶。有玉帝观（今称玉皇庙），即古太清宫也。明成化十九年（1483年），中使以内帑重建。隆庆六年（1572年），万恭撤观于巅北，出巅石而表之"。康熙曾宿于泰山之巅，并赋诗遣兴，观中乾隆曾题额"妙运无为"，东侧为迎旭亭，乾隆题额"浴日养云"。绝巅之下，台基方广，原有碑碣"古登封台"。乾隆御制《登封台》诗二首，勒飞龙岩绝壁。台基上有"无字碑"，康熙曾"扪秦时无字碑"，乾隆"咏无字碑"诗也勒刻于东南大石之上。

玉皇顶东南为平顶峰，峰平敞开阔，峰北石壁向南竖"雄峙天东""孔子小天下处"石碣。石碣南侧原有乾坤亭，为明挟仙宫故址，康熙二十三年在此建亭，题额"普照乾坤"，❶乾隆题额"独尊宇宙"。亭内原有碑，"丁丑首夏、壬午孟夏御制《登岱》诗各二首，勒碑两面，碑两侧亦有诗二首。"

再向东南为日观峰，康熙曾在此"观扶桑日出"。日观峰登封坛相关构筑明代时已无存，峰上建有日照观，嘉靖中建观海亭，额曰"日观亭"，再北为望海楼。观亭楼清乾隆年间已不存，乾隆御制《日观峰》诗二首刻碑两面，并建亭其上。1935年日观峰建气象站，御碑无存。日观峰南为爱身

❶《清实录》"康熙二十三年十月十一日，大学士明珠、王熙奉谕旨：……援笔满毫，书成"普照乾坤"四字，可于"孔子小天下"处建亭悬额。复书"云峰"二字，可于极顶处磨崖勒石。"并"虔修泰山顶上各庙"，抄本。

图 86　孔子庙坊前

图 87　明代御碑

图 88　甘露泉

崖，旧称舍身崖。

泰山绝巅"西里许为丈人峰"，乾隆御制《丈人峰》诗勒刻于峰南侧。

从丈人峰向东北下行至尧观顶下的后石坞元君庙，庙分两院，上院三官庙后有莲花洞，洞壁刻有乾隆御制《莲花洞》诗"乳窦溶溶迸石泉，细淙洞口注成川。谩言未是莲花候，四面峰形岂不然。"东院东侧元君墓前有清雍正十三年（1735年）敕封天仙圣母碧霞元君故墓碑，高0.95米，宽0.45米，保存完好。

乾隆十次登临的灵岩寺，相关胜迹主要有西峪、巢鹤岩、甘露亭、卓锡泉、摩顶松、铁袈裟、白云洞、雨花岩、爱山楼、玉符最高峰、朗公石等处。其中西峪入口有乾隆二十六年（1761年）竖四柱三门朝天式石牌坊一座，乾隆题额"灵岩胜境"，现保存完好，巢鹤岩、朗公石、白云洞景观依旧，卓锡泉、摩顶松、铁袈裟也基本保存完好，人文胜迹甘露亭、爱山楼，作为乾隆行宫的一部分，则只剩建筑基址，惟余甘露泉水流淌至今。

岱庙与帝王祭祀

（一）岱庙始建与早期祭祀、修葺

　　岱庙是历代帝王祭祀泰山的重要场所，也称"泰山庙""岱岳祠"等，现建筑群为宋金奠定格局，清代康乾盛世时修缮后的遗存，南北长406米，东西宽237米，占地面积约9.6万平方米，是中国三大官式古建筑群之一。但关于泰山祭祀祠庙建设源流，历史文献记载并不详细，现据历史文献对汉、唐、宋、金时期的建设沿革梳理如下：

　　如本书第一、二章所述，早期泰山祭祀，以封禅祭礼为主，祭祀对象并非泰山之神，如《史记·封禅书》记载汉武帝封禅"泰山下祠五帝，各如其方，黄帝并赤帝"，[1]且相关建筑多为各类祭坛及明堂建筑。不过西汉时，应已有祠庙祭祀泰山。

　　汉高祖二年（公元前205年）曾下诏曰："吾甚重祠而敬祭。今上帝之祭及山川诸神当祠者，各以时礼祠之如故。"[2]《汉书·郊祀志下》也记载了汉宣帝神爵元年（公元前61年）以后"自是五岳、四渎皆有常礼。东岳泰山于博……唯泰山与河，岁五祠"。[3]由此可见汉代时，泰山祭祀已有固定时间。重要的是《汉书·地理志》"泰山郡"条介绍各县时称"奉高，有明堂，在西南四里，武帝元封二年造。有工官"，"博，有泰山庙。岱山在西北，兖州山"。[4]这既表明泰山庙的存在，也说明其与封禅明堂是不同的建筑。

　　东汉末年泰山郡太守应劭所著《风俗通义》记载

❶ 司马迁：《史记·封禅书》，中华书局，2013年，第1674页。
❷ 司马迁：《史记·封禅书》，中华书局，2013年，第1649页。
❸ 班固：《汉书·郊祀志下》，中华书局，1962年，第1249页。
❹ 班固：《汉书·地理志》，中华书局，1962年，第1581页。

"岱宗庙在博县西北三十里，山虞长守之。十月日合冻，腊月日涸冻，正月日解冻，皆太守自侍祠，若有秽疾，代行事，法七十万五千三牲，燔柴，上福脯三十朐。县次传送京师。四岳皆王同礼"。❶东汉末年荀悦撰《申鉴》卷二也有相同记载，称"按汉制，岱宗庙在博县西北三十里"。❷东汉章帝元和二年（85年）二月，辛未幸泰山、柴告岱宗时，"有黄鹄三十从西南来，经祠坛上，东北过于宫屋，翱翔升降。进幸奉高"，❸此祀坛及宫屋可能为岱宗庙的坛庙建筑。

至少东晋时，泰山庙已形成上、中、下三庙的规制，且有坛，有楼阁。北魏郦道元《水经注》卷二十四曾引东晋伍缉之著《从刘武王西征记》（以下简称《从征记》）对当时泰山庙的规模形制祭器有较为详细的介绍："又合环水，水出泰山南溪，南流历中、下两庙间，《从征记》曰：泰山有下、中、上三庙，墙阙严整，庙中柏树夹两阶，大二十余围，盖汉武所植也。赤眉尝斫一树，见血而止，今斧创犹存。门阁三重，楼榭四所，三层坛一所，高丈余，广八尺。树前有大井，极香冷，异于凡水，不知何代所掘，不常浚渫而水旱不减。库中有汉时故乐器及神车、木偶，皆靡密巧丽，又有石虎建武十三年永贵侯张余上金马一匹，高二尺余，形制甚精。中庙去下庙五里，屋宇又崇丽于下庙，庙东西夹涧，上庙在山顶，即封禅处也。其水又屈而东流"。❹

汉晋泰山庙中庙濒临泰山南溪、东西夹涧的环境，表明其即是唐宋岱岳观、明清老君堂所在地方，这在宋元明清各类文献均有反映，不作赘述。中庙与下庙相去五里，也为下庙的位置提供了参考，如若按汉制一里约423米计，则大概为今天的2千米有余，应在原泰安州城南城墙一线（今财源大街），位置当偏东南角，更临近合环水（梳洗河）一些。而今天的岱庙南门距老君堂南门约1.5千米，可能下庙庙址有所迁移，或者记载有误。不过当时庙基应当较为广阔，今天岱庙的汉柏院汉柏，以及1995年仁安门出土的汉代"千秋万岁""长乐未央"瓦当，❺均表明至少今天的岱庙部分区域为汉代泰山庙下庙的组成部分。

泰山三庙的规制及众多汉柏，在唐徐坚著《初学记》有所引述："五祠三庙"条引述《从征记》，"千树三宫"引述了《泰山记》，❻宋《太平御览》更详引《泰山记》曰："泰山庙在山南，悉种柏树千株，大者十五、十六围，长老传云汉武所种，庙及东西房三十余间，并高楼三处，春秋飨祀泰山君常在此坛"。❼此《泰山记》

❶ 应劭：《风俗通义》"五岳"条，中华书局，1981年，第447页。
❷ 荀悦：《申鉴》卷二，中华书局，2012年，第85页。
❸ 范晔：《后汉书·肃宗孝章皇帝纪第三》，中华书局，1965年，第149页。
❹ 郦道元：《水经注》卷二十四，中华书局，2013年，第556页。
❺ 高晓燕、秦彧：《泰安岱庙出土的汉唐瓦当》，《江汉考古》2000年第3期。
❻ 徐坚：《初学记》卷五地部上，中华书局，2004年，第95页。
❼ 李昉：《太平御览》卷三十九"地部四"，四部丛刊三编景宋本。

约成书于汉晋之际，其描述的泰山庙规模与东晋《从征记》类似。

北魏时，泰山庙又称"岱岳祠"[1]，祭告泰山大多采用太牢这一最高等级祭礼。太武帝太平真君十一年（450年）十一月"过岱宗，祀以太牢"，献文帝皇兴二年（468年）"以青徐既平，遣中书令兼太常高允奉玉币祀于东岳"，[2]孝文帝太和四年（480年）二月下诏"其敕天下，祀山川群神及能兴云雨者，修饰祀堂，荐以牲璧"，[3]十九年四月"行幸瑕丘，遣使以太牢祠岱岳"。[4]东魏兴和三年（541年），兖州刺史李仲璇修葺祠宇，并虔修岱像，为岳庙奉祀神像之最早记载。

隋代开皇十四年（594年），隋文帝"将祠泰山，令使者致石神像神祠之所"，或表明泰山祠庙经过长期战乱，神像损坏丢失。"十五年春，行幸兖州，遂次岱岳。为坛，如南郊。又壝外为柴坛，饰神庙，展宫悬于庭。为埋坎二，于南门外。又陈乐设位于青帝坛，如南郊。帝服衮冕、乘金辂、备法驾而行。礼毕，遂诣青帝坛而祭焉"，[5]泰山神庙在封禅活动充担了一定作用。唐代统一后，武德贞观年间重新制定了祭祀礼仪："五岳四镇四海年别一祭，各以五郊迎气日祭之。东岳岱山祭于兖州……其牲皆用太牢，礼官以当界都督刺史充。"[6]开元十三年（725年）玄宗封禅时，"封泰山神为天齐王，礼秩加三公一等。仍令所管崇饰祠庙，环山十里，禁其樵采"。[7]开元年间曾"敕五岳各置真君祠一所"，[8]泰山庙在泰山神地位提高的同时，也进行了修缮维护和增建。唐高宗封祀坛在山南四里（实际更远一些）、唐玄宗行宫离"山趾五里，西去社首山三里"的记载，大概都在泰山庙以南，且相距不远，玄宗行宫更在今岱庙的中轴线上偏南，这与隋文帝祭岱时的神庙和坛坎关系类似。

不过唐代时，在泰山庙中庙基址上发展起来的岱岳观十分兴盛，如第三章所述，有唐高宗、武则天等六帝二后敕使行道，可能影响了下庙作为泰山祀庙的地位，因而不见有任何文献提及，只岱庙东华门出土的天宝十一年（752年）修岳官题名碑，表明今岱庙址确是唐代岱岳祠庙附近。岱庙东南紧邻有唐开元间创建的东岳冥福禅院，也表明泰山下庙的部分区域在唐代已有所变迁，不复汉晋规模。如第四章所述，泰安州城内东南角有宋代会真宫旧址，在大中祥符宋真宗驻跸前，原名奉高宫，此奉高宫不知创建于何时，但奉高宫从汉代起

[1] 魏收：《魏书·地形二中》，中华书局，1974年，第2519页。
[2] 魏收：《魏书·志第十》，中华书局，1974年，第2739页。
[3] 魏收：《魏书·帝纪第七上》，中华书局，1974年，第148页。
[4] 魏收：《魏书·帝纪第七下》，中华书局，1974年，第177页。
[5] 魏征、令狐德棻：《隋书·礼仪志二》，中华书局，1973年，第140页。
[6] 秦蕙田：《五礼通考》卷四十七吉礼四十七，清文渊阁四库全书本，第4639页。
[7] 刘昫：《旧唐书·礼仪三》，卷二十三志第三，1975年，中华书局，第901页。
[8] 刘昫：《旧唐书·隐逸列传》，司马承祯条，中华书局，1975年，第5128页。

即为帝王巡行泰山的行宫之名，此处又恰距中庙五里，分析其可能作为古代泰山庙下庙的一部分，随着北宋开宝五年乾封县移治岱岳镇，❶这里正式成为敕使祭祀泰山的官方场所，而宋真宗选择此地作为行宫，也有追慕汉代帝王的心理渊源。不管怎样，从五代宋初开始，岱庙的前身——仁圣天齐王·炳灵公庙，就已经在今址发展起来，宋真宗封禅也仅是"严饬庙貌，彰灼威灵，责大匠之职、议惟新之制"。❷

综上所述，泰山三庙，其下庙自汉代至宋初，应一直在今岱庙附近，可能占地规模有所缩减，而无大的迁庙之举。宋哲宗绍圣四年（1097年）敕命重修，至徽宗建中靖国元年（1101年）告成，翰林学士曾肇奉诏撰《东岳庙碑》记其事，人们第一次了解到祭祀东岳之庙的规模布局。"先是鲁人相率出财为正殿、重门，颇极壮丽，而他殿若门、若廊，制度庳隘，不足以称……乃因旧益新，南为台门一，曰'太岳'；为掖门二，曰'锡符''锡羡'；直'太岳'为重门二，曰'镇安''灵贶'；东、西、北为门各一，曰'青阳''素景''鲁瞻'；中为殿三，曰'嘉宁''蕃祉''储佑'……总为屋七百九十有三区，缭以崇墉，表以双阙。"从曾氏碑中，可以得知其时岳庙规模已十分宏大。北宋政和四年（1114年）徽宗虽然拒绝了地方军民的登封之请，但从即位起至宣和四年（1122年），又对岱庙进行了大规模修建，宣和六年立宣和重修泰岳庙记碑，"凡为殿、寝、堂、阁、门、亭、库、馆、楼、观、廊、庑，合八百一十有三楹"。哲宗与徽宗的东岳庙修缮，共同

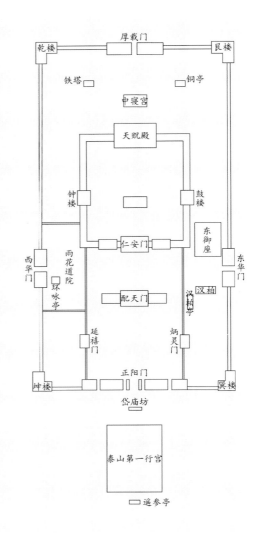

图 89　岱庙平面布局示意图

❶ 脱脱：《宋史·地理一》，中华书局，1985年，第 2110 页。
❷ 马铭初、严澄非：《岱史校注》，青岛海洋大学出版社，1992年，第84 页。

奠定了今日岱庙的格局。

（二）金、元、明、清修缮

金代大定十八年（1178年）岱庙火灾，"堂室荡然"，大定二十一年辛丑冬岱庙重修完工，是金世宗发内帑钱修之，应为敕建东岳庙之发端，根据《钦定四库全书·大金集礼·卷三十四·岳镇海渎·祀仪·杂录》记载，此时岱庙殿廊共854间，金世宗立《大金重修东岳庙之碑》记录了此次重修过程。金宣宗贞祐年间，岱庙毁于兵乱，仅存客省、诚享殿，❶另据元至正十三年（1352年）杜翱撰《东岳别殿重修堂庑碑》，岱庙西南隅在元初有延禧殿、诚明堂，缭以回廊，是元初祭奠之所，至元三年（1266年），元世祖即位七年后，下诏重修东岳庙"创构仁安殿，以妥岳灵"，至正十三年（1352年）重修"殿堂、廊庑灿然一新。又创为新堂五楹，前轩后闺，高明虚敞，以待宾客。西为神库，以岁天子赐物"，其修理主持为庙之住持提点。❷元末，东岳庙再次被毁。

明太祖洪武三年（1370年）六月，明太祖以"神与穹同始，灵震一方，其来不知岁月几何，神之所以灵，人

图90　大金重修东岳庙之碑

金世宗大定二十二年（1182年）御制。此碑在天贶殿前东南高台上，高6.37米，宽1.85米，厚0.8米，圆首龟趺。碑阳刻文27行，满行61字，凡1050字。字径5厘米。

---

❶ 元好问：《东游略记》，《泰山文献集成》，泰山出版社，2005年，第253页。
❷ 唐仲冕：《岱览点校》卷七总览三"岱庙下"，泰山学院编印，2004年，第198页。

图 91　去封号名东岳之神碑

明太祖洪武三年立，此碑在天贶殿西南碑亭内，高6.55米，宽1.6米，厚0.57米，螭首龟趺，无题额。碑阳刻文九行，满行43字，共226字，字径7.5厘米，楷书。

图 92　遣祭祀石碑

明太祖洪武十年，遣遣曹国公李文忠道士吴永与邓子方祭泰山文碑，位于岱庙天贶殿前西南院内，螭首方座，高6.23米。

莫能测。其职受命于上天后土，为人君者何敢预焉"，诏去泰山神封号，仅以"东岳之神"命名，立碑诏告天下。❶明永乐元年（1403年），明成祖诏修东岳庙。明英宗诏修岱庙，地方官员也多次整修，至孝宗弘治己未（十五年）冬，"敬承祖宗礼神之意，发内帑银八千余两，并在庙积贮香钱，命山东镇巡等官茸之。自壬戌冬，越明年夏乃就。讫自三殿而下，若廊庑、若门垣等，凡倾者以易，圮者以完，漫漶者以鲜以洁，金璧辉映，庙貌深严。泰

❶ 袁宗儒、陆钺:《山东通志》卷三十七"遗文上"，明嘉靖刻本。

图93　遥参亭

岳明灵，既尊且安"，竖明弘治癸亥孝宗御制重修东岳庙碑于庙中。❶明弘治《泰安州志·祠庙》记述明前期庙制云："东岳庙二……一在州城西北隅，宋大中祥符间创建。金大定间鼎砌砖城，周围二里，高二丈。建四门，各有楼。南曰岱岳，北曰鲁瞻，东曰青阳，西曰素景。四角亦建楼，西北曰乾楼，东北曰艮楼，东南曰巽楼，西南曰坤楼，中为正殿曰仁安，后则广福、威明、东寝、西寝、东阁、西阁、注禄、注福及诸神殿，暨钟楼、鼓楼、斋心、洗心堂、井亭、神库具备。元季毁于兵燹。国朝永乐初重为修理，宣德中复火之。正统间奉敕重建，天顺间知府陈铨改创今殿。"

明世宗嘉靖二十六年（1547年）十二月，岱庙起火，仅存寝宫及炳灵、延禧二殿。古树、碑刻也多被毁。之后又有地方官吏主持修葺。清康熙六年（1667年）地方官员组织岱庙重修，次年泰安地震，岱庙主体建筑全部被毁，地方官历时

❶ 唐仲冕：《岱览点校》卷七总览三"岱庙下"，泰山学院编印，2004年，第201页。

图94　重修东岳庙记碑

在天贶殿院内西南，为清山东布政使施天裔于清康熙十七年立。高5.93米，宽1.53米，厚0.48米，螭首龟趺。碑首刻"皇清重修岱庙碑记"碑阳刻文13行，满行64字，凡479字，字径4厘米，楷书。

图95　重修岱庙记碑

在天贶殿前东南碑亭内，清乾隆三十五年御制，高5.2米，宽1.5米，厚0.5米，龟趺。碑阳刻文36行，前18行为汉文，满行119字，字径2厘米，楷书，后18行为满文，与汉文内容一致。

十年，于十六年再次完成修葺，雍正年间朝廷对岱庙也多有修整。❶乾隆三十五年（1770年）十月，高宗为贺六十寿诞，重修岱庙，凡神像、大殿以及各殿宇、廊庑、门垣皆拆改重修，并增建遥参亭坊，至此岱庙规模大盛，立重修岱庙碑记此事。嘉庆十九年（1815年），泰安府奉旨重修岱庙。此后，不再有朝廷官方大修。

聂鈫《泰山道里记》对乾隆重修的岱庙布局描述甚详。

"其制初为遥参门，门与城南门相直，其前即宋真宗警跸之地也。门外为台，上起石坊，乾隆三十五年（1770年）奉敕增建，额'遥参亭'三字。北为遥参亭。亭一名草参。凡有事于岳者，拜于亭而后入，是为入庙

❶ "我朝康熙六年、十七年皆修治之，至雍正七年己酉，命内务府郎中丁皂保、赫达赛赍帑督修并及盘道等工，越九年辛亥乃竣。乾隆三十五年庚寅，颁帑十有九万四千有奇，工部侍郎刘浩董其事役，不烦民而制臻大壮，俨然仙阙帝廷哉"，见唐仲冕：《岱览点校》卷六"岱庙上"，泰山学院编印，2004年，第175页。

之始。自明人设元君像于亭中，遂与庙隔，不可通辇路矣。亭后为岱庙坊，康熙间布政使施天裔创建。

北为庙，城堞方三里、高三丈、门八，南辟者五，中曰正阳，三十五年奉敕重建，额'岱庙'二字。东西两掖门，东掖之东曰仰高，西掖之西曰见大。东一曰青阳，又名东华；西一曰素景，又名西华，北一曰鲁瞻，又名厚载。门各有楼。又四角亦皆有楼：曰巽、曰艮、曰干、曰坤，各随其方焉。❶

由中门而入，北为配天门，其东为三灵侯殿，又东为炳灵殿❷……殿前汉柏六株，老干扶疏，有明陈昌言《汉柏图赞》。西北隅一株两干。乾隆二十七年，御制《汉柏图诗》，碑阴勒诗一首，并建亭于殿西。其殿南乃宋孙明复初辟学馆处，名曰信道堂，并自为记……炳灵殿北，旧为迎宾堂，有司候王人之所。康熙间增置三茅殿，乾隆三十五年改建驻跸亭。❸

配天门西为太尉殿……又西为延禧殿，今并祀三茅于内……殿前有元圣旨泰定鼠儿年、至正猴儿年碑，及杜翱撰《东岳别殿重修堂庑碑》，并亡。中阶唐槐一株，古干中劈，阴覆半亩，有明人甘一骥大书'唐槐'二字碑。其门外有宋祥符晁回撰加封碑。

延禧殿北，旧有御香亭，为贮御香之所，有诚明堂，为祭官斋宿之所，并记。西为环咏亭，四垣嵌历代石刻百余计……明万历间重建，乾隆十二年拓新之。今上东巡谒岱庙，四陟岱巅，尝驻跸于此，有御制《环咏亭》诗三首勒亭壁。北为藏经堂，内贮历代经文典诰。东为鲁班殿，殿前有乾隆三十五年内务府大臣刘浩赍帑重修泰山神庙告竣题名碑。❹

配天门北为仁安门，门前有国朝告祭碑十三，修庙碑一，左右环立。门内东西碑亭二，碑台四。其在东者：金大定杨伯仁撰重修庙碑一，明告祭碑六，国朝告祭碑五，御墨亭碑一，今上御制重建庙碑一。其在西者：宋祥符杨亿撰天贶殿碑一，明初诏去封号碑一，告祭碑五，天顺间薛瑄摄修庙文，并勒天贶殿碑后面。国朝康熙间施天裔修庙碑一，告祭碑一，又有石幢一，制最古，通盖趺高可二丈，八面剥蚀无字，俗以'无字碑'呼之，而宋宣和袭庆守钱伯言纪游碑阴勒明邹宏文跋。嘉靖间李钦撰修庙碑及明代谕祭各碑，悉为工人撤毁……

❶ 现东华门、西华门城楼无存，正阳门、厚载门城楼分别为 1985 年、1984 年重建。
❷ 1959 年在故址上改建汉碑亭。
❸ 根据乾隆祭岱庙仪注，其从配天门下轿后有幄次休憩，位于配天门至仁安门之间东侧的三茅殿位置十分合适，可能因此改造为驻跸亭，又称东御座。
❹ 延禧殿、环咏亭，民国毁，现存遗址，分别于 1999 年、2001 年清理发掘。

图 96　天贶殿乾隆题"大德日生"匾额　　　　　图 97　天贶殿康熙题"配天作镇"匾额

北为露台，台之上屹然中立者曰扶桑石，挺然北向者曰孤忠柏。庙内阶旁有古桧数十，蟠结权枒，此即《从征记》所称'汉柏夹两阶'者。其余翠柏森列，惟露台西南二株，附枝倒垂如绶，皆施天裔修庙时所植也。露台东西，双井夹之，西井味尤甘美。有明州人李钦《古井记》，朱之蕃诗称'香井'是也。又有铁桶二，大数抱，宋建中靖国元年造。有奉符县人李谅题记。周以回廊，各绘冥司善恶状。东廊中间为鼓楼，楼后有东斋房，圮。西廊中间为钟楼，楼后有神器库……北有西斋房，今并亡。

露台北为峻极殿即宋之天贶殿。殿九间，重檐八角，祀泰山之神……康熙二十三年（1684年）圣祖仁皇帝躬祀于此，赐额曰'配天作镇'。雍正九年（1731年）世宗宪皇帝额曰'岱封锡福'。乾隆十三年（1748年）今上躬祭额曰'大德日生'。十六、二十二、二十七年，上皆亲祭焉。三十六年，上复亲祭，赐玉圭一，高三尺五寸，宽八寸，色微青。有御制《岱庙诗》六首，并勒殿前东、西碑亭。

后为寝宫，宫五间。宋大中祥符五年（1012年）册封东岳淑明后，今上额曰'权舆造化'。东西曰配寝。凡岱庙之废兴可考者，自宋迄国朝，皆相继增修，碑具在。"

乾隆祀礼岱庙时，经常吟咏的对象有环咏亭、汉柏、唐槐，提及临介石（俗名扶桑石）、大殿、寝殿、仙坛，乾隆六年撰《重建泰山神庙碑记》，乾隆三十五年撰《重修岱庙碑记》并竖碑。乾隆在岱庙留下了御制诗碑31块45首，计有汉柏亭东侧南墙2碑2首（四十一年壶天阁、三十六年）、汉柏亭下12碑13首（十三年环咏亭、五大夫松、奉皇太后登岱、二十七年十八盘、三十六年莲花洞、环咏亭、五大夫松、白云洞、日观峰、回马岭、壶天阁、四十一年环咏亭、五大夫松）、汉柏院内西侧御制汉柏图碑3首（三十六年、四十一年、五十五年）、汉柏院内东墙12碑14首（五十五年丈人峰、壶天阁、飞来石、朝阳洞、白云洞、日观峰、四十一年回马岭、三十六年无字碑、飞来石、二十七年环咏亭、丙戌三十一年桃花峪、十三年恭依皇祖登岱诗韵2首）、唐槐院西面1碑1首（十三年唐槐）、天贶殿东碑廊1碑4首、天贶殿前御碑亭2碑8首（西御碑亭，阳面谒岱庙作二十七年、阴面谒岱庙六韵二十二年、北面岱庙瞻礼作五十五年；东御碑亭，阳面谒岱庙作十六年、阴面祀岱庙二律十三年、北面谒岱庙六韵三十六年、南面谒岱庙六韵四十一年）。现择要举例如下。

御制汉柏诗碑 乾隆御制汉柏诗图碑位于汉柏院西侧，为泰山仅有的乾隆皇帝画作。据《泰山述记·国朝盛典》卷一记载，清乾隆三十五年抚臣富明安刻制此碑，并建亭保护。现碑亭为2015年复建。整通碑由圭首、碑身、方趺三部分组成。圭首高0.8米，宽1.26米，侧宽0.44米。碑身高2.1米，宽1.19米，侧宽0.4米。碑座高0.5米，宽1.5米，侧宽0.7米，前后雕刻山水纹。碑阳线刻龙边，中为乾隆手绘的双干汉柏，诗塘处以柳叶篆书"御制汉柏诗图"六字，画心右上方为乾隆皇帝行书题记。碑阴及碑两侧各有汉柏诗一首，是乾隆皇帝历旺三次为其赋诗后题刻。

图98 御制汉柏诗碑

碑阴（乾隆三十六年）：

"汉柏曾经手自图，郁葱映照翠阴夫。殿旁亭里相望近，名实主宾谁是乎。辛卯仲春下浣御笔"

碑南侧（乾隆五十五年）：

"既成图画复吟诗，汉柏精神那尽之。碑墙却空留一面，待兹来补岂非奇。庚戌季春上浣御笔。"

碑北侧（乾隆四十一年）：

"历劫那知苑与枯，谓犹多事写形吾。不禁笑指碑图问，久后还能似此元。丙申暮春月中浣御笔。"

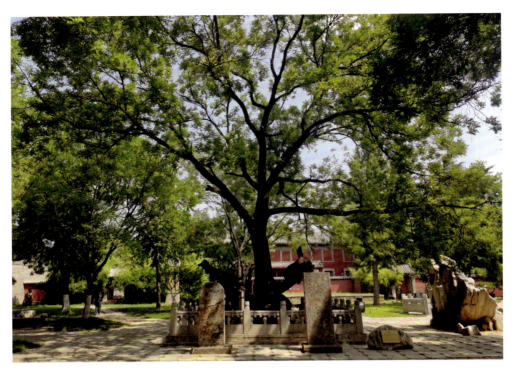

图99　唐槐院

　　乾隆题岱庙诗碑　在岱庙天贶殿前露台西侧碑亭内。碑身高1.85米，宽1.1米。碑首高0.8米。碑阳刻《谒岱庙作》诗一首，计6行，满行14字，字径8厘米。碑阴题《谒岱庙六韵》，计7行，满行15字，字径8厘米。碑北侧题《岱庙瞻礼作》，计4行，满行20字，字径6厘米。皆乾隆帝作并行书。

　　碑阳诗（乾隆二十七年）：

　　"时巡指江国，致祀遣春官。

　　兹取回程近，亲瞻祭席箪。

　　大生功配帝，如在貌临坛。

　　肃拜无私祷，抒诚心始安。

　　谒岱庙作。壬午孟夏御笔。"

　　碑阴诗（乾隆二十二年）

　　"春巡限定程，望岳寄遥情。

　　用趁回涂便，一申肃拜诚。

图100　乾隆题岱庙诗碑

震方惟帝出，寅德肇人生。

仰载无私祷，祈年有屏营。

英云笼宝殿，佳气护曾城。

退憩寻环咏，诗裁不易评。

谒岱庙六韵。丁丑孟夏御笔。"

碑北侧诗（乾隆五十五年）

"来因瞻岱宗，岱庙谒诚恭。

封禅事无我，阜安祈为农。

代天敷物育，福国锡时雍。

九叩申虔谢，八旬实罕逢。

岱庙瞻礼作。乾隆庚戌季春

上浣御笔。"

东御座　是泰山上下唯一现存的乾隆行宫，也是岱庙中保存比较完好的清代建筑，由垂花门、仪门、大门、正殿和厢房组成。院内正殿五间，面阔18.8米，进深11.1米，通高6.8米，四柱六架梁，廊式卷棚硬山顶，两侧带耳房，自成一体。今正殿前殿前松柏下，东有宋真宗御制青帝广生帝君之赞碑，西有驰名中外的泰山秦刻石残字碑。

环咏亭遗址　位于延禧殿西北，民国泰山学者王次通考析，为明英宗天顺五年（1461年）重修岱庙时所建，明嘉靖二十九年（1550年）亭毁，明万历十四年（1586年），在查志隆的倡议下，由济南名士桑东阳重建。清康熙十二年（1747年）对环咏亭[1]进行修葺拓新，易亭为堂。《岱览》记载："迤西为环咏亭，周垣嵌历代诗刻，有韩、范、欧、梅手迹。万历间桑东阳重建，国朝乾隆丁卯拓新之，御制诗三首勒亭壁。"至嘉庆年间亭中共存碑碣九十五块。1928年省府下令岱庙辟为市场，环咏亭、雨花道院遭受严重破坏。

---

[1] 唐仲冕：《岱览点校》卷六"岱庙上"，泰山学院编印，2004年，第173页。

图101　今东御座正门

1930年中原大战时岱庙改为兵营，"古刻石碣，凿供石料"，❶环咏亭彻底被毁，古碑碣大部分凿毁散佚。1965年整理遗存石刻，亭内残存碑刻移至汉柏院，砌于墙体。

环咏亭基址于2001年10月被发现，位于今之文物库房的西北角，西华门的东侧，雨花道院南首西侧，鲁班殿的西南侧。遗址柱础，纵横四行排列。建筑为南北向，面阔三间11.99米，进深三间7.1米，台明东西阔1.253米，南北深8.6米。在南北两面的中心部位，遗有踏道，在金柱间遗有墙体痕迹。从整个遗迹分析，是一座五架梁双步廊的建筑。

（三）清代皇室祭祀典礼

金、元、明、清时期帝王亲临泰山祭祀的只有清代康熙、乾隆二帝，得益于文献丰厚，从中可以得览泰山

❶《新刻泰山小史附泰山小史注》"东岳庙"条，民国二十一年泰山赵氏排印本，第46页。

图 102　今东御座正房及院内西侧李斯碑，东侧青帝广生帝君之赞碑

图 103　环咏亭遗址

皇家祭祀的全貌。

康熙二十三年（1684年）圣祖南巡途中往泰山致祭，出发前的九月十九日下诏祭祀泰山，称"泰山经过致祭，其四岳四渎等祀，应遣官致祭，察例举行。""祭祀行香习仪，及祈晴祈雨、乡饮酒礼等项银两，仍复存留，以供支用。""岳镇四渎庙宇倾颓者，该地方官设法修葺，以昭诚敬。"❶

九月二十八日康熙车驾一行从京师出发，经河间、德州、济南，于十月十一日至泰安州，沿石径登山，宿泰山巅，次日登日观峰，看日出，下山于岱庙祭祀祈福。❷

《岱览·仪注》记载了此次皇帝亲祀东岳的仪式，文武百官跟随，地方官员十里相迎，太常寺先期在岱庙做准备：

"凡经过地方，各有加恩。自亲王以下宗室、觉罗、内大臣、侍卫、内务府、武备院、上驷院、銮仪卫、各官各旗护军统领、前锋统领等官，至各卫门扈从官及各执事人员，俱预行派出，节次随行。驾发京师，曰卤簿大驾，陈设如常仪。随从不随从，王以下文武各官，各跪送随行如常仪。所过鸿胪寺，官先期传知百里以内，地方官率本地乡绅士民，迎于十里之外。本地镇守、满汉军整队伍迎于十里之外。分文武，东西候驾，至跪迎送如常仪。

十月壬寅，至于岱宗。

前期太常寺用白纸糊版，黄纸镶边，墨书祝版，不书御名。太常寺官具补服，捧送庙中，安设祝案上。其神位前陈设礼神制帛一（青色）、圆降真炷香一炷、黄速香一斤、白磁爵三、牛一、羊一、豕一、登一、铏二、簠二、簋二、笾十、豆十、酒一尊、烛二对、灯十盏。陈设毕，礼部太常寺堂官奏请皇帝，具礼服升辇，仪仗全设。扈从王以下内大臣、侍卫、文武官三品以上及地方文官知府以上，武官副将以上，俱朝服陪祀。其余文武各官，具于行宫前两旁朝服跪送。

皇帝入庙，至二门降辇。赞引官、对引官恭导皇帝入殿中门，至拜位前立。典仪唱：执事官各司其事。赞引官奏：就位。皇帝就拜位立。典仪唱：迎神。赞引官恭导皇帝诣香案前立，司香官捧香盒跪进于皇帝。右赞引官奏：上香。皇帝举炷香上炉内，又三上瓣香。毕，赞引官奏：旋位。皇帝旋位立。赞引官奏：跪，叩，兴。皇帝行二跪六叩头礼。陪祀王以下各官，俱随行礼，兴。

典仪唱：奠帛，行初献礼。捧帛官至神位前奠帛，三叩头，退次。捧爵官至神位前立，献爵，毕次。读祝

❶ 唐仲冕：《岱览点校》首编四"诏旨"，泰山学院编印，2004年，第35页。
❷ 唐仲冕：《岱览点校》首编一"天章"，泰山学院编印，2004年，第3~4页。

官至祝案前，一跪三叩头，祝版跪案旁祗候。赞引官奏：跪。皇帝跪，王以下各官俱跪。赞引官赞：读祝。读祝官读祝毕，捧祝文至神位前跪安帛匣内，三叩头，退。赞引官奏：叩，兴。皇帝行三叩头礼，兴。王以下各官俱随行。礼毕，典仪唱，行亚献礼。捧爵官献爵于左，如初献仪。典仪唱：行终献礼。捧爵官献爵于右，如亚献仪。典仪唱：送神。赞引官奏：跪，叩，兴。皇帝行二跪六叩头礼，王以下各官俱随行礼，兴。典仪唱：捧祝帛，恭诣燎位。捧祝帛官至神位前跪，捧祝帛三叩头。司香官跪捧炷香，不叩，依次捧送燎位。皇帝转立东旁，候祝帛香过，还位，立祝帛焚半。赞引官奏：礼毕。皇帝升辇还行宫，不陪祀文武各官，俱于行宫前排班跪迎候，驾过，各退。"❶

《岱览·祝文》还记载了此次祭祀的祝文：

"朕惟五岳视三公，而泰岱为之长。古帝王巡行，《时迈》所过名山大川，必案图职方，敬修祀事，昭垂典礼，自昔为隆。是以《虞史》著望秩之文，《周书》有怀柔之颂。朕荷天眷命，罔敢宁居，省俗观风，勤求民隐，爰以良月至于岱宗。惟神屹峙东方，育成庶类。天齐巨镇，功开万物之先。日观崇标，尊为百灵之府。吉蠲用享，虔事惟诚。宣气布和，遍神庥而沛泽。始元启泰，翊景运以徵祥。祗荐馨香，神其歆鉴。"❷

乾隆祭祀岱庙，以十三年高宗首次至泰安、亲祀岱庙为例。《岱览·诏旨》载，十二年六月即发上谕，"思以来年春孟月，东巡狩。因溯洙泗，陟杏坛，瞻仰宫墙，申景行之夙志。复奉圣母皇太后懿旨：泰山灵岳，坤德资生，近在鲁邦，宜崇报飨。朕不敢违。爰遵慈训，亲奉銮舆，秩于岱宗，用答鸿贶。旋跸青齐，观风布泽，以昭崇圣法祖，教孝省方钜典，有所应行典礼。大学士会同该部稽考旧章详悉，具议以闻，其应预备之。各衙门查察事宜，先期请旨。至行在一切所需，悉出公帑。"❸

从仪注看，乾隆乘舆至岱庙配天门，下轿，步行过仁安门，至天贶殿进行祭祀仪式。

"乾隆十三年二月，皇帝躬祀岱庙仪：

先期太常寺官一员，赴行宫奏。皇上御龙袍补服，乘舆出行宫，入庙大门，至配天门，降舆。赞引官、对引官恭导皇上入配天门，至黄幄次内少憩。皇上出幄次，盥手毕。赞引官、对引官恭导皇上进仁安门，

❶ 唐仲冕：《岱览点校》首编六"仪注"，泰山学院编印，2004年，第44~45页。
❷ 唐仲冕：《岱览点校》首编五，"祝文"，泰山学院编印，2004年，第39页。
❸ 唐仲冕：《岱览点校》首编四"诏旨"，泰山学院编印，2004年，第37页。

由殿中门入，诣拜褥前立。典仪官唱：乐舞生就位，执事官各司其事。赞引官奏：就位。皇上升拜褥上立。典仪官唱：迎神。司香官捧香盒至香案右旁立。唱乐官唱：迎神，乐奏祈丰之章。乐作，赞引官恭导皇上诣香案前立。司香官跪，赞引官奏：上香。皇上立，举炷香，安香靠内次，三上瓣香。毕，赞引官奏：旋位。恭导皇上旋位立。赞引官赞：跪，叩，兴。皇上行二跪六叩礼。乐止，典仪官唱：奠帛爵，行初献礼。献帛爵官捧帛爵就神位前立，唱乐官唱：初献，乐奏华丰之章。乐作，献帛官跪献帛于案上正中，三叩头，退。献爵官立献于爵垫正中，退。读祝官就祝案前，一跪三叩头，捧祝文至案前跪。乐止，赞引官奏：跪。皇上跪。赞：读祝。读祝官读祝毕，捧祝版至神位前跪安帛匣内，三叩头，退。乐作，赞引官奏：叩，兴。皇上行三叩礼，兴。乐止，典仪官唱：行亚献礼。献爵官捧爵就神位左旁立。唱乐官唱：亚献，乐奏兴丰之章。乐作，献爵官立，献爵于爵垫左，退，乐止。典仪官唱：行终献礼。献爵官捧爵就神位右旁立。唱乐官唱：终献，乐奏仪丰之章。乐作，献爵官立，献爵于爵垫右，退，乐止。典仪官唱：彻馔。唱乐官唱：彻馔，乐奏和丰之章。乐作，毕。典仪官唱：送神。唱乐官唱：送神，乐奏锡丰之章。乐作，赞引官奏：跪，叩，兴。皇上行二跪六叩礼，兴。乐止，典仪官唱：祝帛馔，恭送燎位。捧祝香帛馔官至神位前跪，捧香馔官不叩，捧祝帛官三叩头，各捧起，依次送往燎炉。时赞引官恭导皇上转立东旁，铺拜褥官起，彻拜褥，俟祝帛馔香过。毕，铺拜褥官仍铺拜褥。赞引官恭导皇上还位立。乐作，数帛官数帛，赞引官奏：礼毕。同对引官恭导皇上出，乘舆还行宫。"❶

历代祭祀泰山，多有专用祭器。《岱览·颁赐》记载了清代赏赐泰山的各种供物，可见清代泰山祭礼的祭器使用情况。如乾隆二十九年（1764年）赏赐供物有：御赐银珐琅炉一个，有铜香靠楠木座。银珐琅烛台一对，有木烛一对，楠木座。银珐琅瓶一对，有花一对，楠木座。铜镀金满达一个，有座。铜镀金轮一对，洋磁瓶一对，有座。银马一件（七珍），银将军一件，银象一件，银轮一件，银男一件，银女一件，银三宝珠一件。银盖一件（八宝），银鱼一件，银罐一件，银花一件，银螺一件，银肠一件，银伞一件，银轮一件。❷

现将从雍正八年至乾隆五十八年（1730年）的颁赐情况列表如下，从中可以看出早期以金银为主，后期则为各种祭器。祭器以祭祀所用炉、瓶、幡、灯烛为主，

---

❶ 唐仲冕：《岱览点校》首编六"仪注"，泰山学院编印，2004年，第45～46页。
❷ 唐仲冕：《岱览点校》首编七"颁赐"，泰山学院编印，2004年，第48页。

还有贲巴瓶、七珍、八宝等。后人以祭器的罕见程度，从中选出了"泰山三宝"即温凉玉圭、沉香狮子和黄釉葫芦瓶。

岱庙清代颁赐供物，大多收藏于泰安市博物馆，见证着岱庙、泰山与中国古代国家祭祀最后的荣光。

	金银	衣服、镜
雍正八年	御赐金九锭，每锭重九钱；银九锭，每锭重九两	
乾隆七年	御赐金九锭，每锭重一两；银九锭，每锭重十两	
乾隆十三年	金九锭，每锭重一两；银九锭，每锭重十两；皇太后、皇后赐银十锭，共重八十三两；碎银二锭又十二件，共重十两零八分	
乾隆二十二年		御赐锦袍身；镶嵌铜边缎袍五身；镜子一面
乾隆二十四年		御赐小黄袍身；真青绿古铜镜一面
乾隆二十五年		
乾隆二十七年		
乾隆二十九年		
乾隆三十三年		
乾隆三十四年		
乾隆三十六年		
乾隆三十七年		
乾隆三十八年		
乾隆三十九年		
乾隆四十年		
乾隆四十一年		
乾隆四十二年		御赐绣黄缎金龙净十团袍三身，蓝田石大红鞓带三
乾隆四十三年		
乾隆四十四年		
乾四十五年		
乾隆四十六年		
乾隆四十七年		
乾隆四十八年		
乾隆四十九年		
乾隆四十九年		
乾隆五十年		
乾隆五十一年		
乾隆五十二年		
乾隆五十三年		
乾隆五十四年		
乾隆五十五年		
乾隆五十六年		
乾隆五十七年		
乾隆五十八年		

满达	挑杆	襆	杂项
			御供敕印匣一个，内恭贮圣祖仁皇帝御书"普照乾坤"匾式；御赐碧霞神祠欢门三架；铜砚一件，铜笔二枝，铜笔架一件
			磁供器五件；磁花插一对；玻璃樽一件，有盖，楠木座；小铜钹一副；灵芝花一对，楠木座
			金轮花牌一对；金花座一个
			御赐玉磬一件，楠木架；沉香狮子一对，降香座；女儿香盒十个
达一个，有座			白玻璃盏一对，楠木高座
			亮白玻璃法盏一对，楠木高座
鎏金满达一个			磁提梁卣一对；大玉圭一件，长三尺五寸，宽八寸，名温凉玉，半温半寒
			三羊座小香牌一对，楠木杆座
	纬丝香带挂络一对，木挑杆座		御赐五彩磁供器一分，随铜灵芝花一对
	鸣凤献瑞四方小挑杆一对，连座	鹤鹿同春灯式香襆一对	
	磁挑杆一对		
			御赐镀金藏佛塔一座
			御赐五彩磁罐一对，连座
	御赐纬丝香带挂络一对，连杆座		
		香襆一对	绿纱扇一把；珐琅香匣一对
	鹤鹿同春挑杆一对		御赐竹如意一双；玳瑁边藤掌扇一对
	连座挑杆纬丝香牌一对		
	香挑杆一对		净水盏二个
	纬丝香带挑杆一对		
		小香襆一对	青花白地磬铃靶碗一对，随铜罩
			磁靶盅一对，铜罩
	香挑杆一对，连杆座		

图104　珐琅釉錾胎银五供

清乾隆二十九年（1764年）御赐岱庙。

图105　珐琅釉银八宝

清乾隆二十九年御赐岱庙。

图106　珐琅釉银七珍

清乾隆二十九年御赐岱庙。

图107　画珐琅饕餮纹铜香炉

清乾隆三十四年御赐岱庙。

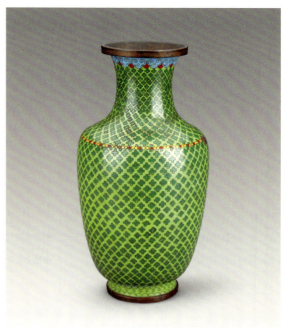

图108　绿釉掐丝珐琅铜瓶

清乾隆年间御赐岱庙。

图109　白釉红彩云龙纹瓷贲巴壶

清乾隆年间御赐岱庙。

图110　象形木幡座

清乾隆、嘉庆年间御赐岱庙。

图 111　沉香木狮子

乾隆二十七年（1762年）御赐岱庙。

同批颁赐玉磬一件，女儿香盒十个，小洋磁瓶一对，洋瓶一对，葫芦小磁瓶一对。

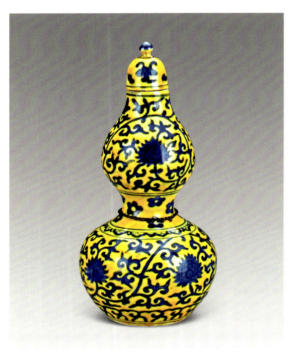

图 112　黄釉青花缠枝莲纹瓷葫芦瓶

乾隆五十二年（1787年）御赐岱庙。

同批颁赐琉璃穿珠幡一对，纬丝香带挑杆一对，蓝花铜镀金轮一件。

图 113　温凉玉圭

乾隆三十六年（1771年）皇太后赐岱庙。

同批御赐磁鼎炉一件；琉璃幡一对，幡杆连座；文竹四方花瓶一对(外有牙花)；镀金轮一个；镀金七珍八宝十五件；皇太后另赐镀金满达一个。

结语

　　封禅泰山作为上古和中古时期君主巡狩山川、管理国家的一种重要活动，有着诏示天命、宣扬君威、察观民风、比德求仙的鲜明政治色彩，历代研究者众。但两千年来，有明确文献记载的封禅帝王只不过六人，说明这并非是一种持续性的政治活动，相关遗迹场所，也没有因帝王权威得到良好维护。千年以降，不仅泰山上下的封禅之地难有定论，泰山四围的封禅行经之地也是多传说少实证，更遑论从帝都至泰山脚下的封禅交通线路。

　　封禅线路不仅反映了当时中原与山东的交通情况，帝王巡狩过程的驻停活动也反映出巡狩所具有的政治色彩，泰山上下的封禅遗产则是直接了解封禅过程和目的的重要凭证，此二者是本书研究的主要内容，现总结如下。

　　传说中三皇五帝时代的山川巡狩，作为泰山封禅活动的源头，其制尚不可考。两周时期，天子封禅制度渐定，泰山封禅经停之地有邻近泰山的诸侯汤沐之邑、天子朝宿之邑等城邑，封禅城邑成为研究战国秦汉时期封禅交通线路的重要依据。周成王封禅泰山交通往来线路上的城邑，有邻近黄河的卫国之"有阎"，济水、荷水附近的郑国之"邴（祊）"，其事可见《左传》，河、济、荷水作为交通线路本身，有《左传》《禹贡》可资探循，这一区域也成为后世封禅从关中东出函谷后至泰山的大概往返线路所经之地。

　　秦始皇二十八年（公元前219年）的泰山封禅活动，只是其东巡郡县的一部分。《史记·封禅书》记载颇为简略，从咸阳至泰山，只提到邹驿山一地，即现在的邹城峄山，山南麓有邾国故城，在峄山上祠祭立石颂德时，才"议封禅望祭山川之事"。然后上泰山，"立石，封，祠祀"。从咸阳到邹城，由西到东，或经郑国故地、菏水一线。而从峄山至泰山，"征从齐鲁之儒生博士"，应经停鲁国故城这一当时的鲁国政治中心。从泰山之阳至山巅，立石颂德，泰山之阴道下，禅于梁父。泰山之阳，从山脚至中天门有东路和南路两线，中天门以上与今步行登山道路相同，其所封之"五大夫"松，历代延续补植，成为泰山名胜。山阴之道即泰山北侧的上山通道，泰山主峰之北的明家滩"周代明堂"遗址或是北侧上山通道的见证。此遗址经考古勘探出土有较多东周、汉代砖瓦等建筑构件，山谷深处的这一高等级建筑遗迹应该只可能与泰山祭祀相关，也符合《史记·封禅书》"泰山东北址，古时有明堂处，处险不敞"的记载，始皇下山行经此地，于理较合。

始皇封禅的相关遗迹，最有影响的是李斯篆书的泰山刻石，又称李斯碑，岱庙留存有残石。据宋代文献，李斯碑当时仍在泰山绝顶，与秦、汉、唐封禅坛，无字碑相距不远。金末元好问也称岳顶四峰之一的秦观峰有封禅坛，坛下有秦李斯碑、唐宋磨崖。至明成化元年（1465年），李斯碑似乎仍位于泰山极顶上，李裕《登泰山记》称其西数步为泰山最高处，至王世贞嘉靖三十七年（1558年）游泰山时已位于碧霞元君祠后。万历十一年（1583年）十月游览泰山的吴同春也称李斯刻石在元君祠右公署后之玉女池旁。大概明清之际置于祠之东庑，清乾隆五年（1740年）庙灾失去所在，嘉庆二十年（1815年）从玉女池中搜得残石两块，嵌岳顶东岳庙西新筑之宝斯亭石室。道光十二年移之山下岱庙之环咏亭，1929年刻石移直东御座院。此外，关于泰山无字碑的讨论多与秦始皇封禅相关，本书考证其可能是唐高宗封禅遗迹。

汉武帝元封元年（前110年）春三月封禅泰山，先是东幸缑氏城（或缑氏山）、礼登中岳嵩山之太室山，此二处皆是偃师、洛阳附近著名仙迹所在，作为王子晋升仙、西王母相会的传说汇集之地，开启了汉武帝的东巡求仙之旅。

汉武帝离开太室山，向东至泰山的行经之地不详。因山上草木未生，仅令运石上山立于泰山之巅。随即东巡海上，四月才从山东半岛沿海郡县返回泰山东、汶河畔的奉高城。先是到梁父礼祠地主，然后在泰山东侧设坛封祭泰一，礼仪完毕后当日即登上泰山，进行封礼之仪。第二天从阴道下，禅祭泰山脚下东北的肃然山。封禅结束后，坐明堂，下诏大赦天下。从汉武帝历次封禅多住跸奉高城来看，推测其登山走东路，即今东御道坊—柴草河—大直沟—中天门—南天门一路，从山阴之道下与秦始皇一致。从其封祭礼结束下山与禅祭肃然山在同一天，推测此肃然山离泰山不远，当在半天行程左右，《岱览》《泰山道里记》等认为位于泰山东北约25千米的今莱芜之羊邱山，即是肃然山，似仍嫌稍远，尚待确证。

梁父与明堂位于何处，争议颇多，前者可参见东汉光武帝禅梁父的行程加以考证。汉武帝首次封禅泰山诏赦天下的明堂，与此后5次祭祖、祀天神的明堂并非一处。前者，根据马第伯《封禅仪记》"先之山虞，观祭山坛及故明堂宫郎官等郊肆处"的记载，此明堂应在山脚，靠近东路入口，汉武帝时在其附近设坛祭山，东汉时已成为宫室，与今汉明堂址较为相合，从此处遗址另有较多东周陶片推断，或者为周秦祭祀之旧址，汉武帝加以利用，不过究竟是否汉武初封泰山之明堂，尚待考古证明。后者，为汉武帝元封二年所建，《汉书·地理志》称其位于奉高城西南四里汶水之北，约在今邱家店镇石碑村，《泰山道里记》称此处有元人题刻"明堂故基"，但现无任何遗迹可寻，故县村南有较为明显的汉代建筑遗迹，不知是否与明堂相关，待考。

汉武帝8次登封泰山，相关的遗迹还有位于泰山之南的蒿里、石闾。蒿里、石闾两山后世文献记载不绝，较少疑义，一位于距泰山火车站近处的今蒿里山，一位于大汶口镇的云亭山北五里的石榴山。二者均为突起平地的小山丘，与泰山之间有着良好的眺望视野，是适宜的禅地之所，但作为祭祀遗址，因历代建设破坏，已无汉代遗迹，也无遗物出土，故难确证。至于泰山主峰以北的山顶汉代建筑遗址如冬冻台、清阳台，其地理形势表明当与祭祀相关，但是否与汉武帝相关，仍待考古勘察。至于今岱庙之汉柏院汉柏，早在东汉时已称山南有庙种柏千余株，大者十五六围，相传汉武所种。

东汉光武帝刘秀的封禅之旅，历史文献有相对明确的行程记载。建武三十二年（56年）正月二十八日从洛阳宫出发，大约十一天左右即二月九日到达鲁国，拜谒孔子宅，休整一日后出发，十二日晚抵达奉高城，十五日斋戒于太守府舍。贵族官员们则在县庭，城外汶水上、山虞等处进行斋戒。山脚设有祭山坛及明堂宫，山下有屋置汉武帝时"五车石"，坛宫郎官幕府有治石之所。登山之前，先令上山刻石，约斋戒四日后，十九日光武帝车驾一行先至山虞，皇帝居亭，百官列野，看到山上云气祥瑞，二十一日傍晚牲祭，二十二日晨在泰山南麓山脚燎祭天神，并使"谒者以一特牲于常祠泰山处"，当即岱宗庙，告祠泰山。晨食时登山，经中观至山上，下午二时至三时许，升坛封祭，事毕命人立所刻石碑。二十三日上寿，傍晚回到奉高，路程三十里，即今约12.7千米，大概是从今汉明堂故址附近算起，而非泰山南麓。二十四日（甲午）出发至梁甫，九十里，傍晚牲祭。二十五日，禅，祭地于梁阴，完成了其封禅的全部仪程，四月己卯大赦天下。

光武帝刘秀禅地于梁甫之阴，从奉高到梁甫行程约一天，距奉高九十里，即约38.1千米。唐高宗时，禅地之梁肓山距泰山七十里，即约37千米（按唐尺计，如按初唐之前的尺度则约为29千米）。而今天宝镇的羊祜城址，根据《水经注》等诸文献，普遍被认为是汉代梁父县故城，其与泰山岱宗坊之间的直线距离约36千米，与奉高之间绕徂徕山西行走约40千米。梁父山在县北，有学者认为即徂徕东峰之映佛山。考虑到光武帝禅地在梁父之阴，而映佛之北是连绵群山，与禅地之仪不相符，或者禅地之所另他处。位于今古城村北约7.5千米的黄花岭村，土层深厚，村前黄花岭地势突起平敞，东西南北水系环绕，位于整个徂徕山系的前怀正中，与亭亭山、石闾山等禅地之所的形势颇为相似，其北侧的河北自然村北部羊公河环抱处曾有一高台"土山子"，土山上另有高台一层，四面有台阶，20世纪50年代出土部分陶器。如此黄花岭，或即禅地之梁甫山，确证尚待进一步考古勘察。

泰山南麓燎祭天神之所已不可考。山上封祀之所，东汉文献《封禅仪记》有着详细的记载，天门东上一里余再东北百余步（约140米），为封所，即今泰山峰巅及其东南的平顶峰至日观峰一带。"秦始皇立石及阙在南方，汉武帝立石在其北，再二十余步（约30米左右）得北垂圆台"的记载，表明秦始皇立石及阙，及汉武帝立石当不在今无字碑处，因其与北垂圆台（至多位于极顶处，因其北尚有石室）的距离仅17米左右，稍嫌不足。汉武帝封天之坛形制，据东汉《风俗通义》记载，长广皆十二丈（约28米左右），高三尺，与北垂圆台之形制不符，极顶面积也难容纳此坛。故而推测秦始皇立石及阙，以及汉武帝立石皆不可能位于今玉皇庙基址南邻的无字碑平台，当在主峰极顶东南下的平坦处，秦始皇、汉武帝封天之坛也不在极顶，而在泰山极顶东南下较为宽广平坦的平顶峰一带。

东汉光武帝登顶时的北垂圆台，高九尺，方圆三丈许（约7米），与今极顶玉皇庙前的平台面积相仿，其有东、西两陛，台上有坛，方一丈二尺许（约2.8米），上有方石，四维有距石，四面有阙。光武帝曾从圆台之东陛上，面北向坛拜谒，群臣西上，虎贲陛载于台下，似乎表明泰山极顶为光武帝封天之所。不过当时坛上有诸多汉武帝时百官预先放置的"梨枣"和"散钱"，又似不是正式祭天之坛，俟考。

汉武帝三月在泰山之巅所立之石，高约一丈二尺（约2.8米），又有二丈一尺之说，宽厚皆三尺，刻文"事天以礼，立身以义，事父以孝，成民以仁。四海之内，莫不为郡县，四夷八蛮，咸来贡职。与天无极，人民蕃息，天禄永得"。光武帝之立石（纪号石），高一丈二尺，广三尺，厚一尺二寸，刻文字，纪功德，按封禅前有司所奏之礼仪，当立于坛之南方，去坛三丈，如坛在极顶，则碑应在今无字碑一带。

其后，东汉章帝元和二年（85年）二月，曾修光武帝泰山南麓之坛，柴祭天地，幸奉高，宗祀五帝于汶上明堂，安帝延光三年（124年）二月也曾东巡泰山，柴祭，祠汶上明堂，魏明帝东巡三至泰山，隋文帝亦曾柴祭于山下。不过，泰山上下的秦汉封禅遗迹或因东汉延熹四年（161年）的强烈山崩及战乱之故，逐渐湮没。直到唐代的两位帝王封禅，又为泰山这座名山增添了新的帝王色彩。

唐高宗麟德三年（666年）正月初一、唐玄宗开元十三年（725年）十一月初十两代帝王的泰山极顶封禅是泰山封禅史上不可磨灭的一笔。从东都洛阳至泰山脚下的交通线路与秦皇汉武相比较为详细，其行经停驻之地反映了唐代初期的城市地理空间，以及封禅的政治与社会目的。高宗麟德二年十月离开东都洛阳，大体经黄河沿线的荥阳、原武、滑州、卫南、濮阳、寿张、郓州、平阴等州城，至泰山北麓的长清、齐州等唐初功臣祖籍之地，灵岩寺留存的鲁班洞、般舟殿等唐代建筑基址，及铁袈裟、李邕《灵岩寺碑颂》等是高宗封禅驻跸灵岩的见证和凭证，泰山封禅之后，高宗行经曲阜拜谒孔子庙，经邹城、亳州、真源县老君庙返回洛阳。玄宗经成皋、濮州至济州境内的阳谷、长清等地，大概与高宗封禅线路相同，封禅后其返程则经曲阜访孔子宅后，即从任城至宋州，然后经汴州返回洛阳。

高宗山巅登封坛，上径五丈（约15米）、高九尺（约2.7米），四出陛，随地形布置一道外矮墙，极顶空间有限，东、北两侧均为悬崖，似不太适合设四出陛及布置外墙。玄宗封坛，形制与高宗相同，也有墙，且在圆台东门外设大次作为山上停驻之所，并从东门入台升坛，极顶空间显然更不能如此安排，推断唐玄宗之登封坛当不在极顶处，而在平顶峰处近西侧，其东南为柴坛燎祭之地。

除登封坛外，山上唐代摩崖原有五碑，除唐玄宗御笔亲书的纪泰山铭摩崖外，今"云峰"刻石下为唐高宗封禅时李安期朝觐碑，其东有武则天颂碑，唐玄宗纪泰山铭摩崖之西有苏颋撰封东岳朝觐颂并序碑，推断其在今弥高石刻处，张说撰封纪序颂位于纪泰山铭之右，与武则天颂在明代时均已漫灭，二碑当在置身霄汉石刻及其西侧的较平整石壁上。另据赵明诚《金石录》，唐高宗撰并行书的唐登封纪号文碑也大字摩崖刻于山顶。摩崖五碑中，只有未曾有文献注明何人所撰所书及内容的武则天颂碑符合这一条件，或者武则天颂碑即唐高宗登封纪号文碑，待考。

泰山极顶玉皇庙山门前的无字碑，碑体高约5.1米、宽1.2米、厚0.8米。有专家据此碑西南不远处有一唐代石刻，记录高宗封禅两年后官方竖碑之事，加上赵明诚《金石录》有"唐登封纪号碑侧，正书，在泰山顶"的记载，推断其为唐高宗所竖唐登封纪号碑。如前所述，因其位置与秦李斯碑及阙位置不合，且汉武帝立碑、光武帝立碑均有文字、尺寸也不合，此推论颇为可靠，本书赞同此说法。

唐高宗、武后在山下的封禅行宫，属牙帐性质，位于山南，具体位置不详。玄宗行宫也属帐殿，离山趾五里（约2700米）、西去社首山三里（约1620米）。高宗山下所设封祀坛位于山南四里（约2160米），为圆坛，三层十二阶、直径十二丈、高一丈二尺，有燎坛及三重墙墙。降禅坛位于社首山上，为方坛抹角的形制，一层、八阶。朝觐坛，形制不详，据嵩山封禅仪注，当位于行宫前。高宗下诏在各坛所立登封、降禅、朝觐之碑，后二者未见宋以后文献记录，如社首山降禅坛、朝觐坛一样，难觅遗迹。仅封祀坛更名之"舞鹤台"多见于明清民国文献，民国时民众称为"南骨堆"或"焦赞台"，1942年毁于日军修建机场，大概位于今南湖大街迎春学校门口附近。山下红门有一白骡冢碑，高6.6米、宽1.85米，体量巨大，多有学者推测其为唐高宗小字登封纪号文碑，结论颇为可靠。

岱岳观作为岱庙中庙，是显庆六年为武则天参与泰山封禅进行造势的重要场所，有双束碑见证了唐高宗、武则天显夫、天授年间敕使行道投龙的历史，也可算是高宗封禅的相关名胜，现称老君堂。

玄宗山下朝觐坛位于行宫南，为方台，广九丈六尺，高九尺，御座设于坛上北侧，四面设陛，至少有墙一道。封祀坛，三层十二陛，坛外有三墙，积柴于坛南；社首山泰折坛，方坛八角，三层，每层高四尺，八陛，三重墙，四面开门。中书令张说除撰写《登封坛颂》外，另撰有《封祀坛颂》，社首坛、朝觐坛也各有坛颂，以纪圣德。山下各坛位置及坛颂碑刻，未见有宋金元明时文献提及，仅清代《岱览》记唐乾封元年封祀坛"开元时亦坛于此"；根据民国时出土之玄宗封禅玉册，可知玄宗埋玉之处位于蒿里山顶之原文峰塔处，至于玄宗社首山降禅之泰折坛或仍位于社首山上。

宋大中祥符元年（公元1008年）的真宗泰山封禅活动，虽然因其明显的祥瑞营造之举而饱受后人诟病，但其巩固自身统治、宣扬圣德治功的政治动机，与前代帝王封禅并无本质的不同。有赖于有宋一代丰富的文献记载，我们可以一窥真宗封禅的行程，及其封禅的礼仪过程。从十月初四离京至十一月二十日返回汴京，历时47天的封禅活动，几乎每日均有详细记载。经停之地有开封城北的含芳园行宫、陈桥驿、长垣县、韦城县、卫南县、澶州、永定驿、濮州、范县、寿张县、郓州城、迎鸾驿、翔鸾驿、乾封县奉高宫、奉符县（即乾封县）、太平驿、回銮驿、兖州、曲阜文宣王庙、中都县等。其中泰山与郓州间的迎鸾驿位于今平阴县展家洼村一带，翔鸾驿位于今肥城东的沙沟村附近，太平驿位于今宁阳县磁窑镇的太平村一带，回銮驿位于宁阳县东葛石镇东附近。肥城西北的牛山上的资圣院（真宗时更名为郁葱寺）遗址，是真宗从郓州到泰山取道肥城北部的重要见证。

宋真宗封禅大典在泰山之巅的祭坛即位于日观峰西侧之封祀台，明代尚有方形石匣，曾有玉册出土，清乾隆年间凿石破坏，今已不存。考虑山上遗迹还有唐宋摩崖东侧德星岩石刻处的宋真宗登泰山谢天书述二圣功德之铭摩崖，其碑额十三字完好，碑文约有二百余字尚可辨认。山下蒿里山顶文峰塔也是宋真宗玉册出土之地，从宋金元时文献和碑刻资料可知，社首山为宋真宗禅地之社首坛处。王钦若撰社首坛颂碑位于社首山下蒿里山神祠东角门处。1931年修建烈士祠时，碑毁。宋真宗山下行宫为奉高宫，封禅后改名会真宫，位于明清时期泰安城内东南角，明万历后改为关帝庙，现为泰安军分区家属区所在，遗迹无存。

山下其他坛碑，主要有阴字碑、封祀坛及其颂碑、九宫贵神坛、朝觐坛及其颂碑。阴字碑，是宋真宗谢天书述二圣功德序铭摩崖的山下版，碑文向北，由五石合成，制若屏障，高九尺，通宽二丈三尺一寸。此碑一直保存于原址，位于明清泰安城南门外东，城内会真宫南百步许。1952年因垒坝被毁，现存7块残石，镶于岱庙唐槐院百碑墙上。封祀坛四层十二陛，三壝，坛南有碑，位于城东南四里，民国时当地居民称为"东堌堆"，又称"孟良台"，1959年铲平，故址在今化肥厂院东南部，王旦撰封祀坛碑于1972年移岱庙天贶殿前东碑台。九宫贵神坛位于封祀坛东，形制不详，亦未有明清文献记载。朝觐坛，位于城南里许的阴字碑之南、封祀坛西北，明清时改为风雨山川坛，即今南坛路与灵山大街交叉口西南，民国时坛碑皆存，坛大概在1970年后铲平，碑则早已不知去向。另外真宗封禅时，曾派遣秘书丞直史馆姜屿到城南亭亭山致祭广禅侯，民国时仍存有封广禅侯敕并祭告文残碑。

宋真宗泰山封禅第五日，先后驻足七座寺观庙宇，其中关系密切的是天贶殿与灵液亭所在的天书观，今天的岱庙所在——仁圣天齐王与炳灵公庙，以及青帝君观。天书观作为天书再降之所，是封禅前的重要祥瑞发源地，祥符二年竖有杨亿撰、尹熙古书大宋天贶殿碑，大概在明中前叶移入岱庙，历经兴废，现仅存醴泉古井一口。岱庙现今格局奠定于宋真宗、宋哲宗、徽宗时的修缮，其西门仍有宋代遗迹留存。青帝观作为祭祀五帝之一的东方木帝（青帝）伏羲之所，真宗封禅时敕封加号青帝为广生帝君，并御制御书并篆额青帝广生帝君之赞碑一通，毁于清乾隆年间，民国年间得残石八枚，竖于今岱庙东御座。

泰山山顶的玉女池，封禅前由浊变清，被视为祥瑞，宋真宗封禅时制石龛、玉石像，并作记，成为后世碧霞元君祠的源起。真宗亲临的寺观还有岱岳观及始创于唐代的冥福寺、始建于后晋的灵派侯庙，后二者均已无存。

元、明、清三代再无泰山封禅活动，但每有国家大事，多遣使在岱庙举行国家祭祀活动，留下了丰富的皇家祭祀礼器，是泰山超然于其他名山大川政治地位的反映。

岱庙、岱岳观、山上玉皇庙、碧霞元君祠等祠庙的皇家修筑活动历代不辍，清康熙、乾隆的十余次登临，沿途留下的诸多匾额题刻。它们作为泰山封禅活动的最后一丝余绪，与现存于岱庙中的秦碑、汉柏、唐槐、宋碑、山顶的唐宋摩崖、台北故宫的唐宋玉册等封禅遗物，共同勾勒出中国古代封禅活动的全貌。

后记

泰山是中国首个世界文化与自然双遗产，她于雄壮巍峨的自然景观中，融合了丰富的文化特征。为了探索丰富的泰山文化，研究历史记载中的封禅，山东省水下考古研究中心策划了泰山文化研究课题。

时值新冠疫情，课题从策划到实地调研，再到总结研究，一直艰难推进。在这个过程中，得到了泰安市文化和旅游局、泰山风景名胜区管理委员会、泰安市文物保护中心、泰山文物保护中心和泰安各县（市、区）文物部门的鼎力支持与帮助。课题组先后到泰安各区县市调查封禅相关遗迹，在这个过程中，泰山学院周郢、《泰山志》编纂办公室李继生、泰安市文物保护中心邢向前和泰山文物保护中心温兆金带领课题组前往遗址点进行调研。

山东省水下考古研究中心、山东大学文化遗产研究院组织编写工作，由王守功、刘延常主编。第一章由魏泽华、张宾编写，第二章由张宾、张昀编写，第三、四章由张宾、王建波编写；第五章、结语由张宾、王建波、魏泽华编写。

在此对关心支持帮助的各位领导专家同仁表示衷心感谢！